Einladung zum Karriere-Netzwerk squeaker.net

Ihr Vorteil als Käufer dieses Buches

Als Käufer dieses Buches laden wir Sie ein, Mitglied im Online-Karrierenetzwerk squeaker.net zu werden. Auf der Website finden Sie zusätzliches Insider-Wissen zum Buch. Dazu gehören Interviewfragen aus dem Bewerbungsverfahren in der WP-Branche, Erfahrungsberichte über Unternehmen und Gehälter sowie Termine und Fristen für aktuelle Karriere-Events.

Ihr Zugangscode: **IDWP2012**

Eingeben unter: squeaker.net/einladung

Das Insider-Dossier:
Bewerbung in der Wirtschaftsprüfung
Einstieg bei den führenden WP-Gesellschaften

2012 (2., aktualisierte und überarbeitete Auflage)

**Das Insider-Dossier:
Bewerbung in der Wirtschaftsprüfung
Einstieg bei den führenden WP-Gesellschaften**

2012 (2., aktualisierte und überarbeitete Auflage)

Copyright © 2012 squeaker.net GmbH

www.squeaker.net
www.facebook.com/squeaker
kontakt@squeaker.net

Verlag	squeaker.net GmbH
Herausgeber	Stefan Menden, Jonas Seyfferth
Autor	Andreas Braunsdorf
Projektleitung	Jennifer Wroblewsky
Buchsatz	Andreas Gräber, MoonWorks media, Miesbach
Umschlaggestaltung	Ingo Solbach, i-deesign.de, Köln
Druck und Bindung	DCM Druck Center Meckenheim GmbH
Bestellung	Über den Fachbuchhandel oder versandkostenfrei unter squeaker.net.
ISBN	978-3-940345-21-9

Disclaimer

Trotz sorgfältiger Recherchen können Verlag, Herausgeber und Autoren für die Richtigkeit der Angaben keine Gewahr übernehmen. Um das Buch kontinuierlich weiterentwickeln zu können, sind wir auf Ihre Mithilfe angewiesen. Bitte schicken Sie uns Ihr Feedback oder Verbesserungsvorschläge über unser Feedback-Formular unter squeaker.net/buchfeedback

Bitte nicht kopieren oder verbreiten

Das Buch einschließlich aller seiner Teile ist urheberrechtlich geschützt. Alle Rechte, insbesondere das Recht auf Vervielfältigung, Verbreitung sowie Übersetzung, bleiben dem Verlag vorbehalten. Kein Teil des Werks darf in irgendeiner Form ohne schriftliche Genehmigung des Verlages gespeichert, kopiert, übersetzt oder verbreitet werden. Kaufen Sie sich Ihr eigenes Exemplar! Nur so können wir dieses Projekt qualitativ weiterentwickeln.

Inhalt

Einleitung — **9**

Kapitel A: Wirtschaftsprüfung – Eine Einführung — **11**
   I. Der Beruf — 11
      1. Relevanz — 11
      2. Prüfung und Reglementierung — 11
   II. Interaktion mit anderen Bereichen — 12
      1. Steuerberatung — 12
      2. Prüfungsnahe Beratung — 13
   III. Ihre Karriere — 13
      1. Bedarf an Neueinsteigern — 14
      2. Einstiegsmöglichkeiten — 15
      3. Karrierestufen — 20
      4. Vergütungsstrukturen — 23
      5. Arbeitszeiten — 25
      6. Berufsexamina — 26
   IV. Langfristige Karrierechancen — 34
      1. Grundsätzliche Überlegungen — 34
      2. Chancen der internen Karriereentwicklung — 36
      3. Chancen auf dem Arbeitsmarkt — 37
   V. Warum sollten Sie in die WP-Branche gehen? — 38
      1. Pro Wirtschaftsprüfung — 38
      2. Contra Wirtschaftsprüfung — 41

Kapitel B: Branchenstruktur — **43**
   I. Anbieterstruktur in der WP-Branche — 43
      1. Die Big Four — 45
      2. Non-Big-Four-WP-Gesellschaften — 46
   II. Big Four vs. Mittelstand – Wo möchte ich hin? — 48
      1. Pro Karriere bei den Big Four — 48
      2. Contra Karriere bei den Big Four — 49

Kapitel C: Bewerberprofil — **51**
   I. Auf dem Papier — 51
   II. Ihre Person — 53
   III. Studium als Eintrittskarte — 57
      1. Wahl der Studienrichtung und der Hochschule — 57
      2. Bachelor- und Masterabschluss — 58

Kapitel D: Bewerbungsprozess — 63

- I. Ablauf — 63
  - 1. Kontaktaufnahme — 63
  - 2. Wie gestalte ich meine Unterlagen? — 65
  - 3. Nächste Schritte — 69
- II. Telefoninterview — 69
  - 1. Ziele der Personaler — 70
  - 2. Vorbereitung — 70
- III. Präsenzinterview — 72
  - 1. Ablauf — 72
  - 2. Persönliche/Lebenslaufbezogene Fragen — 75
  - 3. Fachfragen — 80
  - 4. Ihre Fragen — 81
  - 5. Wie präsentiere ich mich am besten im Interview? — 82
- IV. Bewerbertag — 83
  - 1. Grundsätzliches — 83
  - 2. Die Module — 84
- V. Workshops — 93
- VI. Der Bewerbungsprozess bei mittelständischen und kleinen WP-Gesellschaften — 93
  - 1. Kontaktaufnahme — 93
  - 2. Interview — 94

Kapitel E: Fachliche Problemstellungen - Basiswissen — 97

- I. Grundlagen der Abschlussprüfung — 97
  - 1. Zweck der Abschlussprüfung — 97
  - 2. Prüfungspflicht und Prüfungsgegenstand — 98
  - 3. Grundlagen der Prüfungstechnik — 100
- II. Rahmenbedingungen des Prüfungsprozesses — 101
  - 1. Wirtschaftlichkeit und Wesentlichkeit — 101
  - 2. Prüfungsrisiko — 102
  - 3. Jahresabschlussaussagen — 104
  - 4. Prüfungsablauf — 105
- III. Grundlagen der Buchungstechnik — 109
- IV. Grundlagen der Bilanzierung nach IFRS und HGB — 112
  - 1. Ziele der Rechnungslegungssysteme — 112
  - 2. Ansatz- und Bewertungsvorschriften — 114
  - 3. Konzernrechnungslegung — 127

Kapitel F: Prüfung in der Praxis — 129
    I. Unser Fall – Die JWD GmbH — 129
    II. Analyse der Geschäftstätigkeit und des Unternehmensumfeldes — 131
    III. Risikoorientierter Prüfungsansatz — 136
        1. Systemprüfungen — 136
        2. Aussagebezogene Prüfungshandlungen — 142
        3. Prüfungsplanung — 144
    IV. Prüfungsdurchführung — 146
        1. Investitionsprozess — 146
        2. Anlagevermögen — 153
        3. Verkaufsprozess — 154
        4. Forderungen aus Lieferungen und Leistungen — 159
        5. Rückstellungen — 161
        6. Verbindlichkeiten — 165
    V. Feststellungen und Folgen — 166
    VI. Problemstellungen aus der Praxis — 167

Kapitel G: Erfahrungsberichte — 179
    I. Vorstellungsgespräch — 179
        1. Deloitte — 179
        2. Ernst & Young — 181
        3. PwC — 182
        4. KPMG — 184
        5. Mittelständische WP-Kanzlei — 186
        6. Rödl & Partner — 187
        7. Warth & Klein — 189
    II. Die ersten Wochen — 190
        1. Der erste Tag — 190
        2. Die ersten beiden Wochen — 191
    III. Typischer Tagesablauf — 192
        1. Beratend unterwegs — 192
        2. Ein MDAX-Mandat — 193
        3. Prüfung einer Bank — 195
        4. Meine erste Inventurbeobachtung — 197
        5. Beim Mittelständler — 198
        6. Wo muss ich hin? — 200

IV.	Typischer Wochenablauf eines Prüfungsleiters	201
V.	Vorbereitung WP-/StB-Examen	203
	1. No Pain – No Gain	203
	2. Der Voll-WP	205
	3. Alles Steuern, oder was?	207
VI.	Promotion	208
VII.	Aussteiger	209
	1. Ab ins Controlling	209
	2. Vielleicht ist Private Equity besser für mich	211
	3. Rechnungswesenleiter ist auch nicht schlecht	212
	4. Manager ist schön, aber Industrie ist vielleicht schöner	213

Kapitel H: Unternehmensprofile   215
1. Ernst & Young   216
2. KPMG   219
3. PwC   222
4. Deloitte   228
5. Ebner Stolz Mönning Bachem Wirtschaftsprüfung   229
6. RölfsPartner Wirtschaftsprüfung   230

Service   231
I. Glossar   231
II. Links   234
   1. Standardsetter   234
   2. Interessenverbände und Organisationen   234
III. Weiterführende Literaturhinweise   235

Über squeaker.net   236

Einleitung

Herzlichen Glückwunsch! Mit dem Kauf dieses Buches haben Sie eine gute Wahl getroffen. Wir geben Ihnen ein aus der Bewerbungs- und Prüfungspraxis entwickeltes Buch an die Hand, mit dem Sie vielfältige Bewerbungssituationen in der Wirtschaftsprüfung erfolgreich meistern können. Praxis und Theorie halten sich die Waage und beschränken sich auf das für die Bewerbungssituation notwendige Maß. Das Wissen einer Vielzahl von Praktikern der Prüfungsbranche steht Ihnen mit diesem Band zur Verfügung, Sie werden es Kapitel für Kapitel immer wieder feststellen.

Was erwartet Sie in diesem Buch...
Dieses Buch wird für Sie ein Leitfaden auf Ihrem Weg in die Wirtschaftsprüfung sein. Sie werden systematisch an die Aufgaben und Ziele der Wirtschaftsprüfung herangeführt. Eine wichtige Rolle spielt hier die Beschreibung der grundsätzlichen Karriereentwicklung. Informationen zur Branchenstruktur runden diesen ersten Teil ab.

Haben Sie sich nach der Lektüre des ersten Teils dazu entschlossen, den Weg in die Wirtschaftsprüfung zu beschreiten, werden Sie im zweiten Teil erfahren, wie Sie erfolgreich den Bewerbungsprozess meistern. Welche Voraussetzungen werden üblicherweise von Bewerbern erwartet und welche geschätzt? Wir zeigen Ihnen fachliche und nicht-fachliche Fragen, mit denen Sie rechnen müssen, und wie Sie sich erfolgreich auf diese vorbereiten. Der zweite Teil schließt mit der Lösung von Fachfragen, die Ihnen im Bewerbungsprozess begegnen werden.

Sie lernen in diesem Buch aber auch die praktische Seite der Prüfungstätigkeit kennen. Typische Tages-, Wochen- und Jahresabläufe von Prüfungsmitarbeitern werden Ihnen ebenso vorgestellt wie einzelne Erfahrungsberichte von Mitarbeitern aus der Prüfungspraxis. Diese Berichte ermöglichen Ihnen einen einzigartigen Insider-Blick und werden dieses Buch für Sie zur Fundgrube machen.

Das Buch schließt mit Hinweisen auf weiterführende Literatur und eine Darstellung der wichtigsten Unternehmen der Prüfungsbranche.

QR-Code

Die wichtigsten Internetlinks haben wir in Form eines QR-Codes dargestellt. Diesen können Sie mit Ihrem Handy abscannen und so bequem die entsprechende Webseite mobil ansteuern (Ihr Handy benötigt eine QR-/2D-Scanner-Application und Internetzugang). Folgender QR-Code führt Sie beispielsweise direkt zu squeaker.net/einladung.

Nachdem Sie dieses Buch durchgearbeitet haben, werden Sie wissen,
- was die Wirtschaftsprüfung macht
- warum es für Sie von Vorteil sein kann, hier Erfahrungen zu sammeln
- welche Karrierechancen Sie erwarten
- wie Sie sich bewerben können
- was Sie im Vorstellungsgespräch erwartet
- wie Sie sich erfolgreich auf die Bewerbung vorbereiten

Wir wünschen Ihnen viel Spaß und vor allem Erfolg mit diesem Buch!
Ihr squeaker.net-Team

- Fragen, Anregungen, Wünsche? Formulieren Sie hier Ihr Feedback zum Buch: squeaker.net/buchfeedback

- In diesem Forum können Sie sich mit anderen austauschen, Fragen stellen und Antworten geben: squeaker.net/Forum

- Teilen und schreiben Sie hier Ihren eigenen Erfahrungsbericht: squeaker.net/report

Kapitel A:
Wirtschaftsprüfung – Eine Einführung

I. Der Beruf
1. Relevanz
Stellen Sie sich vor, Sie stehen vor der Entscheidung, in eines von zwei am Markt existierenden Unternehmen zu investieren. Beide Unternehmen verfügen über gleiche Ertragschancen. Das eine Unternehmen lässt seinen Jahresabschluss von einem Wirtschaftsprüfer prüfen, während das andere Unternehmen sich (annahmegemäß) keiner Abschlussprüfung unterzieht. In welches der beiden Unternehmen würden Sie investieren? Genau. Als kluger Investor würden Sie natürlich in das Unternehmen investieren, dessen Jahresabschluss geprüft wird. Die Abschlussprüfung erhöht die Zuverlässigkeit und Glaubwürdigkeit der im Jahresabschluss eines Unternehmens enthaltenen Informationen. Als Investor können Sie somit die Vermögens-, Finanz- und Ertragslage des Unternehmens anhand von geprüften Daten beurteilen.

Wie wir in dem kleinen Beispiel gesehen haben, nimmt die Wirtschaftsprüfung also eine wichtige Rolle bei der effizienten Ressourcenallokation in einer Volkswirtschaft ein. Der Staat hat somit ein Interesse daran, dass bestimmte Unternehmen per Gesetz zur Durchführung einer Abschlussprüfung verpflichtet sind. Er hat deshalb Größenkriterien entwickelt, nach denen sich Unternehmen einer Abschlussprüfung in einem bestimmten Umfang unterziehen müssen. Hierzu mehr in dem Kapitel E »Fachliche Problemstellungen«. Ferner gibt es Unternehmen, die sich – aus den genannten Vorteilen – einer freiwilligen Abschlussprüfung unterziehen.

2. Prüfung und Reglementierung
Im Rahmen einer Abschlussprüfung kommt der Prüfer zu einem Prüfungsergebnis, indem er ein Ist-Objekt, nämlich den vom Unternehmen aufgestellten Jahresabschluss, mit einem durch Normen wie dem HGB, BGB, Steuerrecht, IFRS und branchenspezifischen Regelungen vorgegebenen Soll-Objekt vergleicht. Dieser Soll-Ist-Vergleich wird anhand von Prüfungshandlungen vorgenommen, die später noch näher erläutert werden. Hierdurch soll sichergestellt werden, dass der Jahresabschluss ein den tatsächlichen Verhältnissen entsprechendes Bild der Vermögens-, Finanz- und Ertragslage des Unternehmens darstellt. Diese Feststellung markiert den Ausgangspunkt einer jeden Abschlussprüfung. Daher sollten Sie sich dies merken.

> **Stichwort: Grünbuch zur Wirtschaftsprüfung**
> Das 2010 von der EU-Kommission veröffentlichte Grünbuch enthält viele Vorschläge zur Sicherung der Prüfungsqualität. So sollen bei kapitalmarktorientierten Unternehmen eine Pflicht zur Rotation des Abschlussprüfers, sog. »Joint-Audits«, eine Bestellung des Prüfers durch eine Behörde sowie eine strikte Trennung von Prüfung und Beratung eingeführt werden. Die Vorschläge werden derzeit stark diskutiert. Es wird sich noch zeigen, was davon tatsächlich umgesetzt wird.

Angesichts der wichtigen Aufgabe eines Wirtschaftsprüfers soll dieser Beruf auch nur von qualifizierten Personen ausgeführt werden. Es gibt daher eine Vielzahl von gesetzlichen und berufsständischen Regeln zur Berufszulassung – z. B. das erfolgreiche Ablegen des Wirtschaftsprüfexamens – und zur Berufsausübung – wie bspw. die Berufssatzung der Wirtschaftsprüferkammer (WPK). Weiterhin wurden in den letzten Jahren zahlreiche regulatorische Änderungen vorgenommen, um die Unabhängigkeit der Wirtschaftsprüfer zu stärken. Beispielsweise wurden striktere Regelungen für eine gleichzeitige Prüfung und Beratung eines Mandanten durch die gleiche WP-Gesellschaft etabliert. Zudem wurde eine sog. Enforcement Institution in Deutschland geschaffen, die zusätzlich zum Wirtschaftsprüfer die Abschlüsse ausgewählter kapitalmarktorientierter Unternehmen auf spezielle Sachverhalte hin prüft. Dies ist eine unmittelbare Konsequenz der nationalen und internationalen Bilanzskandale der letzten Jahre.

Zur Qualitätssicherung in der Wirtschaftsprüferpraxis wird seit einigen Jahren auch ein sog. Peer Review durchgeführt. Hier werden die WP-Gesellschaften bzw. deren Vorgehen bei Prüfungsmandaten durch andere Berufsangehörige, also andere WP-Gesellschaften, überprüft.

II. Interaktion mit anderen Bereichen

Neben der klassischen Abschlussprüfung bieten Wirtschaftsprüfer und WP-Gesellschaften weitere Dienstleistungen an. Als Kenner der wirtschaftlichen Prozesse in Unternehmen und mit Expertise auf den Gebieten der Rechnungslegung, dem Steuerwesen und der Unternehmensbewertung sind Wirtschaftsprüfer u. a. auch bei der steuerlichen Beratung, als betriebswirtschaftlicher Sachverständiger bei Gerichtsgutachten oder bei Due-Diligence-Prüfungen gefragt.

Den weiteren Tätigkeiten trägt auch die Organisationsstruktur bei den vier größten WP-Gesellschaften (Big Four) und anderen großen WP-Gesellschaften Rechnung. Deren Geschäft ist in sog. Lines of Services (LOS) aufgeteilt, wobei neben der Wirtschaftsprüfung (Audit) die Steuerberatung (Tax) und die prüfungsnahe Beratung (Advisory) die weiteren Grundsäulen bilden.

1. Steuerberatung

Viele Schnittstellen bestehen zur Steuerberatung. Das Prinzip der Maßgeblichkeit bindet den handelsrechtlichen Einzelabschluss und die Steuerbilanz aneinander. Die Komplexität dieser Regelungen erfordert es, auf interne Fachleute zurückzugreifen und diese in die Abschlussprüfung einzubinden. Regelmäßig werden Sie als Prüfer folgende Teilbereiche gemeinsam mit den Kollegen aus der Steuerberatung bearbeiten:

- Steuerrückstellungen
- Gesellschaftsrechtliche Fragestellungen
- Steuerlatenzen
- Verrechnungspreisproblematiken

Im Gegensatz zu den Prüfern gewinnen die Mitarbeiter der Steuerabteilungen nur selten einen direkten, tiefen Einblick in die Funktionsweisen eines Unternehmens. Die Prüfungshandlungen werden nur für einen abgegrenzten Teilbereich des gesamten Jahresabschlusses durchgeführt. Häufig werden diese Arbeiten sogar vom Büro aus erledigt, sodass ein Besuch vor Ort beim Mandanten meist nicht notwendig ist.

2. Prüfungsnahe Beratung

Das Feld der prüfungsnahen Beratung ist sehr breit gefächert. Es reicht von der betriebswirtschaftlichen Beratung im Rahmen von Unternehmensübernahmen (M&A, Transaction Services), über die Beratung bei der wertorientierten Unternehmensführung (Strategy), hin zu forensischen Prüfungen (Forensic Services), die Fälle von Wirtschaftskriminalität untersuchen.

In der Praxis zeigt sich, dass für Mitarbeiter insbesondere der Wechsel zwischen den Gebieten der Wirtschaftsprüfung und der prüfungsnahen Beratung offen steht. Dies bedeutet, dass die WP-Gesellschaften sowohl temporäre Wechsel ermöglichen, z. B. von Transaction Services hin zu Prüfungstätigkeiten während der Busy Season, als auch feste Wechsel, wie von der Prüfung in den Beratungsbereich.

Für den Karriereweg in den Beratungsabteilungen ist das WP-Examen in der Regel keine zwingende Voraussetzung. Viele Mitarbeiter dieser Bereiche legen daher alternative, vermeintlich weniger aufwendige Examina ab. Auf diese werden wir in dem Abschnitt A.III.6. »Berufsexamina« noch näher eingehen.

III. Ihre Karriere

Nachdem wir auf den einführenden Seiten einen ersten Eindruck vom Wirtschaftsprüferberuf gewinnen konnten, wollen wir uns einem bereits sehr zentralen Punkt dieses Buches zuwenden: Ihrer Karriere in der Wirtschaftsprüfung!

Hierzu gehen wir zunächst auf den Bedarf an Neueinsteigern in der WP-Branche ein. Danach erläutern wie verschiedene Formen des Einstiegs in die WP-Branche, um später die einzelnen Karrierestufen in einer WP-Gesellschaft und in diesem Kontext interessierende Punkte wie die Vergütungsstrukturen und Arbeitszeiten zu besprechen.

Stichwort:
Personalfluktuation
Das Mitarbeiterwachstum bei den Big Four war in den letzten Jahren im niedrigen einstelligen Prozentbereich. Es wurden aber 500 bis 1.000 neue Mitarbeiter eingestellt. Dies zeigt, dass die Fluktuation typischerweise sehr hoch ausfällt.

1. Bedarf an Neueinsteigern

Big Four

Der Bedarf an Neueinsteigern ist in der WP-Branche grundsätzlich sehr hoch. Insbesondere die Big-Four-WP-Gesellschaften bemühen sich typischerweise um eine hohe Anzahl qualifizierter Nachwuchskräfte. Dies gilt nicht zuletzt wegen der hohen personellen Fluktuation in der WP-Branche. Zwar wurden während der Finanzkrise deutlich weniger neue Mitarbeiter eingestellt als zuvor, doch mittlerweile heuern die Big Four wieder zahlreiche Neueinsteiger an. So plant Deloitte im Jahr 2012 die Einstellung von rd. 650, Ernst & Young von 1.600, KPMG von 1.500 und PwC von 1.500 neuen Mitarbeitern. Der Großteil dieser Mitarbeiter entfällt dabei auf den Bereich der Wirtschaftsprüfung. Interessant ist weiterhin, dass sich die Neueinstellungen zu 80 Prozent auf Einsteiger und zu 20 Prozent auf Berufserfahrene verteilen. Diese Zahlen sollen für die nächsten Jahre auf mindestens konstantem Niveau bleiben. Die meisten WP-Gesellschaften planen sogar mit mehr Einstellungen für die kommenden Jahre, sodass die Tendenz eher steigend ist. PwC will bspw. bis zum Jahr 2015 von insgesamt 9.000 Mitarbeitern in Deutschland auf 15.000 wachsen und den Umsatz von 1,2 Mrd. Euro auf 2 Mrd. Euro steigern.

Es kommt also nicht von ungefähr, dass die Big-Four-WP-Gesellschaften zu den Arbeitgebern gehören, die mit am meisten Werbe- und Stellenanzeigen auf dem Campus, in Karrieremagazinen und einschlägigen Online-Portalen schalten. Der hohe Nachwuchsbedarf macht es notwendig. Prinzipiell bedeutet dies für qualifizierte Bewerber, dass die Erfolgsaussichten einer Bewerbung sehr hoch sind. Es darf auf der anderen Seite aber nicht verkannt werden, dass die WP-Gesellschaften auch angesichts eines sehr hohen Bedarfs keine unterqualifizierten Leute einstellen. Können keine entsprechend qualifizierten Kräfte gefunden werden, leistet eben das bestehende Personal die Arbeit – auch wenn dies bei hoher Fluktuation für jeden Einzelnen mehr Arbeit bedeutet.

Mittelständische und kleine WP-Gesellschaften

Aufgrund der kleineren Größe fällt bei den mittelständischen und kleinen WP-Gesellschaften der Bedarf an Neueinsteigern geringer als bei den Big Four aus. Nichtsdestotrotz werden auch hier kontinuierlich Nachwuchsfachkräfte gesucht, sodass sich insgesamt von einer stetigen Nachfrage auch in diesem Bereich sprechen lässt.

2. Einstiegsmöglichkeiten
Praktikum

Tätigkeit

Ein Praktikum in der Wirtschaftsprüfung bietet die Möglichkeit, den Beruf des Wirtschaftsprüfers (vermeintlich) unverbindlich kennenzulernen. In der Wirtschaftsprüfung ist es dabei die Regel, dass Praktikanten voll »mitanpacken«. Dies bedeutet, dass ein Praktikant von Beginn an als vollwertiges Mitglied eines Prüfungsteams angesehen wird. Verleben Sie am ersten Tag Ihres Praktikums noch einen gemütlichen Einführungstag in der Niederlassung der WP-Gesellschaft, so können Sie sich bereits am nächsten Tag »draußen« beim Mandanten zur Prüfung des Jahresabschlusses wiederfinden. Von Kaffee kochen oder anderen häufig zitierten Praktikantentätigkeiten kann hier keine Rede sein.

Dieser Praxisschock birgt anfangs häufig Probleme. Der eine stellt sich im Mandantengespräch ungeschickt an, der andere kommt mit dem Wust von Zahlen nicht zurecht. Es stellt sich aber schnell eine gewisse Routine ein (im Rahmen des zulässigen Maßes), sodass Sie schon nach wenigen Wochen das Gefühl gewinnen, eine Menge gelernt zu haben.

Die Aufgabengebiete von Praktikanten können sehr unterschiedlich ausfallen. Grundsätzlich werden Sie bei Ihren ersten Prüfungshandlungen mit vergleichsweise simplen Abschlussposten beginnen, wie z. B. den Rechnungsabgrenzungsposten oder sonstigen Vermögensgegenständen/Verbindlichkeiten. Eine große Hilfe stellen dabei die Aufzeichnungen der Vorjahresprüfung dar, die Sie als Richtschnur für Ihre Vorgehensweise benutzen können. Fortgeschrittene Praktikanten werden auch mit komplexeren Aufgaben betraut. Hierzu gehört bspw. die Aufnahme und Prüfung von internen Kontrollsystemen, also unternehmensinternen Prozessen, die für die Rechnungslegung von Bedeutung sind.

Chancen

Für gute Praktikanten sehen viele WP-Gesellschaften Förderprogramme vor. Diese bieten bspw. die Möglichkeit, nach dem Praktikum mit der WP-Gesellschaft bzw. mit anderen ehemaligen Praktikanten in Kontakt zu bleiben. Oft besteht für Mitglieder dieser Förderprogramme auch die Chance, ein Praktikum bei einer Auslandsgesellschaft zu absolvieren. Ein weiterer großer Vorteil dieser Programme besteht darin, dass die WP-Gesellschaften häufig aus diesem Pool an Ex-Praktikanten ihre Neueinsteiger direkt rekrutieren, ohne dass sich diese einem erneuten, intensiven Interview stellen müssten. In diesen Fällen reicht ein informelles Gespräch mit dem Personalpartner für die Festanstellung meist aus.

Insider-Tipp

Aktuelle Angebote der führenden WP-Gesellschaften zu Traineeprogrammen finden Sie auf squeaker.net.

Traineeprogramm

»Unser Traineeprogramm AuditPLUS bietet die Möglichkeit, durch Rotation verschiedene Fachbereiche kennenzulernen und sich ein starkes unternehmensinternes Netzwerk aufzubauen. Ein weiteres Plus ist neben einem breit gefächerten Aus- und Fortbildungsprogramm die Chance, die eigenen Fähigkeiten und Kenntnisse durch einen Auslandsaufenthalt zu erweitern, denn interkulturelle Kompetenz ist uns ebenfalls sehr wichtig.«
Marcus K. Reif,
Head of Recruitment & Employer Branding GSA,
Ernst & Young Frankfurt

Traineeprogramm
Worum geht es?

Die großen WP-Gesellschaften bieten zum Einstieg in den WP-Beruf auch sog. Traineeprogramme an. Hierbei erhalten Sie als Absolvent die Möglichkeit, in einem vorgegebenen zeitlichen Rahmen – achtzehn bis vierundzwanzig Monate – in verschiedenen Abteilungen der WP-Gesellschaft zu arbeiten. Meist wird Ihnen dabei planmäßig angeboten, vom Prüfungsbereich in den Beratungs- oder Steuerbereich zu wechseln. So können Sie breit gefächerte Eindrücke sammeln und sich am Ende dieser Zeit für den aus Ihrer Sicht passenden Bereich entscheiden. Durch die Abteilungswechsel können Sie zahlreiche – in der Zukunft womöglich wertvolle – Kontakte innerhalb der WP-Gesellschaft knüpfen.

Unterschiedliche Phasen

Zeitlich gliedert sich das Traineeprogramm regelmäßig in drei Phasen. Die drei- bis sechsmonatige Startphase absolvieren Sie in dem Bereich der Wirtschaftsprüfung. Hier werden Sie wie die Direkteinsteiger nach einer Einführungsphase direkt »ins kalte Wasser« der Prüferpraxis geworfen, sodass sich das Arbeitspensum eines Trainees und eines Direkteinsteigers gleichen. Danach wechseln Sie in der Orientierungsphase in einen von Ihnen gewünschten Bereich, z. B. Transaction Services im Beratungsbereich. Einzelne WP-Gesellschaften bieten in der Orientierungsphase auch einen dreimonatigen Auslandsaufenthalt an. In der letzten Phase vertiefen Sie dann noch einmal Ihre Eindrücke von der Wirtschaftsprüfung. Der Schwerpunkt liegt also auf dem Bereich der Wirtschaftsprüfung. Ihre Grundausbildung erfolgt dabei »on the job«, wobei Sie die gleichen Schulungen wie die Direkteinsteiger besuchen.

Während des Traineeprogramms steht Ihnen ein Mentor zur Seite, der Sie bei Fragen zu Ihrer Karriereentwicklung immer wieder berät. Außerdem beinhaltet ein Traineeprogramm häufig auch einen längeren Auslandsaufenthalt, bei dem Sie eine der zahlreichen Auslandsgesellschaften kennenlernen können.

Einstiegsmöglichkeiten – Trainee vs. Praktikant

	Trainee	Praktikant
Einstiegs-termin	Feste Termine. Meist einmal pro Jahr (zum 1. Oktober)	Laufend (hauptsächlich zur Busy Season)
Dauer	18-24 Monate	Mindestdauer: 6-8 Wochen/ keine Höchstdauer
Vergütung	Vollgehalt (ca. 42.000 Euro/Jahr)	Praktikantenvergütung (ca. 1.000 Euro/Monat)
Inhalt	Rotation durch verschiedene Bereiche; evtl. Auslandseinsatz Vollwertiger, fachlicher Mitarbeiter Entscheidung für einen Bereich am Ende des Programms Übernahmegarantie (unbefristeter Arbeitsvertrag)	Projektbezogene Arbeit Mitarbeit im Prüfungsteam Befristeter Arbeitsvertrag Gegenseitiges Kennenlernen von Praktikant und WP-Gesellschaft
Geeignet für	Absolventen Sie wollen zu den großen WP-Gesellschaften. Sie haben sich noch nicht auf einen bestimmten Bereich festgelegt. Sie wollen zu Beginn Ihrer Karriere viele Kontakte in der WP-Gesellschaft knüpfen.	Studenten Sie wollen erste Praxiserfahrungen sammeln. Sie wollen die Wirtschaftsprüfung kennenlernen.

Direkteinstieg
Klassischer Weg
Der Direkteinstieg ist für Hochschulabsolventen der klassische Weg in den Wirtschaftsprüferberuf. Wenn Sie direkt nach dem Ende Ihres Studiums in der Wirtschaftsprüfung durchstarten wollen, ist dies die richtige Alternative für Sie. Bei mittelständischen und kleinen WP-Gesellschaften ist es in der Regel die einzige Einstiegsmöglichkeit für Berufsanfänger, da keine Traineeprogramme angeboten werden.

Tätigkeit
Direkteinsteiger sind als Prüfer vom ersten Tag an voll im Einsatz. Zu Beginn Ihrer Tätigkeit werden Sie sich mit vergleichsweise einfach zu

prüfenden Posten beschäftigen. Können Sie sich hierbei auszeichnen, werden Ihnen schnell anspruchsvollere Aufgaben übertragen. Nach einem Jahr treten Sie häufig bereits als Prüfungsleiter bei kleineren Mandaten auf, d. h. Ihnen wird sowohl eine große prüferische Verantwortung als auch schon Personalverantwortung übertragen.

Der Aufgabenbereich von Direkteinsteigern bei mittelständischen und kleinen WP-Gesellschaften ist im Allgemeinen etwas breiter gefasst als bei den großen WP-Gesellschaften, Stichwort: »Generalistentum«. Während bei den großen WP-Gesellschaften die Bereiche der Wirtschaftsprüfung und Steuerberatung (personell) getrennt agieren, wird von Mitarbeitern bei mittelständischen und kleinen WP-Gesellschaften häufig der Einsatz in beiden Bereichen verlangt. Dies bedeutet, dass Sie nicht als reiner Prüfungsmitarbeiter rekrutiert werden, sondern ein breiteres Aufgabenspektrum bearbeiten müssen.

Weiterbildung
Die Förderung der Mitarbeiter besteht neben dem sog. »Training on the job« aus verschiedenen Weiterbildungsmaßnahmen, wie Schulungen, Workshops und natürlich den Berufsexamina. Generell ist beim »Training off the job« zu unterscheiden zwischen freiwilligen Kursen und Pflichtkursen, die jeder Mitarbeiter durchlaufen muss. Inhaltlich betrachtet werden zum einen fach- und branchenbezogene Weiterbildungsmaßnahmen angeboten. Da das beste Fachwissen dem Mandanten auch noch überzeugend präsentiert werden muss, werden zum anderen auch sog. Soft-Skills-Schulungen in Bereichen wie Kommunikation, Mitarbeiterführung, Interviewtechniken etc. angeboten. Darüber hinaus stellen die großen WP-Gesellschaften ihren Mitarbeitern auch E-Learning-Plattformen zur Verfügung, die ein zeit- und ortsunabhängiges Lernen ermöglichen.

Promotion als Karrierechance
Promotionen sind als Karrierebooster umstritten. Fest steht, dass in den ersten Jahren die Berufsexamina einen höheren Stellenwert einnehmen. In höheren Karrierestufen wird die Promotion aber immer mehr geschätzt. Zum einen dient sie als Kompetenzsignal bei der Mandantenakquise. Zum anderen haben Sie gelernt, Fachartikel zu publizieren, was die WP-Gesellschaften zur Imagesteigerung gerne einsetzen.

Karriereentwicklung
Auch als Direkteinsteiger wird Ihnen ein Mentor zugewiesen, der Sie die ersten Jahre als persönlicher Berater begleitet. Mit diesem Mentor wird auch über das Jahres-Feedback gesprochen und das nächste Karriereziel festgelegt. Die Mentoren kommen dabei in der Regel aus dem gleichen Tätigkeitsbereich und arbeiten am gleichen Standort.

Promotion
Forschung und Praxis
Weit weniger bekannt und seltener genutzt ist die Möglichkeit, über eine Promotion in die Wirtschaftsprüfung einzusteigen. Dieser Weg erlaubt es ambitionierten Mitarbeitern, Berufserfahrung und Forschungstätigkeit miteinander zu verbinden. Promotionsprogramme werden nur von den großen WP-Gesellschaften angeboten, da diese aufgrund ihrer Kapazität eher in der Lage sind, Mitarbeiter für bestimmte Phasen zu entbehren.

Ablauf

Die Promotionsprogramme dauern in der Regel zwischen drei und fünf Jahren. Dabei wechseln sich praktische Phasen und Freistellungsphasen ab. Die praktische Phase liegt häufig in der Busy Season und dauert fünf Monate. In der anschließenden Phase wechseln die Doktoranden an die Hochschule und arbeiten zunächst im allgemeinen Lehrstuhlablauf mit oder beginnen sofort mit ihrer Dissertation.

Voraussetzungen

Promotionsprogramme stehen nicht jedem offen. Unabdingbare Voraussetzung ist ein erfolgreich abgelegter Hochschulabschluss, in der Regel von einer Universität. Ihr Studienabschluss muss dabei eine Note von mindestens 2,5 aufweisen, damit Sie in das Promotionsprogramm einer Universität aufgenommen werden. Ferner müssen Sie natürlich auch einen Doktorvater finden, der Sie bei Ihrem Promotionsvorhaben unterstützt. In der Praxis sieht dies so aus, dass bestimmte Lehrstühle sehr gute Kontakte zu WP-Gesellschaften unterhalten und deren Mitarbeiter während der Promotion betreuen. Können Sie zu einem solchen Lehrstuhl einen Kontakt herstellen, z. B. durch die Tätigkeit als studentischer Mitarbeiter oder als Diplomand, und haben Sie außerdem ein Praktikum bei der entsprechenden WP-Gesellschaft absolviert, stehen Ihre Chancen gut. Es ist also wichtig, bereits vor dem Abschluss des Studiums die Weichen zu stellen.

Eine andere Möglichkeit besteht darin, dass Sie Ihren Promotionswillen im Bewerbungsgespräch äußern und die WP-Gesellschaft dann ihre Kontakte zu den Lehrstühlen spielen lässt.

Vor- und Nachteile

Die Vor- und Nachteile einer Promotion gegenüber einem klassischen Einstieg wollen wir Ihnen in der folgenden Grafik kurz darstellen:

Vor- und Nachteile der Promotion gegenüber dem Direkteinstieg

Vorteile	Nachteile
• Berufserfahrung und Promotion parallel	• Abrupte Unterbrechung Ihrer Lernkurve durch Freistellungsphase
• Unterstützung durch die Gesellschaft bei Suche nach nach einem Doktorvater und Erhebung empirischer Daten	• Keine Anrechnung der Freistellungsphasen für Steuerberater- und Wirtschaftsprüferexamen
• Erwerb eines akademischen Grades	• Geringe Präsenz im Unternehmen und u.U. schlechteres Standing dadurch
• Qualifikation jenseits der Berufsexamina	• Themenkreis beschränkt auf für den Arbeitgeber interessante Themen

Entscheidungshilfe für den Berufseinstieg

Nachdem wir nun eine Reihe von Möglichkeiten für Ihren Berufsstart in die WP-Branche dargelegt haben, soll die folgende Grafik noch einmal einen zusammenfassenden Überblick bieten. Kreuzen Sie das Passende an!

	Trainee		**Direkteinstieg**		**Promotion**	
	Beschreibung	ok	Beschreibung	ok	Beschreibung	ok
Termin	Oktober		permanent		permanent	
Gehalt	40.000 bis 43.000 Euro		40.000 bis 43.000 Euro		20.000 bis 22.000 Euro	
Arbeitszeit	40 bis 70 h/Woche 52 Wochen/Jahr; ca. 5-6 Wochen Urlaub		40 bis 70 h/Woche 52 Wochen/Jahr; ca. 5-6 Wochen Urlaub		40 bis 70 h/Woche 20 bis 22 Wochen/Jahr; kein zusätzlicher Urlaub	
Aufgabengebiet	Prüfung einzelner Positionen		Siehe Trainee; Prüfungsleiter		Siehe Trainee	
Persönliche Entwicklung	Erfahrungen in der Wirtschaftsprüfung sammeln; planmäßiger Einblick in andere Bereiche; Entscheidung für einen Bereich nach Ende des Traineeprogramms.		Erfahrungen in der Wirtschaftsprüfung sammeln; zügige Übertragung von prüferischer Verantwortung; zügige Personalverantwortung.		Erfahrungen in der Wirtschaftsprüfung sammeln; Beschäftigung mit theoretischen/ empirischen Modellen; Aufbau von Expertenwissen.	
Geeignet für:	Der Unentschiedene		Der Bestimmte		Der praxisnahe Theoretiker/ Empiriker	

3. Karrierestufen

Nach dem Einstieg in eine WP-Gesellschaft stellt sich die Frage, was als Nächstes auf der Karriereleiter kommt. Aus diesem Grund werden in dem folgenden Abschnitt die Hierarchien und Karrierestufen in einer WP-Gesellschaft beschrieben.

Flache Hierarchien

Die Hierarchien in der Wirtschaftsprüfung sind flach. Sie können schnell eine verantwortungsvolle Position erreichen und sich für höhere Aufgaben empfehlen. Dabei profitieren Sie auch von der traditionell hohen Fluktuationsrate in der WP-Branche. Auf allen Ebenen der Karriereleiter scheiden Kollegen aus und machen Ihnen »den Weg frei«. Das ist die gute Nachricht. Voraussetzung für eine Karriere über das Level eines Associate oder Prüfungsassistenten hinaus ist in der WP-Branche allerdings immer das bestandene Wirtschaftsprüferexamen. Dies sollten Sie in Ihre Überlegungen einfließen lassen.

Staff

Die erste Stufe in der Hierarchie einer WP-Gesellschaft stellt der »Prüfungsassistent, Assistant bzw. Associate« dar. Typischerweise verfügen Prüfungsassistenten über eine gewisse Prüfungserfahrung aus vorangegangenen Praktika. Die Hauptaufgabe der Prüfungsassistenten liegt in der Mitarbeit bei der operativen Durchführung einer Abschlussprüfung. Dabei sind Sie für Teilbereiche der Prüfung zuständig, die Ihnen der Prüfungsleiter bzw. Senior Associate überträgt. Dieser ist regelmäßig auch der direkte Ansprechpartner bei fachlichen Problemen bzw. wenn Sie über die Erkenntnisse Ihrer Prüfungshandlungen berichten. Da Sie sowohl den Bereich der Prüfung kennenlernen als auch an zahlreichen Schulungen teilnehmen, zeigt Ihre Lernkurve in dieser Zeit steil nach oben.

Nach ein bis zwei Jahren in der Praxis sind Sie häufig schon als Prüfungsleiter bzw. Senior Associate bei kleineren Mandaten für Teilbereiche der Prüfungsplanung und die Prüfung einzelner Gebiete operativ verantwortlich. Dabei agieren Sie als der verlängerte Arm des Managers direkt vor Ort beim Mandanten. Auf dieser Stufe legen Sie auch die Berufsexamina ab, die Sie für den nächsten großen Schritt, die Position des Managers, qualifizieren. Die durchschnittliche Verweildauer auf dieser Stufe beträgt fünf Jahre. Länger sollten Sie sich hier nicht aufhalten!

Manager

Der Aufstieg in die nächste Karrierestufe setzt grundsätzlich den Titel des Wirtschaftsprüfers voraus. Im Vergleich zu der Zeit als Staff ändert sich Ihr Aufgabengebiet wesentlich. Bei größeren Prüfungen werden Sie die komplexen Prüfungsgebiete und Fragestellungen bearbeiten. Da Sie mehrere Mandate parallel betreuen, können Sie bei kleineren Prüfungen nur gelegentlich vor Ort sein. Eine gute Vertrauensbasis zu den Prüfern vor Ort ist darum unerlässlich. Bei der Personalplanung zeigt sich, dass Manager daher bei der Teamauswahl immer gerne auf in ihren Augen bewährte Mitarbeiter zurückgreifen, die sie schon von anderen Mandaten her kennen.

Generell entspricht die Funktion des Managers eher einer überwachenden Tätigkeit, d. h. als Manager sehen Sie die Ergebnisse der Prüfungsassistenten kritisch durch. Schlussendlich sind Sie zusammen mit dem für das Mandat zuständigen Partner für die Prüfungsqualität und das Prüfungsergebnis verantwortlich.

> **Insider-Tipp**
>
> **Erhöhung Ihres Marktwertes**
> Nutzen Sie als Staff jede Gelegenheit, Schulungen zu besuchen und Ihr Fachwissen zu erweitern. Zeigen Sie sich wissbegierig. Den Inhalt der Schulungen kann Ihnen niemand mehr nehmen. Ihr Wert für das Unternehmen und Ihr potenzieller Marktwert steigen.

> **Stichwort:**
> **Work Paper Review**
> Beim Work Paper Review bewertet der direkte Vorgesetzte die von einem Staff durchgeführten und dokumentierten Prüfungsschritte. Oft wird dieser Review für besonders heikle Prüfungsgebiete zusätzlich durch eine zweite Person (Manager/Partner) wiederholt. Ziel ist die Qualitätssicherung in der Wirtschaftsprüferpraxis und somit die Vermeidung etwaiger Haftungsfälle.

Neben der Prüfungsbetreuung fällt Ihnen außerdem die Aufgabe zu, den Kontakt mit dem Mandanten zu pflegen bzw. den Bedarf für eine weitergehende Betreuung des Mandanten durch die WP-Gesellschaft zu identifizieren. Auch die Akquise neuer Mandate in Zusammenarbeit mit einem Partner der Gesellschaft gehört zu dem Geschäft eines Managers. Ferner nehmen auf dieser Stufe die repräsentativen Aufgaben zu. Hierzu zählen bspw. Unternehmenspräsentationen, Vorlesungen an der Universität oder Vorträge auf Fachkonferenzen.

Partner

Auf der obersten Stufe der Karriereleiter steht der Partner. Dieser führt die WP-Gesellschaft gemeinschaftlich mit seinen Partnerkollegen. Als Partner tragen Sie – wie bereits erwähnt – die Verantwortung für das Prüfungsergebnis und das Testat bei einem Mandat. Operative Tätigkeiten ergeben sich für Partner selten auf der praktischen Prüfungsebene. Im Vordergrund steht vielmehr die Kommunikation mit dem Leiter des Mandanten oder dem Aufsichtsrat über die Ergebnisse der Prüfung und die eventuellen Konsequenzen.

Karrierestufen in einer WP-Gesellschaft

Wirtschaftsprüfungsgesellschaft

Partner/Director
Voraussetzung: unternehmerisches Denken
Verweildauer: bis zum Ausscheiden aus der Gesellschaft
Verantwortlichkeiten: Akquise von Mandanten, Honorarverhandlungen, Personalrecruiting, Referententätigkeit (intern/extern), »Networking«, Fortentwicklung der Gesellschaft, vertritt Gesellschaft nach außen
Gehalt: ab 120.000 Euro
Arbeitszeit/Reisetätigkeit: überwiegend im Büro, Wochenendarbeit, kurze Reisen

Manager/Director
Voraussetzung: Wirtschaftsprüferexamen
Verweildauer: vier bis sechs Jahre
Verantwortlichkeiten: Akquise von Mandanten, Honorarverhandlungen, Planung der Prüfungsdurchführung, Teilnahme an Prüfungsdurchführung, Review des Prüfungsergebnisses, Personalrecruiting, Referententätigkeit (intern/extern), »Networking«
Gehalt: 75.000 bis 90.000 Euro
Arbeitszeit/Reisetätigkeit: teils Büro/teils Mandant, kurze Reisen

Staff (Assistant/Associate)
Voraussetzung: abgeschlossenes Studium
Verweildauer: drei bis fünf Jahre
Verantwortlichkeiten: selbstständige Prüfung einzelner Positionen (Jahr 1–2), Übernahme kleinerer und mittlerer Prüfungsleitungen (Jahr 2–3), Übernahme größerer Prüfungsleitungen (Jahr 4–5); Referent für interne Schulungen (ab 3. Jahr); Mitarbeit an internen Projekten (ab 3. Jahr)
Gehalt: 40.000 bis 65.000 Euro
Arbeitszeit/Reisetätigkeit: meist beim Mandanten, auch längere Reisetätigkeiten

4. Vergütungsstrukturen

Vergütungsstrukturen sind immer ein wichtiges Kriterium bei der Karriereentscheidung. Um Ihnen hier einen besseren Überblick liefern zu können, betrachten wir nun die einzelnen Bestandteile der Gesamtvergütung eines Wirtschaftsprüfers. Danach gehen wir auf nicht-monetäre Komponenten ein.

Fixgehalt

Den Grundbaustein der Vergütung bildet das Fixgehalt. Praktikanten erhalten bei den Big Four in aller Regel 1.000 Euro pro Monat. Dieses Gehalt wird allen Praktikanten angeboten, d. h. es bietet sich kein Spielraum zur Verhandlung. Variable Bestandteile existieren auf dieser Ebene nicht.

Als Berufseinsteiger können Sie bei den Big Four mit einem Fixgehalt von ca. 42.000 Euro pro Jahr rechnen. Die Verhandlungsspielräume sind dabei relativ gering. Sie betragen maximal 200 Euro pro Monat. Ob Sie am oberen oder unteren Ende dieser Range liegen, entscheidet sich in erster Linie über Ihre Qualifikation. Sehr gute Absolventen sind erfahrungsgemäß eher in der Lage, ein höheres Fixgehalt zu verhandeln. Ausgehend vom Einstiegsgehalt erhalten sie jährliche Gehaltssteigerungen von fünf bis zehn Prozent. Sehr gute Mitarbeiter können Gehaltssteigerungen von über zehn Prozent in der Spitze erzielen.

Als Prüfungsleiter haben Sie bereits mehrjährige praktische Erfahrungen gesammelt. Auf dieser Stufe können Sie mit einem Fixgehalt von ca. 45.000 bis 65.000 Euro rechnen. Mit dem Erreichen der Führungsebene verändert sich Ihr Gehalt sehr stark. Sie erhalten einen neuen Arbeitsvertrag mit einem neuen, meist etwas geringeren Grundgehalt als bislang. Hier nimmt also die relative Bedeutung des Fixgehaltes innerhalb der gesamten Vergütungsstruktur ab. Variable Bestandteile, die sich an Performance-Kennzahlen messen, gewinnen enorm an Gewicht. In der Position eines Managers haben Sie das Wirtschaftsprüferexamen erfolgreich bestanden und liegen inklusive variabler Bestandteile in einem Bereich von 75.000 bis 90.000 Euro. Auf der höchsten Karrierestufe, nämlich der des Partners, dürfen Sie mit einem Gehalt ab 120.000 Euro rechnen. Partner ist jedoch nicht gleich Partner. Als Mitglied des Vorstandes oder Leiter der Grundsatzabteilung erhalten Sie zwischen 500.000 und 1.000.000 Euro, wobei hier ebenfalls variable Bestandteile enthalten sind.

Variable Bestandteile

Die zweite wichtige Komponente Ihrer Vergütung bilden die bereits erwähnten variablen Bestandteile. Grundsätzlich bemessen sich die variablen Bestandteile nach einem Qualitäts- und einem Quantitätsteil. Dies bedeutet, dass zum einen die Qualität Ihrer abgelieferten Arbeit honoriert wird, z. B. in Form von unterjährigen

---

Gehaltsmillionäre

Laut Angaben der Wirtschaftsprüferkammer sind etwa 10 Prozent aller in Deutschland tätigen Wirtschaftsprüfer Gehaltsmillionäre! Dabei wird allerdings nicht nach selbstständigen und angestellten Wirtschaftsprüfern unterschieden. Diese berichteten Gehaltsspitzen sind nämlich vorwiegend bei Selbstständigen zu finden.

Projektbeurteilungen oder gemessen an der Zielerreichung vorher festgelegter Jahresziele. In diesem Punkt sind mindestens ein bis zwei Monatsgehälter als Bonus zu erreichen.

Zum anderen wird auch die Zahl der geleisteten Überstunden bei der variablen Vergütung gewürdigt, die Sie sich entweder anhand eines bestimmten Stundensatzes auszahlen oder in Urlaub umwandeln lassen können. In anderen Branchen übliche Weihnachtsgelder werden bei den Big Four nicht gezahlt, weil diese mit den Bonuszahlungen abgegolten sind.

Reisekostenzuschüsse
Eine weitere – nicht zu unterschätzende – Einnahmequelle in der WP-Branche stellt die Erstattung von Reisekosten bzw. die Reisekostenzuschüsse dar. Diese umfasst verschiedene Teile. Zunächst werden natürlich die berufsbedingten Reisekosten erstattet. Darüber hinaus erhalten Sie für Ihre Abwesenheit von der Niederlassung pauschale – je nach Entfernung von Niederlassung zum Mandanten – unterschiedlich hohe Beträge. Dieser sog. Verpflegungsmehraufwand beläuft sich auf rd. 24 Euro pro 24 Stunden Abwesenheit von der Niederlassung und ist steuerfrei. Ferner erhalten Sie eine Kilometerpauschale für mit dem Auto zurückgelegte Kilometer. Hier werden Ihnen je nach WP-Gesellschaft zwischen 0,30 Euro und 0,60 Euro pro Kilometer gezahlt! Diese Zahlungen sind bis zum Kilometersatz von 0,30 Euro steuer- und sozialversicherungsfrei, da sie für Ihre Dienstreisen bestimmt sind. Von manchem Einsteiger wird gar berichtet, dass er sein Nettogehalt durch den Erhalt von Reisekostenzuschüssen fast verdoppeln konnte. In der Regel, sind es aber rd. ==20 bis 30 Prozent des Nettogehaltes, die durch Reisekostenzuschüsse hinzukommen.==

Mittelständische und kleine WP-Gesellschaften
Generell lässt sich sagen, dass die Gehälter bei mittelständischen und kleinen WP-Gesellschaften zumindest bei Praktikanten und Berufseinsteigern geringer ausfallen. Auch die Steigerungsraten fallen in der Tendenz moderater aus. Darüber hinaus vergüten diese WP-Gesellschaften etwas geringere Sätze bei den Reisekostenzuschüssen.

Nicht-monetäre Anreize
WP-Gesellschaften bieten ihren Mitarbeitern ebenfalls nicht-monetäre Vorteile. Zu nennen wären hier Lease-Car-Modelle, die es dem Berufsanfänger erlauben, über den Arbeitgeber vergleichsweise günstig Neuwagen zu leasen. Zudem wird Ihnen auch ein Handy zur Verfügung gestellt, das günstige Tarife bietet. Dieses können Sie auch privat nutzen, doch wird Ihnen der Betrag in Rechnung gestellt.

5. Arbeitszeiten

Laut Vertrag arbeitet ein Mitarbeiter in der Wirtschaftsprüfung 40 Stunden pro Woche. Generell liegt die Arbeitszeit jedoch zwischen 45 und 70 Stunden pro Woche, d. h. die Leistung von Überstunden wird implizit von der WP-Gesellschaft erwartet. Ob der Arbeitsaufwand am unteren oder oberen Ende dieser Bandbreite liegt, hängt dabei stark von den folgenden vier Faktoren ab:

1. Saison

Wie Sie vielleicht bereits gehört haben, unterliegt die Wirtschaftsprüfung einer gewissen Saisonalität. Die Zeit vom September bis März bildet dabei die Busy Season. In diesen Zeitraum fallen die Abschlussstichtage (in aller Regel 30.09. oder 31.12.) der meisten Unternehmen, sodass hier der Hauptteil der Abschlussprüfungen ansteht. In der Busy Season liegt der Arbeitsaufwand bei mindestens 50 Stunden pro Woche. Unter Umständen kann dieser aber auch auf bis zu 70 Stunden pro Woche ansteigen. Im Sommer entspannt sich im Allgemeinen die Situation. Die Arbeitszeiten bewegen sich hier um die 40 bis 45 Stunden pro Woche. Im Jahresdurchschnitt kommt man so auf ein Wochenpensum von 45 bis 50 Stunden.

In der Zeit der geringen Arbeitsbelastung können Sie auch längere Urlaubsreisen planen. Urlaubsphasen von bis zu zwei Monaten sind durchaus möglich und stellen in aller Regel kein grundsätzliches Problem für Ihren Arbeitgeber dar. In letzter Zeit hat sich jedoch vermehrt gezeigt, dass auch die Nebensaison sehr beschäftigungsintensiv ausfallen kann. Häufig stehen zu dieser Zeit Vorprüfungen, insbesondere sog. IKS-Prüfungen an. In der Sommerphase können ebenfalls immer wieder Sonderprojekte auftreten, die kurzfristig erledigt werden müssen und meistens mit einer intensiven Arbeitsbelastung einhergehen.

2. Mandant

Weiterhin hängt Ihre Arbeitsbelastung von dem jeweiligen Mandanten ab. In den letzten Jahren lässt sich feststellen, dass insbesondere börsennotierte Unternehmen aufgrund der Anforderungen des Kapitalmarkts immer früher ihre Jahresabschlüsse veröffentlichen wollen. Auch bei großen nicht-börsennotierten Mandanten können die Vorgaben des Managements für den Wirtschaftsprüfer einen erhöhten Zeitdruck bedeuten, der wiederum den Arbeitsaufwand pro Woche steigen lässt. So kann es durchaus vorkommen, dass bei einem Mandat mit engen Zeitvorgaben die Wirtschaftsprüfer auch am Samstag anrücken müssen. Sonntags und an Feiertagen wird nur in sehr seltenen Ausnahmefällen gearbeitet. Im Regelfall werden Ihnen dann relativ unbürokratisch Ausgleichstage zugestanden, die

Sie nach Wahl nehmen können, sofern Sie es mit Ihren Vorgesetzten abstimmen.

Ferner muss beachtet werden, dass sich Ihre Arbeitszeit auch nach den Arbeitszeiten der Mitarbeiter des Mandanten richtet. Während bei großen Konzernen die Mitarbeiter während der Prüfungsphase meistens ebenfalls abends und am Samstag vor Ort sind, gibt es auch Mandanten, die ihre Prüfer abends aus dem Büro »werfen«, da das Prüfungsteam keine eigenen Schlüssel oder Zutrittskarten besitzt. Entweder endet für Sie der Arbeitstag hier oder Sie arbeiten eben in Ihrer Niederlassung weiter, um die vorgegebenen Termine einhalten zu können.

3. Karrierestufen

Einzelne Karrierestufen bringen gewisse Nuancen der Arbeitszeiten mit sich. Für Praktikanten gilt, dass diese in aller Regel nicht länger als 40 Stunden pro Woche arbeiten sollten. In der Praxis ergeben sich aber durchaus Arbeitszeiten von 45 bis 50 Stunden in der Busy Season. Arbeit am Samstag ist im Rahmen eines Praktikums nicht vorgesehen. Als Einsteiger in die Wirtschaftsprüfung werden Sie oft zur Beobachtung von Inventuren eingesetzt. Diese Inventuren finden zu Zeiten statt, in denen die operative Tätigkeit des Unternehmens ruht. Dadurch werden Sie vereinzelt auch am Wochenende tätig sein. Sind Sie in der Führungsebene jenseits des Prüfungsleiters (Manager/Director/Partner) angelangt, so wird auch Ihre Arbeitsbelastung zunehmen. Sie nehmen Zusatzaufgaben wahr, die Ihren vollen Einsatz fordern.

4. Vorgesetzte

Ihre Arbeitszeiten sind in gewissem Maße auch von Ihren vorgesetzten Managern und Partnern abhängig. Diese sind für das Staffing verantwortlich und können damit die Arbeitsbelastung Ihrer Mitarbeiter durch Disponierung (nicht) ausreichender Mitarbeiterkapazitäten für die Prüfung steuern. Nach einer gewissen Zeit im Unternehmen lernen Sie aber einzuschätzen, welche Manager eher etwas knapp kalkulieren und wer eine 40-Stunden-Woche-Philosophie vertritt.

6. Berufsexamina

Wie Sie bereits gemerkt haben, gehen die Karriere in der Wirtschaftsprüfung und das Ablegen von Berufsexamina Hand in Hand. Daher sollen in dem folgenden Abschnitt die möglichen Examina vorgestellt werden. Dabei ist zu beachten, dass für den Bereich der Wirtschaftsprüfung weiterhin der Erwerb des Wirtschaftsprüfer- und Steuerberater-Titels vorherrschend ist.

Grundsätzliches

Die Ausbildung zum Steuerberater/Wirtschaftsprüfer sowie die anderen Examina erfordern einen hohen Arbeits- und Finanzaufwand sowie Durchhaltevermögen. Als Lohn winken hohes Ansehen, der Aufstieg in die Führungsebene einer WP-Gesellschaft oder der Weg in die Selbstständigkeit.

Die WP-Gesellschaften fördern die Belegung der Berufsexamina. Grundsätzlich lassen sich die folgenden Komponenten der Förderung unterscheiden, die einzeln oder kollektiv in Anspruch genommen werden können:

1. Sie können Urlaubstage ansparen und diese dann im Zuge der Freistellung »en bloc« nutzen. Sie verzichten dadurch allerdings in den Jahren vor den Examina auf längere Urlaube.
2. Die WP-Gesellschaften stellen ihren fachlichen Mitarbeitern ein einmaliges Darlehen (ca. 10.000 bis 15.000 Euro) zur Verfügung. Diese Beträge können Sie zum »Kauf« von Freizeit zur Vorbereitung oder zur Zahlung der Vorbereitungskurse nutzen. Die Darlehen werden nach bestandener Prüfung ratierlich abgebaut, sofern der Mitarbeiter im Unternehmen verbleibt.
3. Sie können variable Bestandteile Ihres Gehalts (z. B. Boni) in Freizeit umwandeln und diese für die Freistellung nutzen.

Es ist wichtig zu betonen, dass das Gesamtbudget dem Mitarbeiter einmalig zur Verfügung steht. Werden Steuerberater- und Wirtschaftsprüferexamen angestrebt, muss der Betrag aufgeteilt werden. Nur eine begrenzte Zeit an Freistellungszeit kann genutzt werden. Wollen Sie mehrere Examina ablegen, so müssen Sie die zur Verfügung stehende Förderung auf die einzelnen Komponenten aufteilen. Für das Steuerberater- und Wirtschaftsprüferexamen können Sie mit einer minimalen Freistellungszeit von ca. drei bis vier Monaten rechnen. Der CPA und der CFA erfordern einen etwas geringeren Zeitaufwand.

Das Steuerberaterexamen
Voraussetzungen
Die Zulassung zum Steuerberaterexamen erfordert entweder
- ein abgeschlossenes wirtschaftswissenschaftliches oder rechtswissenschaftliches Studium und zwei oder drei Jahre Praxiserfahrung in Abhängigkeit von der Regelstudienzeit,
- eine erfolgreich abgelegte Prüfung zum Bilanzbuchhalter oder Steuerfachwirt nach einer kaufmännischen Ausbildung (sieben Jahre) oder
- eine bestandene Abschlussprüfung in einem kaufmännischen Ausbildungsberuf (zehn Jahre).

Wie in den Klammern angegeben, müssen Sie je nach Vorbildung eine unterschiedlich lange Praxiserfahrung vorweisen, um die Steuerberaterprüfung antreten zu dürfen.

Die geforderte Berufserfahrung wird normalerweise von Ihren Vorgesetzten problemlos bestätigt. Laut Vorgabe sollten Sie während der vorgeschriebenen Praxiszeit mindestens 16 Stunden pro Woche auf dem Gebiet der Steuern tätig sein, da dies dem Kernbereich der Berufstätigkeit entspricht. Zeiten der Freistellung zählen hier allerdings nicht. Diese Tatsache sollten Sie bei Ihrem gewünschten Eintrittstermin in die WP-Branche berücksichtigen.

Prüfung
Die eigentliche Prüfung wird durch die zuständige Steuerberaterkammer abgenommen. Die Prüfung besteht aus einem schriftlichen und einem mündlichen Teil, wobei der schriftliche Teil erfahrungsgemäß die größere Hürde darstellt. Die Termine liegen im März/April bzw. September/Oktober. Der Umfang der Prüfung ist durch Verordnungen reglementiert. Die Prüfungsfächer umfassen verschiedene Teile des Steuerrechts (Abgabenordnung, Finanzgerichtsordnung, Einkommensteuergesetz, Umsatzsteuergesetz, etc.) sowie des bürgerlichen Rechts, Gesellschaftsrechts und Handelsrechts. Das Berufsrecht stellt einen weiteren wichtigen Teil der Prüfung dar.

Auswirkung des Berufsstarts auf die Berufsexamina
Überlegen Sie sich, zu welchem Termin Sie das Steuerberater- und/oder das WP-Examen ablegen wollen. Berücksichtigen Sie, dass die Freistellungszeit nicht als Praxiserfahrung angerechnet wird. Auch sollten Sie beachten, dass die Prüfungstermine, die in die Busy Season fallen, für Sie nicht relevant sein werden. Wenn Sie bspw. im September im Jahr X1 einsteigen, dann werden Sie aller Voraussicht nach erst den Termin im September X5 wahrnehmen können, da Sie mit einer Freistellungsphase von einem halben Jahr rechnen müssen.

Vorbereitung
Die Vorbereitung startet im Allgemeinen ein Jahr vor dem eigentlichen Prüfungstermin. Die letzten drei Monate vor der Prüfung gehen Sie in Freistellung und bereiten sich voll auf Ihre Prüfung vor. Die Kosten für Vorbereitungskurse und alle notwendigen Unterlagen belaufen sich schnell auf 3.000 bis 4.000 Euro. Die Förderung des Examens erfolgt wie bereits oben beschrieben.

Zur Vorbereitung gibt es spezielle Präsenz- und Fernkurse. In der Regel werden beide Vorbereitungsformen wahrgenommen. Konkret bedeutet dies, dass Sie während der Vorbereitung regelmäßig Ihre Wochenenden für die Vorbereitung opfern müssen. In der Freistellungszeit kurz vor dem Examen wird dann sowieso »durchgelernt«. Nach bestandener Prüfung ist dies jedoch vergessen.

Nach dem bestandenen Examen erhalten Sie nicht automatisch eine Gehaltserhöhung aufgrund des Titels. Ebenso ist nicht mit einer automatischen Höherstufung zu rechnen. Der Titel des Steuerberaters verbrieft einen definierten Wissensstand und erleichtert – wie wir gleich sehen werden – die Prüfung zum Wirtschaftsprüfer. Ein unschätzbarer Vorteil liegt in dem Wechsel in die berufsständische Rentenversicherung. Sie verlassen die gesetzliche Rentenversicherung und genießen die Vorteile der Steuerberaterversorgung.

Steuerberater dürfen grundsätzlich außerhalb des Berufsstandes nicht angestellt sein. Allerdings ist es Steuerberatern mittlerweile möglich, unter bestimmten Voraussetzungen auch als Angestellter von nicht berufsständischen Arbeitgebern tätig zu werden (sog. Syndikus-Steuerberater).

Mittelständische und kleine WP-Gesellschaften
Bei mittelständischen und kleinen WP-Gesellschaften nimmt der Steuerberatertitel eine wichtigere Stellung als bei den großen WP-Gesellschaften ein. Dies hängt damit zusammen, dass sich die Mandantenstruktur und die Tätigkeit bei den mittelständischen und kleinen WP-Gesellschaften tendenziell von denen bei einer großen Gesellschaft unterscheiden. Die Steuerberatung stellt bei den mittelständischen und kleinen WP-Gesellschaften meist das Hauptgeschäft dar. Obwohl der Wirtschaftsprüfer viele Rechte und Pflichten eines Steuerberaters besitzt, müssen entsprechend qualifizierte Mitarbeiter auch das Steuerberaterexamen ablegen. Es ist dem Mandanten nur schwer zu vermitteln, dass auch ohne Steuerberatertitel entsprechendes Wissen vorhanden ist. Der Steuerberatertitel ist somit für den Marktauftritt und die Mandantenakquise bei mittelständischen und kleinen WP-Gesellschaften besonders wichtig.

Das Wirtschaftsprüferexamen
Voraussetzungen
Die Zulassung zum WP-Examen setzt den Studienabschluss einer Hochschule und eine mindestens dreijährige Berufserfahrung im Bereich der Wirtschaftprüfung voraus. Der Abschluss eines wirtschaftswissenschaftlichen Studiums ist dabei nicht zwingende Voraussetzung. Es wird also nicht der Abschluss einer bestimmten Studienrichtung verlangt. Beträgt die Regelstudienzeit des Studiums weniger als acht Semester (wie das beim Bachelor der Fall ist), so erhöht sich die Mindestlänge der praktischen Tätigkeit auf vier Jahre. Die Praxistätigkeit muss bei einem Wirtschaftsprüfer erfolgen und es muss nachgewiesen werden, dass man wenigstens zwei Jahre lang überwiegend an Abschlussprüfungen mitgearbeitet hat.

Prüfung
Die Prüfung besteht aus einem schriftlichen und mündlichen Teil. Im schriftlichen Teil sind sieben Klausuren zu absolvieren, die folgende vier Gebiete abdecken:
- Prüfungswesen, Unternehmensbewertung und Berufsrecht (zwei Klausuren),
- Angewandte Betriebswirtschaftslehre, Volkswirtschaftslehre (zwei Klausuren),
- Wirtschaftsrecht (eine Klausur) und
- Steuerrecht (zwei Klausuren).

> **Insider-Tipp**
>
> **WP-Klausuren**
> Für alle, die es gar nicht erwarten können, das WP-Examen zu schreiben, empfiehlt sich ein Blick auf die Homepage der Wirtschaftsprüferkammer. Auf wpk.de unter »Examen«, »Klausuren« finden Sie alte Klausuren.

Dieser Prüfungsumfang wird in der WP-Branche mit dem Begriff des sog. Voll-WP bezeichnet. Bei bereits bestandener Steuerberaterprüfung werden Ihnen im WP-Examen die Steuerklausuren erlassen, d. h. es verbleiben »nur noch« drei Prüfungsgebiete. In der jüngeren Zeit haben sich neue Möglichkeiten aufgetan, um das volle WP-Examen in seinem Prüfungsumfang für einen Kandidaten zu verkürzen. Dies kann durch den Besuch von bestimmten Bachelor- oder Masterprogrammen erfolgen, nach deren Abschluss einzelne Prüfungsgebiete erlassen werden. Näheres erfahren Sie hierzu in dem Kapitel C.III. »Studium als Eintrittskarte«.

In der Praxis zeigt sich, dass der schriftliche Teil des WP-Examens – wie bei der Steuerberaterprüfung – das größte Hindernis für das Bestehen der Prüfung darstellt. Wird der Voll-WP belegt, besteht die größte Schwierigkeit in der Regel in dem Steuerteil. Der Grund hierfür ist, dass die meisten Prüfer (insbesondere die von Big Four) in diesem Bereich über wenig praktische Erfahrungen verfügen. Viele Examenskandidaten versuchen daher die Last des vollen WP-Examens zu mindern, indem sie dem WP-Examen die Steuerberaterprüfung vorschalten. Dieser Weg wird als »Zwei-Stufen-Lösung« bezeichnet. Im Zuge der »Zwei-Stufen-Lösung« können Sie das Steuerberater- und das WP-Examen durchaus innerhalb eines Jahres ablegen. Dies ist allerdings selten zu beobachten, da Sie in der Regel ein Jahr Pause brauchen, um neue Kraft zu schöpfen. Zudem kann es Ihnen passieren, dass Ihnen von der WP-Gesellschaft Steine in den Weg gelegt werden, da Sie innerhalb kurzer Zeit relativ lange in der operativen Arbeit fehlen. Außerdem stellt sich Ihnen auch eine finanzielle Frage. Denn zusätzlich zu den Aufwendungen für die Vorbereitung zum Wirtschaftsprüfer, müssen Sie auch die Aufwendungen für den Steuerberater tragen. Von daher legen die meisten Prüfer ein bis zwei Jahre Pause zwischen den beiden Examina ein. Dieser Weg ist auch der gebräuchlichste. Ehrfahrungsgemäß machen nur rd. 20 Prozent aller Examenskandidaten auf Anhieb den Voll-WP.

Entscheiden Sie sich für den Weg zum Voll-WP, brauchen Sie keine Aufteilung Ihrer Förderung vorzunehmen. Können Sie den Voll-WP erfolgreich ablegen, ist Ihnen auch die Anerkennung der Kollegen garantiert. Auch bei späteren Bewerbungsgesprächen (z. B. bei einem Wechsel der WP-Gesellschaft) ist einem der Respekt der Interviewer sicher.

Allerdings ergibt sich auch nach dem bestandenen Wirtschaftsprüferexamen kein Automatismus. Der Titel stellt vielmehr eine notwendige Voraussetzung dar, um weitere Schritte auf der Karriereleiter nehmen zu können. Eine direkte Auswirkung auf Gehalt und Einstufung ist nur bei kleineren Gesellschaften zu beobachten.

Stichwort:
»Zwei-Stufen-Lösung«
Im Falle der »Zwei-Stufen-Lösung« werden Sie in aller Regel die mündliche Steuerberaterprüfung im Januar im Jahr X1 ablegen. Um sich für das WP-Examen im August X1 vorbereiten zu können, benötigen Sie Freistellungszeit. Daher können Sie nur vier Monate in der Zwischenzeit arbeiten. Dies ist ein finanzieller Kraftakt. Außerdem verlieren Sie Prüfungspraxis und Sie fehlen dem Unternehmen im operativen Ablauf für eine längere Zeit.

Generell ist zu sagen, dass für den Bereich Wirtschaftsprüfung der Inhalt des Steuerberaterexamens nicht die Praxisrelevanz wie der Inhalt des WP-Examens besitzt.

Bestehensquoten
Das WP-Examen gilt als eines der schwierigsten Examen in Deutschland. Die Bestehensquote liegt typischerweise bei rd. 75 Prozent. Davon bestehen 60 Prozent direkt und 15 Prozent müssen den Weg über eine Ergänzungsprüfung nehmen. Typischerweise gehen rd. 20 Prozent aller Teilnehmer den Voll-WP an und davon bestehen rd. 20 Prozent. In anderen Worten: Nur die Harten kommen in den Garten!

Vorbereitungskurse
Der Besuch entsprechender Vorbereitungskurse empfiehlt sich. Tendenziell sind die Vorbereitungskurse für das WP-Examen teurer als die zum Steuerberaterexamen, was sich durch den Mehraufwand erklären lässt. Die Kurse teilen sich auch hier in Fern- und Präsenzkurse auf, wobei die meisten Examenskandidaten beides in Anspruch nehmen.

Förderung
Der Betrag, den Sie für Kursgebühren, Unterlagen und die Zulassung bzw. Bestellung zum Wirtschaftsprüfer aufwenden, kann sich auf bis zu 10.000 Euro belaufen. Aber auch hier werden Sie wieder, wie schon erwähnt, durch Ihren Arbeitgeber unterstützt.

Internationale Examina
Der Chartered Public Accountant (CPA)
Der Titel »Chartered Public Accountant« kennzeichnet das US-amerikanische Pendant des deutschen Wirtschaftsprüfers. Neben den USA wird diese Bezeichnung auch in anderen Ländern (wie z. B. in China, Japan, Israel oder Irland) genutzt. Wir wollen uns hier jedoch auf die US-amerikanische Version beschränken.

Voraussetzungen
Als Zulassungsvoraussetzung müssen Sie den Abschluss eines Hochschulstudiums vorweisen, welches über eine Anzahl von 150 credit hours verfügt (ob Universität, Fachhochschule oder Berufsakademie ist unerheblich). Diese Stundenanzahl weisen Sie gewöhnlich durch ein innerhalb der Regelstudienzeit beendetes Studium nach. Sie müssen dabei eine bestimmte Anzahl von Semesterwochenstunden in den Bereichen Accounting, Business Law und Business belegt haben. Die Voraussetzungen variieren je nach US-Bundesstaat, sodass Sie auf jeden Fall vor Antritt weitere Informationen einholen müssen. Berücksichtigen Sie, dass der Anmeldeprozess eine gewisse Zeit (bis zu sechs Monate) dauern kann.

Für die Teilnahme an der Prüfung müssen Sie kein US-Bürger sein und auch nicht dort wohnen, um das Examen abzulegen. Allerdings können Sie das Examen nur direkt in den USA absolvieren.

Prüfung

Hauptinhalt des Examens sind die Rechnungslegungsvorschriften nach US-GAAP. Ergänzend werden Kenntnisse des US-amerikanischen Steuer- und Wirtschaftsrechts abgefragt. Das Examen ist national einheitlich und umfasst die Teilbereiche »Auditing & Attestation«, »Financial Accounting & Reporting«, »Regulation« sowie »Business Environments & Concepts«.

Die Durchfallquoten von durchschnittlich 80 Prozent erscheinen dramatisch. Das hängt jedoch damit zusammen, dass Sie die Prüfung beliebig oft wiederholen können und manche US-Kollegen die Vorbereitung eher locker angehen. Um die Prüfung erfolgreich zu bestehen, müssen Sie jede Einzelprüfung mit mindestens 75 Prozent bestanden haben. Unter bestimmten Voraussetzungen können Sie einzelne Teile wiederholen. Deutsche Teilnehmer landen regelmäßig unter den Besten des Jahrgangs.

> **Hintergrundinformationen**
> Für weitere Informationen rund um den CPA, besuchen Sie doch die Homepage der German CPA Society, unter gcpas.org.

Förderung und Relevanz

Grundsätzlich wird dieses Examen durch Ihren Arbeitgeber gefördert. Es stellt für deutsche Wirtschaftsprüfer und Steuerberater eine Zusatzqualifikation dar. Sie erlaubt die Jahresabschlussprüfung von SEC-Mandanten, also Mandanten, deren Aktien an der New Yorker Börse notiert sind. Im Einzelfall wird Ihnen Ihr Vorgesetzter diese Fortbildungsmöglichkeit sicherlich nur eröffnen, wenn es im Interesse der Gesellschaft liegt. Argumentieren Sie daher gut!

Der Chartered Accountant

Der Chartered Accountant ist das britische Äquivalent zu dem deutschen Wirtschaftsprüfer. Die geschichtliche Entwicklung des britischen Empires hat dazu geführt, dass dieser Titel weltweit verbreitet ist. Vor allem in den Commonwealth-Staaten findet er sich wieder.

Voraussetzungen

Ein Hochschulstudium oder Berufserfahrung sind als Zulassungsvoraussetzungen nicht notwendig. Jedoch weisen ca. 85 Prozent der Prüflinge diese Qualifikationen auf. Die Vorbereitung zum Examen besteht aus einzelnen fachlichen Modulen und einer parallel dazu laufenden praktischen Tätigkeit im Prüfungs- und Finanzbereich. Die theoretische Ausbildung erfolgt durch autorisierte Stellen weltweit, wobei der Schwerpunkt in den Staaten des Commonwealth sowie in Russland und China liegt.

Prüfung
Die Module der Prüfung umfassen die Themengebiete Steuern, Recht, Prüfungslehre und Rechnungslegung. Sie legen die Prüfung schrittweise ab, je nach Modulfortschritt. Die Gesamtdauer Ihrer Ausbildung beläuft sich auf drei bis fünf Jahre. Sie können direkt mit dem Berufseinstieg nach dem Studium Ihre Vorbereitung beginnen. Am Ende steht der Chartered Accountant, den Sie nur als Mitglied in einer berufsständischen Organisation führen dürfen.

Förderung und Relevanz
Interessant erscheint dieser Titel, weil Sie nach Ablegen einer Zusatzprüfung in Deutschland den deutschen Wirtschaftsprüfertitel erwerben. Gerade für Absolventen von Fachhochschulen, Berufsakademien oder Bachelor-Studenten kann dieser Weg unter Umständen eine Verkürzung der Wartezeit zum Berufsexamen bedeuten. Auch für diese Qualifikation stoßen Sie bei Ihren Vorgesetzten auf grundsätzliche Bereitschaft, Ihnen die Vorbereitung zu diesem Berufstitel zu ermöglichen.

Sollten Sie weitere Informationen benötigen, verweisen wir auf die Homepage des Institute of Chartered Accountants in England and Wales icaew.org.

Der Chartered Financial Accountant (CFA)
Der Chartered Financial Accountant hat, wie der Name bereits sagt, nur am Rande mit der Wirtschaftsprüfung zu tun. Der CFA ist ein postgraduierter Studiengang, der an vielen internationalen Universitäten angeboten wird. In Deutschland ist die Universität Mannheim die erste Partneruniversität des deutschen CFA Institutes.

Voraussetzungen
Zulassungsvoraussetzungen sind ein mindestens vierjähriges Studium oder eine mindestens vierjährige Berufspraxis im Investment-/Bankbereich. Sie können bereits im vierten Jahr Ihres Studiums/Ihrer Berufspraxis mit der Vorbereitung beginnen, die durch autorisierte und zertifizierte Universitäten weltweit erfolgt.

Prüfung
Der Fokus liegt auf Portfolio Management und Finanzanalysen. Die Prüfung erfolgt kontinuierlich über drei Jahre, wobei jährlich nur ein Teilbereich abzulegen ist. Die Prüfungstermine liegen im Juni (Teile 1 bis 3) und Dezember (nur Teil 1) eines jeden Jahres. Sie werden in den Bereichen Corporate Finance, Bilanzanalyse, Statistik, VWL und Portfolio Management geprüft. Die Durchfallquote liegt im Durchschnitt bei ca. 55 Prozent (über alle drei Teilprüfungen).

Förderung und Relevanz
Dieser Abschluss wendet sich hauptsächlich an Personen, die im Bank- und Versicherungsbereich arbeiten. Wenn Sie jedoch mit der Prüfung von Banken und Versicherungen beschäftigt sind, kann dieser Titel auch für Sie interessant werden. Auch hier gilt, dass Sie grundsätzlich auf die Unterstützung Ihrer Vorgesetzten bauen können.

Sollten Sie noch Fragen haben, besuchen Sie die Homepage des CFA Institute cfainstitute.org an. Hier finden Sie alle wesentlichen Informationen zu diesem Themengebiet.

IV. Langfristige Karrierechancen

Bis jetzt haben Sie einiges über das Aufgabengebiet eines Wirtschaftsprüfers, die Karrierestufen in einer WP-Gesellschaft und die Berufsexamina erfahren können. Nun wollen wir uns die Frage stellen, wie es eigentlich um die langfristigen Karrierechancen in der Wirtschaftsprüfung und möglicherweise außerhalb der Branche steht. Ein besonderes Augenmerk fällt dabei auf eine Frage, vor der viele Prüfer stehen, nämlich die Karriere in der Wirtschaftsprüfung fortzusetzen oder den Wechsel in die Industrie zu wagen. Hierzu wollen wir zunächst wichtige Aspekte, wie Gehalt, Zusatzqualifikation und privates Umfeld, unter diesem Gesichtspunkt betrachten. Danach wollen wir die Chancen verschiedener Alternativen genauer beleuchten.

1. Grundsätzliche Überlegungen
Entwicklungsperspektive
Als mögliche Zusatzqualifikationen haben wir Ihnen bereits die nationalen und internationalen Berufsexamina sowie eine Promotion oder Auslandsaufenthalte genannt. Diese Zusatzqualifikationen werden auf verschiedene Weise von den WP-Gesellschaften gefördert. Die Industrie hingegen fördert regelmäßig keine Berufsexamina und auch bei einer Promotion bedarf es wohl Engelszungen, um Ihren Vorgesetzten von der Notwendigkeit zu überzeugen. Hier kann die Wirtschaftsprüfung mit Ihrer Saisonalität punkten, die Ihnen den karriereneutralen Ausstieg aus der operativen Tätigkeit in den Sommermonaten erleichtert.

Die Wirtschaftsprüfung ist eine typische »Sprungbrettbranche«. Sie erlernen hier Ihr Handwerkszeug, das Ihnen später immer wieder nutzen wird. Neben den angesprochenen Berufsexamina und der Promotion eignen Sie sich Fähigkeiten im fachlichen und nicht-fachlichen Bereich an. Fachlich werden Sie sich gut mit Rechnungslegungsthemen und auch gesellschaftsrechtlichen Fragestellungen auskennen. Im nicht-fachlichen Bereich wissen Sie ein Team zu führen oder Gespräche mit dem Mandanten abzuhalten. Vor allem verfügen Sie über ein sicheres Auftreten, auch wenn es zur Geschäftsführung gehen sollte. Ihr größtes »Asset« ist, dass Sie gelernt haben, wie komplexe Projekte abzuwickeln sind.

Überlegen Sie gut, was Sie hier erreichen möchten. Nutzen Sie die sich Ihnen bietenden Chancen vor einem Wechsel. Durch die wissensbasierte Dienstleistung der Wirtschaftsprüfung stehen Ihnen alle Türen offen.

Gehalt

Mit jedem Jahr in der Wirtschaftsprüfung werden Sie wertvoller für den Arbeitsmarkt außerhalb der WP-Branche. Wie bereits dargestellt, können Sie als Prüfer mit jährlichen Gehaltssteigerungen von fünf bis zehn Prozent rechnen. Durch Ihren Kontakt zu den Mandanten wissen Sie, was der Markt für Ihre Arbeitsleistung zahlen würde. Das verschafft Ihnen den ungeheuren Vorteil, realistisch abschätzen zu können, was Sie erwartet. Häufig werden Sie feststellen, dass in der freien Wirtschaft das potenziell erzielbare Gehalt höher liegt als in der WP-Branche. Dies liegt daran, dass Sie in der Industrie bereits auf einer hohen Karrierestufe einsteigen. Ihre Gehaltsentwicklung verläuft daher weniger steil.

Haben Sie sich in der WP-Branche unter Wert verkauft? Oder haben Sie durch Inanspruchnahme der Ausbildung in der WP-Branche klug in Ihre Zukunft investiert?

Auch stellt sich Ihnen die Frage, wie Ihre Gehaltsstruktur aussehen soll. Bevorzugen Sie ein höheres Fixgehalt und verzichten dafür auf variable Bestandteile? Ist Ihnen der Dienstwagen lieber oder setzen Sie auch weiterhin auf Reisekostenerstattungen? Auch könnten Sie perspektivisch an Ihrem neuen Arbeitgeber direkt beteiligt werden. Diese Fragen sollten Sie sich im Vorfeld der Entscheidung stellen.

Privates Umfeld

Als Einsteiger in die WP-Branche werden Sie in den seltensten Fällen bereits eine eigene Familie haben. Sie können daher relativ unabhängig Ihre Entscheidungen treffen und sich weiterentwickeln. Doch mit der Zeit ändert sich Ihre Lebensplanung und Sie legen vielleicht den Fokus stärker auf die Familie. Dadurch verlieren Sie in aller Regel an Mobilität. Es stellt sich Ihnen daher die Frage, wie Sie Ihr reicheres Privatleben mit Ihrem Berufsleben verbinden können.

Die Wirtschaftsprüfung ist eine zeitaufwendige Branche. Sie erfordert viel Einsatz vom Mitarbeiter. Nur wenn Sie auch nach Jahren der Berufserfahrung dort Spaß bei der Arbeit haben, sollten Sie bleiben.

> **Insider-Tipp**
>
> **Gehälter in Top-Unternehmen**
> In vielen Top-Unternehmen überschreiten die Gehälter von Berufseinsteigern den Durchschnitt um Längen. Auf squeaker.net finden Sie Insiderinformationen zu Gehaltsverhandlungen, Einstiegsgehalt und Boni in namhaften deutschen und europäischen Unternehmen:
> squeaker.net/
> Insider-Netzwerk/
> Erfahrungsbericht/Gehalt
>
>

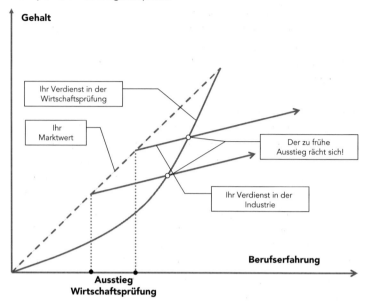

Der optimale Ausstiegszeitpunkt

2. Chancen der internen Karriereentwicklung

Klassischer Weg

Wie Sie wissen, fällt die Fluktuationsrate in der WP-Branche sehr hoch aus. Eine bekannte Faustregel besagt, dass der Mitarbeiterstamm einer WP-Gesellschaft rechnerisch einmal in sechs Jahren komplett ausgetauscht wird. Der interne Bedarf an guten Mitarbeitern ist dadurch enorm. Diesen Umstand können Sie für Ihre Karriere nutzen, indem Sie sich klug positionieren. Nutzen Sie die bereits mehrfach angesprochenen Chancen und zeigen Sie aktiv Interesse an der Führungsebene. Ihre Vorgesetzten werden Ihre Ambitionen wahrnehmen.

Sie können den klassischen Weg einschlagen, d. h. im Prüfungsbereich bleiben und sich dort weiterentwickeln. Unabdingbare Voraussetzung ist hier aber das Wirtschaftsprüferexamen. Sie werden nach vier bis sechs Jahren in die erste Führungsebene befördert, wenn die Rahmenbedingungen stimmen. Der Aufstieg ist aber kein Selbstläufer!

Andere interne Bereiche

Eine weitere Alternative besteht darin, in andere interne Bereiche zu wechseln. Wie bereits angesprochen, wechseln viele Kollegen in den Beratungsbereich. Dort werden Sie nicht unbedingt ein nationales Berufsexamen vorlegen müssen, obgleich es nicht von Nachteil ist. Der Wechsel in die Steuerberatung hingegen ist höchst selten. Auch erscheint er vielen als weniger attraktiv. Außerdem steht Ihnen der Wechsel in eine strategische Abteilung offen. Denkbar sind zum Beispiel die Bereiche des Marketing und der Personalentwicklung.

Sollten Sie für die Big Four arbeiten, bietet sich Ihnen außerdem die Möglichkeit, für eine befristete Zeit ins Ausland zu wechseln. Sie sollten jedoch bedenken, dass Sie schnell in Vergessenheit geraten können, wenn Sie einmal weg sind. Die Zeit im Ausland schiebt den Zeitpunkt Ihrer möglichen Beförderung um genau diese Zeit nach hinten. Sie können auch nicht mit einem fixen Platz nach Ihrer Rückkehr rechnen.

3. Chancen auf dem Arbeitsmarkt
Freie Wirtschaft
Wirtschaftsprüfer sind in der Industrie und im Banken- und Finanzwesen gefragt, da Sie über ausgezeichnete Kenntnisse in den Bereichen der Rechnungslegung, Prüfung, Unternehmensbewertung, Steuerwesen und wertorientierter Führung sowie über detaillierte Branchenkenntnisse verfügen. Dies gilt insbesondere in Zeiten einer positiven Konjunktur, da viele Unternehmen hier verstärkt Fachkräfte nachfragen.

Mitarbeiter von WP-Gesellschaften werden daher häufig von Personalvermittlern (Headhunter) angesprochen. Oft ist dies jedoch gar nicht nötig, da man als Prüfer ja mit vielen Unternehmen in Kontakt steht. Da die Mandanten Sie von der Prüfung kennen und Sie das Unternehmen kennen, erleichtert sich gleich die Einarbeitungszeit. Prominente Beispiele für den Wechsel von einer WP-Gesellschaft in die Industrie sind Prof. Dr. Ulrich Lehner (ehemaliger Vorsitzender der Geschäftsführung der Henkel KGaA) und Günther Fleig (ehemaliger Personalvorstand Daimler AG). Auch der ehemalige Fußballer Dietmar Beiersdorfer arbeitete bei KPMG als Prüfungsassistent und ist heute Vorstandsvorsitzender bei dem Verein Red Bull Leipzig. Häufig passiert es auch, dass ehemalige Prüfer, die bereits in der Industrie arbeiten, gezielt frühere Kollegen aus der Wirtschaftsprüfungszeit rekrutieren.

Andere WP-Gesellschaften
Falls Sie in der WP-Branche bleiben wollen, sich Ihnen jedoch unüberwindbare Hindernisse auf dem Karriereweg bei Ihrer WP-Gesellschaft auftun, bleibt Ihnen als Ultima Ratio nur der Wechsel zu einer anderen WP-Gesellschaft. Die Praxis zeigt allerdings, dass in der Wirtschaftsprüfung dieses Wechselverhalten eher seltener zu beobachten ist. Viele Mitarbeiter kaufen sich eher in Kanzleien ein und machen sich dadurch selbstständig. Zu Konkurrenten der ehemaligen WP-Gesellschaft werden sie dadurch meist nicht, wenn sie nicht gerade eine Kanzlei ähnlicher Größe verlassen.

WP-nahe Branchen
Eine weitere Möglichkeit besteht darin, zu einer der Wirtschaftsprüfung nahestehenden Branche zu wechseln. Hierzu gehören die Steuerberatung, die Restrukturierung, das Transaktionsgeschäft oder aber die Insolvenzverwaltung. Viele dieser Tätigkeiten haben Sie auch schon in Ihrer WP-Gesellschaft vorgefunden. Diese Wechsel sind daher häufig zu beobachten. Sie müssen sich allerdings immer fragen, ob dieser Wechsel sinnvoll ist, und darauf achten, dass Sie sich nicht zu sehr von ihrer angestammten Tätigkeit entfernen. Ansonsten würde dies wohl einem beruflichen Neustart gleichkommen.

Nachteile eines Wechsels in die Industrie
Von Nachteil ist der potenzielle Verlust der erworbenen Berufsexamina. Sie müssen jedoch unterscheiden, ob Sie Ihren hart erarbeiteten Titel nicht mehr »führen« dürfen oder verlieren. Als Angestellter (nicht bei einer Wirtschaftsprüfungs-/Steuerberatungsgesellschaft) dürfen Sie den Titel des Steuerberaters und des Wirtschaftsprüfers vom ersten Tag an grundsätzlich nicht mehr führen. Nach einigen Jahren in diesem Angestelltenstatus verlieren Sie zusätzlich den Wirtschaftsprüfertitel, wobei Sie diesen aber durch vergleichsweise einfache Nachprüfungen wieder zurückerhalten. Die Regelungen zum Steuerberatertitel sind nicht so streng.

V. Warum sollten Sie in die WP-Branche gehen?

Sie haben noch Zweifel, ob eine Karriere in der Wirtschaftsprüfungsbranche überhaupt erstrebenswert ist? Von Ihren Kommilitonen haben Sie gehört, dass die Wirtschaftsprüfung eine zahlenversessene, monotone Profession sei? Ihre Freunde halten die Wirtschaftsprüfung für eine Branche ohne »Appeal«? Falls dies auch nur teilweise zutrifft, sollten Sie den folgenden Abschnitt aufmerksam lesen. Ziel dieses Abschnitts ist es, mögliche Vor- und Nachteile der Arbeit bzw. einer Karriere in der Wirtschaftsprüfung aufzuzeigen. Dabei soll zum einen mit in der Öffentlichkeit vorherrschenden Vorurteilen gegenüber der Wirtschaftsprüfung aufgeräumt werden. Andererseits dürfen aber auch potenzielle Nachteile einer Karriere in der Wirtschaftsprüfung gegenüber der Karriere in anderen Bereichen, wie der Unternehmensberatung oder dem Investmentbanking, nicht verschwiegen werden.

1. Pro Wirtschaftsprüfung
Mehr als »Häkchen machen«
Wie in der Einführung zu diesem Abschnitt bereits angedeutet, wird die öffentliche Wahrnehmung der Tätigkeit eines Wirtschaftsprüfers häufig nicht der Realität gerecht. Der Beruf des Wirtschaftsprüfers verlangt wesentlich mehr als einfaches Häkchenmachen und stupides Zahlenabtippen. Wie in dem Kapitel F »Prüfung in der Praxis«

noch zu zeigen ist, muss sich der Wirtschaftsprüfer u. a. intensiv mit dem Aufbau und der Funktion interner Unternehmensprozesse und -kontrollen befassen. Die aus dieser Prozessprüfung gewonnenen Erkenntnisse stellen für den Mandanten einen erheblichen Zusatznutzen dar. Denn die Hinweise des Abschlussprüfers kann der Mandant verwenden, um seine Prozesse entsprechend zu verbessern. Der Abschlussprüfer nimmt in diesem Sinne neben der prüferischen Tätigkeit auch eine beratende Funktion ein, die ein hohes Maß an Analyse- und Urteilsfähigkeit verlangt. Die Prozessanalyse wird bereits von Praktikanten und Associates durchgeführt, sodass auch bei den Einsteigern von reinem Häkchen machen nicht die Rede sein kann. Dass ein Abschlussprüfer über umfangreiche Kenntnisse in den Bereichen (internationale) Rechnungslegung, Controlling, Steuern und Unternehmensbewertung verfügen muss, versteht sich von selbst. Somit hat das heutige Berufsbild eines Abschlussprüfers nichts mit einem Erbsen zählenden Kontrolleur im Hinterzimmer zu tun.

Einblick in verschiedene Unternehmen und Industrien
Ein großer Vorteil der Arbeit in der Wirtschaftsprüfung ist die Möglichkeit, in relativ kurzer Zeit viele verschiedene Unternehmen und Industrien kennenzulernen. Durch diesen Einblick generiert man als aufmerksamer Wirtschaftsprüfer eine steile Lern- und Erfahrungskurve hinsichtlich wichtiger unternehmerischer Aspekte, wie etwa der Unternehmensführung und -kultur, dem Wertschöpfungs- und dem Risikomanagement. Durch den Vergleich von Unternehmen – möglicherweise aus der gleichen Industrie – lassen sich interessante Erkenntnisse über die spezifischen Umstände eines Unternehmens gewinnen. Nicht zuletzt bei einem möglichen Ausstieg aus der WP-Branche kann sich dieses Wissen als sehr wertvoll erweisen.

Arbeitszeiten im Branchenvergleich
Mancher Leser fragt sich vielleicht, warum das Kriterium »Arbeitszeiten« angesichts der in dem Kapitel A.III.5. genannten Zahlen auf der Liste der Pro- Argumente zu finden ist. Nun, hier kommt es auf die Perspektive an. Im Vergleich zu den Arbeitszeiten in der Unternehmensberatung oder dem Investmentbanking fallen die Arbeitszeiten deutlich humaner aus. Als Wirtschaftsprüfer ist man durchaus in der Lage, ein Leben abseits der Arbeit zu führen. Das gilt insbesondere für die Sommermonate außerhalb der Busy Season. Darüber hinaus sind die Arbeitszeiten wesentlich besser vorhersehbar als in den anderen genannten Branchen. Trotzdem darf nicht verkannt werden, dass Wirtschaftsprüfer einen ambitionierten Job ausführen, der insbesondere in der Busy Season einen erhöhten Zeitaufwand mit sich bringt.

Schneller Kontakt zu leitenden Personen

Als Wirtschaftsprüfer kommt man sehr schnell in Kontakt zu den Führungspersönlichkeiten eines Unternehmens. Dies gilt nicht für die Prüfungsleiter, die mit dem Aufsichtsrat bzw. den weiteren Führungsgremien die Ergebnisse der Abschlussprüfung besprechen. Auch ein Praktikant oder Associate kann sich schnell in einer Situation wiederfinden, in der Sachverhalte der Abschlussprüfung z. B. mit dem Leiter Konzernrechnungswesen eines MDAX-Unternehmens diskutiert werden müssen. Dies zeigt die Wichtigkeit der Prüfung für den Mandanten. Solche Treffen stellen besonders für neue Prüfer immer eine Herausforderung dar. Gleichzeitig lassen sich aber bei der Zusammenarbeit mit kompetenten Führungspersönlichkeiten immer wertvolle Erfahrungen gewinnen. Allgemein lässt sich festhalten, dass man als Wirtschaftsprüfer viel schneller in Kontakt zu der Führungsebene kommt als bspw. die Mitarbeiter des Unternehmens.

Nach kurzer Zeit viel Verantwortung

Bewährt man sich bei einer WP-Gesellschaft, so bekommt man schnell ein hohes Maß an Verantwortung übertragen. Nach ein bis zwei Jahren in der Prüferpraxis, also in der Regel noch vor Ablegen des WP-Examens, wird man bei entsprechend guter Leistung bereits als Prüfungsleiter für kleinere Mandate eingeteilt. Die fachliche Herausforderung besteht dann vermehrt darin, den Prüfungsprozess aus der Makro-Perspektive, also aus planerischer und strategischer Sicht, zu betrachten. Auf persönlicher Ebene ergeben sich ebenfalls Veränderungen, denn mit der Position des Prüfungsleiters ist meist auch die Personalverantwortung für bis zu zehn Kollegen verbunden. Dies bietet eine gute Gelegenheit, seine Fähigkeiten in der Mitarbeiterführung und -motivation zu schulen.

Marktwertsteigerung

Mit dem Einstieg bei einer WP-Gesellschaft erhöhen Sie schnell Ihren persönlichen Marktwert auf dem Arbeitsmarkt. Da anspruchsvolle Mandanten nur durch gut ausgebildete Mitarbeiter optimal betreut werden können, stellen Mitarbeiter bzw. deren Kenntnisse den wichtigsten Wert für WP-Gesellschaften dar. Wie bereits mehrfach angedeutet, investieren die WP-Gesellschaften deswegen viel in die persönliche und fachliche Weiterentwicklung ihrer Mitarbeiter.

In der Industrie weiß man um die fundierte Ausbildung bei den WP-Gesellschaften und fragt das Expertenwissen der WP'ler daher häufig nach, was sich nicht zuletzt in den häufigen Abwerbungsversuchen von Mitarbeitern der WP-Gesellschaften ausdrückt.

Sichere(-re) Zukunft

Wirtschaftsprüfung findet im Umfeld ständiger regulatorischer Veränderungen statt. Diese Entwicklung wird durch viele Gesetzesänderungen, wie z. B. der Einführung der internationalen Rechnungslegung, getrieben. Aus diesem Grund sind hochqualifizierte Nachwuchsfachkräfte immer gesucht. Allerdings ist auch die WP-Branche nicht unabhängig von konjunkturellen Entwicklungen. So hat man in der Finanzkrise gesehen, dass die Zahl der Neueinstellungen drastisch zurückgegangen ist. Im Gegensatz zu anderen Branchen wurde jedoch der Bestand an Mitarbeitern nicht wesentlich gekürzt. Wer drin ist, bleibt auch drin, sofern er die Probezeit überstanden hat.

2. Contra Wirtschaftsprüfung
Reisen

Ein häufig vorgebrachter Nachteil der Arbeit in der Wirtschaftsprüfungsbranche ist das Reisen. Eine Vielzahl der Prüfungsaufträge wird nicht »out of office« abgewickelt, sodass der Wirtschaftsprüfer vor Ort beim Mandanten seine Prüfungsmaßnahmen durchführen muss. Je nachdem, wie weit der Mandant von dem jeweiligen Stand- bzw. Heimatort des Prüfers entfernt ist, kann die tägliche Pendelei zu einer Last werden. Als Faustregel lässt sich festhalten, dass ein sog. »Hotel-Job« ansteht, wenn die Anfahrt länger als eine Stunde in Anspruch nimmt. Viele Prüfer nehmen gerade zu Beginn ihrer Karriere aber längere Fahrtzeiten in Kauf, da die Benzinzuschüsse der WP-Gesellschaften als zusätzliche Einnahmequelle gern gesehen werden.

Grundsätzlich werden die Mandate bei WP-Gesellschaften von der nächstgelegenen Niederlassung betreut, sofern diese über die notwendigen Ressourcen verfügt. Durch diese lokale Nähe wird der Reiseaufwand etwas eingeschränkt. Allerdings kommt es auch vor, dass z. B. eine Prüfung in Berlin von einem Team aus der Niederlassung Frankfurt durchgeführt wird. Der Aufenthalt im Hotel wird somit unvermeidlich. Die Nachteile eines Hotelmandats sind offensichtlich. Montags steht erstmal eine längere Anreise an, über die Woche ist man weg von Familie und Freunden und am Freitag folgt wieder die Heimreise, um am Montag wieder von vorne zu beginnen. Andererseits besteht bei einem Hotelmandat die Möglichkeit, je nach Arbeitsaufwand sowohl eine fremde Stadt/Region als auch die Kollegen bei einem Bier an der Hotelbar besser kennenzulernen.

Weiterhin muss beachtet werden, dass sich der Prüfungsort im Rahmen eines einzigen Mandats ändern kann. Typischerweise verfügen Unternehmen über eine Vielzahl an Tochtergesellschaften im In- und Ausland. Meist werden die Inlandsgesellschafen von einem Team aus der nächstgelegenen Niederlassung geprüft. Unter Umständen werden aber auch Prüfer aus dem »Hauptteam« dorthin gesandt, um den Prüfungsprozess und -fortschritt zu überwachen. Hält der Mandant Tochtergesellschaften im Ausland, so kann es in seltenen Fällen passieren, dass der Prüfer auch im Ausland mal die Prüfung der ausländischen Firmenkollegen oder der beauftragten WP-Gesellschaft vor Ort beaufsichtigen muss.

Gehalt

In puncto »Gehalt« lässt sich generell sagen, dass die Beurteilung wiederum stark von der Perspektive des Betrachters abhängt. Vergleicht man die Gehälter der WP-Branche mit dem, was in den Bereichen Unternehmensberatung und Investmentbanking gezahlt wird, fällt das Urteil jedoch klar aus: Die Gehälter in der WP-Branche sind deutlich niedriger. Das Grundgehalt liegt bereits bei einem Einsteiger mindestens 30 Prozent unter dem von Beratern und Investmentbankern. Hinzu kommt, dass im Bereich der Wirtschaftsprüfung Bonuszahlungen, die ja insbesondere bei den Investmentbankern häufig einen wesentlichen Teil des Gehaltes darstellen, um einige Dimensionen geringer ausfallen. Über die weiteren Karrierestufen hinweg fällt der Gehaltsanstieg in der Wirtschaftsprüfung ebenfalls deutlich geringer aus als bei den Unternehmensberatern und Investmentbankern, sodass sich die Diskrepanz zu diesen Branchen im Laufe der Jahre vergrößert. Auch im Vergleich zu entsprechenden Positionen im Controlling oder Rechnungswesen in Industrieunternehmen fällt das Gehalt in der WP-Branche geringer aus.

Kurzer Planungshorizont

Als möglicher Nachteil bei der Arbeit in der Wirtschaftsprüfung muss auch der kurze Planungshorizont angeführt werden. Zwar sind die Arbeitszeiten, wie bereits erwähnt, meist sehr gut vorhersagbar, der Einsatzplan (sog. Dispoplan) ist es aber unter Umständen nicht. Nicht selten sieht der Dispoplan erst kurzfristig bekannt werdende Ansetzungen oder Änderungen vor. So kann es bspw. passieren, dass man seinen Einführungstag noch gemütlich in der Niederlassung Frankfurt verbringt und bereits am nächsten Tag für die drei folgenden Monate zu einem Mandanten in Duisburg zur Durchführung einer Abschlussprüfung beordert wird. Auch im Fall eines Praktikanten, der gerade noch auf ein Mandat in Düsseldorf gebucht ist, kann es plötzlich heißen, dass er nächste Woche in Berlin prüfen muss.

Gleiche Mandate über mehrere Jahre

Betreut ein Wirtschaftsprüfer die gleichen Mandate über mehrere Jahre, so kann sich neben der (gewünschten) Routine auch eine gewisse Monotonie einstellen. Ein Wirtschaftsprüfer, der sich bspw. im dritten Berufsjahr befindet, wird in aller Regel die gleichen Mandanten wie in den Jahren zuvor prüfen. Während diese personelle Kontinuität für den Mandanten eine Vertrauensbindung impliziert, kann es für den Wirtschaftsprüfer bedeuten, dass er sich fachlich nicht in dem Maße wie in den vorigen Jahren weiterentwickelt. Im Gegensatz zu den Unternehmensberatern flacht also bei den Wirtschaftsprüfern etwa nach drei Jahren die (fachbezogene) Lernkurve ab.

Kapitel B: Branchenstruktur

I. Anbieterstruktur in der WP-Branche

Internationalen Gepflogenheiten folgend, lässt sich auch der deutsche Markt für Anbieter von Wirtschaftsprüfungsleistungen grob in die Segmente Big-Four-WP-Gesellschaften und Non-Big-Four-WP-Gesellschaften unterteilen. Die Gruppe der Non-Big-Four-WP-Gesellschaften zeichnet sich dabei durch signifikante Größenunterschiede aus. Somit bietet sich eine weitere Untergliederung dieser Gruppe in die Subsegmente Second-Tier-WP-Gesellschaften, mittelständische und kleine WP-Gesellschaften sowie Einzelwirtschaftsprüfer an.

Unter den Big Four versteht man sowohl in Deutschland als auch auf globaler Ebene die vier größten WP-Gesellschaften Deloitte, Ernst & Young, KPMG und PwC (in alphabetischer Reihenfolge). Die herausragende Stellung dieser vier WP-Gesellschaften am deutschen Prüfungsmarkt lässt sich mit einem Blick auf die Umsatzzahlen belegen. Erwirtschafteten die 20 umsatzstärksten WP-Gesellschaften in Deutschland in 2010 insgesamt rd. 5,2 Mrd. Euro, so steuern alleine die Big Four rd. 4,2 Mrd. Euro (80 Prozent) zu diesem Betrag bei. Gemessen am erzielten Inlandsumsatz nehmen PwC und KPMG dabei eindeutig die Spitzenplätze auf dem deutschen Prüfungsmarkt ein. Auf dem dritten Platz folgt Ernst & Young und mit etwas Abstand auf dem vierten Platz Deloitte.

Auf globaler Ebene ergibt sich ein etwas anderes Bild. Hier kämpfen Deloitte und PwC um die weltweite Spitzenposition. Den dritten Platz belegt Ernst & Young; KPMG ist der vergleichsweise kleinste Player unter den internationalen Big Four.

Die Top 20 WP-Gesellschaften

Platz	WP-Gesellschaft	Umsatz in Mio. €		Mitarbeiter	
		2010	2009	2010	2009
1	PwC AG, Frankfurt am Main	1.335,6	1.378,9	8.673	9.028
2	KPMG AG, Berlin	1.187,0	1.254,0	8.270	8.340
3	Ernst & Young AG, Stuttgart	1.055,3	1.086,9	6.776	6.879
4	Deloitte & Touche GmbH, München	577,4	716,3	4.602	4.696
5	BDO Deutsche Warentreuhand AG, Hamburg	180,0	185,7	1.896	1.991
6	Rödl & Partner GbR, Nürnberg	135,5	125,7	1.500	1.500
7	Ecovis, Berlin	107,1	102,0	1.519	1.516
8	Ebner Stolz Mönning Bachem Partnerschaft, Stuttgart	106,0	94,3	736	659
9	Rölfs WP Partner AG, Düsseldorf	84,4	90,6	591	603
10	PKF Fasselt Schlage Partnerschaft, Berlin	56,3	57,3	527	529
11	Warth & Klein AG, Düsseldorf	51,6	51,9	522	476
12	Susat & Partner OHG, Hamburg	50,5	53,0	492	502
13	Mazars GmbH, Frankfurt am Main	43,0	42,3	370	380
14	RöverBrönner GmbH & Co. KG, Berlin	33,6	33,2	319	286
15	DHPG Dr. Harzem & Partner KG, Bonn	31,3	30,3	295	284
16	Dr. Dornbach und Partner GmbH, Koblenz	28,0	24,4	275	255
17	Fides Gruppe, Bremen	27,5	27,6	330	330
18	Bansbach Schübel Brösztl & Partner, Stuttgart	26,7	22,3	255	199
19	Solidaris Gruppe, Köln	25,9	24,4	238	238
20	MDS Möhrle & Partner, Hamburg	25,4	26,9	250	217

Quelle: Lünendonk Trendstudien 2011, ohne Netzwerkgesellschaften.

Die Gruppe der Non-Big Four wird von den sog. Second-Tier-WP-Gesellschaften angeführt. Diese erreichen nach den Big Four die höchsten Marktanteile. Dabei bemühen sie sich – bspw. in den unteren Börsensegmenten – teilweise auch um die gleichen Mandate wie die Big Four. Innerhalb der Second-Tier-WP-Gesellschaften sind BDO und Rödl & Partner mit einem Umsatz von jeweils über 100 Mio. Euro pro Jahr als die bedeutendsten Gesellschaften einzustufen. Weiterhin zählen große mittelständische WP-Gesellschaften wie z. B. Ebner Stolz Mönning Bachem, Mazars, PKF Fasselt Schlage, Rölfs WP Partner, Susat & Partner und Warth & Klein zu dieser Gruppe.

Die kleinen mittelständischen und kleinen WP-Gesellschaften stellen die überwältigende Mehrheit der insgesamt 2.630 WP-Gesellschaften (Stand: 31.12.2010) in Deutschland dar. Rund 95 Prozent aller WP-Gesellschaften/Praxen in Deutschland beschäftigen weniger als zehn Wirtschaftsprüfer. Die kleingewerbliche Struktur der WP-Branche zeigt sich auch darin, dass 4.053 der insgesamt 14.197 in Deutschland registrierten Wirtschaftsprüfer, also fast ein Drittel, den Pfad der Selbstständigkeit beschritten haben und ihre Tätigkeit ausschließlich in eigener Praxis ausüben.

Anzahl der in Wirtschaftsprüfungsgesellschaften tätigen WP/vBP nach Größenklassen

Anzahl der tätigen WP und vBP	Anzahl der WPG			
	2010		2009	
1	1.028	39,1%	1.002	39,4%
2 bis 4	1.266	48,1%	1.224	48,2%
5 bis 10	247	9,4%	229	9,0%
11 bis 20	46	1,7%	46	1,8%
21 bis 50	28	1,1%	25	1,0%
51 bis 100	10	0,4%	8	0,3%
mehr als 100	5	0,2%	6	0,2%
	2.630	100,0%	2.540	100,0%

Quelle: WPK Magazin 4/2012; WP = Wirtschaftsprüfer, vBP = vereidigter Buchprüfer.

1. Die Big Four

Der Begriff Big Four lässt sich auf die Ende der siebziger Jahre entstandene Bezeichnung Big Eight zurückführen. Zu dieser Zeit waren es noch acht WP-Gesellschaften, die weltweit den Markt für Prüfungsleistungen beherrschten. Im Jahr 1989 schlossen sich dann Deloitte Haskins & Sells und Touche Ross zu Deloitte & Touche, sowie Ernst & Whinney und Arthur Young zu Ernst & Young zusammen, sodass die Big Six entstanden. Aus der Fusion von Coopers & Lybrand und Price Waterhouse 1998 gingen die Big Five und aus der partiellen Auflösung von Arthur Andersen bzw. in Deutschland aus der Fusion derselben mit Ernst & Young im Jahr 2002 schließlich die Big Four hervor.

In Deutschland dominieren die Big Four mit einem Marktanteil von rd. 80 Prozent in den Börsensegmenten DAX, MDAX, SDAX und TecDAX den Markt für Prüfungsleistungen bei börsennotierten Unternehmen. Dabei nimmt die Vorherrschaft der Big Four mit steigender Unternehmensgröße der Prüfungsnachfrager zu. Beträgt der Marktanteil der Big Four im SDAX rd. 70 Prozent, so steigt dieser im MDAX auf rd. 85 Prozent. Auch im TecDAX ist die Dominanz der Big Four mit einem Marktanteil von 76 Prozent zu erkennen, wobei Ernst & Young hier die meisten Prüfungsaufträge für sich verbuchen kann. Noch deutlicher wird die Anbieterkonzentration bei der Mandatsvergabe der DAX-Konzerne. Hierbei nehmen KPMG und PwC zusammen mit einem Anteil von ca. 90 Prozent derzeit eine marktbeherrschende Stellung ein. Auf dem Sektor der börsennotierten

Versicherungsunternehmen und Banken bewegt sich der Markt für Prüfungsleistungen sogar in Richtung eines Quasi-Monopols von KPMG.

Die Gründe für die Marktkonzentration sind vielfältig. Neben den angesprochenen Fusionen in der WP-Branche sowie größenbedingter Kostenvorteile auf Seiten der großen WP-Gesellschaften liegt dies vor allem auch an der Prüfungsnachfrage. Speziell börsennotierte, global tätige Gesellschaften beauftragen Wirtschaftsprüfer, die international vertreten sind und über umfassende (Human-)Ressourcen verfügen. Weiterhin versprechen sich viele Unternehmen vom Testat einer Non-Big-Four-WP-Gesellschaft eine höhere Glaubwürdigkeit der veröffentlichten Informationen am Kapitalmarkt als vom Testat einer Non-Big-Four-Gesellschaft.

Trotz der hohen Marktkonzentration ist zu beobachten, dass der Wettbewerb unter den WP-Gesellschaften hoch ist. Prüfungsmandate werden heute häufiger ausgeschrieben als noch in der Vergangenheit und um jedes dieser Mandate wird hart gekämpft.

2. Non-Big-Four-WP-Gesellschaften
Second Tier

Wie bereits angedeutet, ist die Gruppe der Big-Four-Gesellschaften sehr heterogen. Neben den einfachen Größenkriterien, wie Umsatz oder Mitarbeiterzahl, unterscheiden sich die Second Tier-WP-Gesellschaften in den Punkten Dienstleistungsangebot, Mandantenstruktur und Internationalität deutlich von den übrigen mittelständischen und kleinen WP-Gesellschaften. Second Tier-WP-Gesellschaften bieten ein umfassendes, den Big Four sehr ähnliches Dienstleistungsangebot. Dieses reicht von Prüfungsaufgaben, über die Steuerberatung hin zu umfassenden betriebswirtschaftlichen Beratungsleistungen. Damit verfolgen sie ebenso wie die Big Four den Ansatz, ihren Mandanten Leistungen »aus einer Hand« bieten zu können. In der Regel beschäftigen die Second Tier-WP-Gesellschaften daher mehr als 30 Wirtschaftsprüfer, eine Mitarbeiterzahl, die nur ein kleiner Teil der WP-Gesellschaften in Deutschland aufweisen kann. Mit mehreren Standorten in Deutschland sind die Second Tier-WP-Gesellschaften zudem überregional präsent. Gleichzeitig weisen einige dieser Gesellschaften sehr starke regionale Präsenzen auf. Rödl & Partner erhält bspw. viele seiner Aufträge aus Bayern, Susat & Partner ist vergleichsweise stark an seinem Hauptsitz Hamburg vertreten.

Zur Verbesserung der Wettbewerbsposition gegenüber den Big Four sind viele dieser WP-Gesellschaften der zweiten Reihe internationalen Netzwerken beigetreten. Die Kooperation mit ausländischen WP-Gesellschaften eröffnet ihnen insbesondere die Möglichkeit, international ausgerichtete Mandate betreuen zu können. Gleichzeitig wird die Unabhängigkeit und Selbstständigkeit auf dem Heimatmarkt gewahrt. Die bedeutendsten in Deutschland operierenden internationalen Netzwerke sind Grant Thornton (u. a. Warth & Klein) und Nexia International (u. a. DHPG Dr. Harzem & Partner). Vor diesem Hintergrund verwundert es nicht, dass einige der Second-Tier-WP-Gesellschaften trotz Vorherrschaft der Big Four auch börsennotierte Unternehmen prüfen. Vergleichsweise stark vertreten sind hier vor allem BDO und Susat & Partner mit einigen Mandaten im MDAX und SDAX.

Mittelständische und kleine WP-Gesellschaften
Für die große Mehrheit der Non-Big-Four-Gesellschaften liegt der relevante Markt jedoch nicht bei den börsennotierten Unternehmen. Hauptgrund hierfür ist, dass (kleine) mittelständische und kleine WP-Gesellschaften aufgrund geringer personeller Kapazitäten und regionaler Gebundenheit ganz einfach nicht für die Übernahme größerer Mandate in Frage kommen. Infolgedessen bemühen sich diese WP-Gesellschaften bei der Mandatsgewinnung in erster Linie um mittelständische Unternehmen. Im Wettbewerb um diese Prüfungsmandate versuchen die mittelständischen WP-Gesellschaften gegenüber den Big Four vor allem durch enge, persönliche Kontakte zu den Mandanten, räumliche Nähe und Preisvorteile zu punkten.

Netzwerkgesellschaften mit mehr als 15 WP/vBP
(in alphabetischer Reihenfolge)

WP-Gesellschaft	tätige WP/vBP	Netzwerk
Audit GmbH Karlsruhe Stuttgart WPG	21	Netzwerk ohne Namen
AWADO Deutsche Audit GmbH WPG StBG	23	Netzwerk ohne Namen
Baker Tilly Deutschland GmbH WPG	27	Baker Tilly International, RölfsPartner Gruppe
Bansbach Schübel Brösztl & Partner GmbH WPG StBG	48	Kreston International
BDO AG WPG	240	BDO International
CURACON GmbH WPG	21	Netzwerk ohne Namen
Deloitte & Touche GmbH WPG	420	Deloitte Touche Tohmatsu
DHPG Dr. Harzem & Partner KG WPG StBG	31	NEXIA International Ltd.
Domus AG WPG StBG	25	DOMUS Gruppe
Dr. Dornbach & Partner GmbH WPG StBG	27	Dornbach-Gruppe
Dr. Stückmann und Partner WPG StBG	18	HLB International
Ebner Stolz Mönning Bachem GmbH & Co. KG WPG StBG	78	NEXIA International Ltd.
ECOVIS Wirtschaftstreuhand GmbH WPG	25	ECOVIS International
Ernst & Young GmbH WPG	748	Ernst & Young Global Ltd.
Grant Thornton GmbH WPG	31	Grant Thornton International Ltd.
KPMG AG WPG	1.030	KPMG International
MAZARS GmbH WPG	64	MAZARS
MAZARS Hemmelrath GmbH WPG	47	MAZARS

WP-Gesellschaft	tätige WP/vBP	Netzwerk
MDS Möhrle GmbH WPG	17	RSM International
PKF Deutschland GmbH WPG	22	PKF Deutschland, PKF International Ltd.
PKF Fasselt Schlage Partnerschaft WPG StBG	89	PKF Deutschland, PKF International Ltd.
PwC AG WPG	991	PwC International
Rödl & Partner GmbH WPG StBG	63	Rödl & Partner
Rölfs RP AG WPG	73	Baker Tilly International, RölfsPartner Gruppe
RöverBrönner GmbH & Co. KG WPG StBG	20	Moore Stephens International Limited
RWT Horwath GmbH WPG	24	Crowe Horwath International
RWT Reutlinger Wirtschaftstreuhand GmbH WPG StBG	24	Crowe Horwath International
Susat & Partner OHG WPG	53	Moore Stephens International Ltd.
Verhülsdonk & Partner GmbH WPG StBG	21	RSMi, Verhülsdonk Gruppe
Warth & Klein Grant Thornton AG WPG	74	Grant Thornton International Ltd., Warth & Klein Grant Thornton

Quelle: WPK Magazin 4/2012; mit Netzwerkgesellschaften; WP = Wirtschaftsprüfer, vBP = vereidigter Buchprüfer.

II. Big Four vs. Mittelstand – Wo möchte ich hin?

Falls Sie nicht sicher sind, ob eine Big Four oder eher eine mittelständische Gesellschaft für Sie als passender Arbeitgeber in der WP-Branche in Frage kommt, können die nächsten Absätze eine Entscheidungshilfe bieten.

1. Pro Karriere bei den Big Four

Die Vorteile der Arbeit bei einer Big Four liegen auf der Hand. Man ist Angestellter bei einer der vier weltweit größten WP-Gesellschaften. Ein international bekannter Name mit einer hohen Reputation ist garantiert. Entsprechend verfügen auch die Mandanten häufig über internationales Renommee. Die Prüfung von solchen Unternehmen ist spannend, weil nicht zuletzt ein komplexes (internationales) Umfeld beachtet werden muss. Abgesehen davon ist es immer interessant zu sehen, wie ein börsennotierter Konzern »tickt«. Die Chance, solche Unternehmen prüfen zu können, ergibt sich in aller Regel bei einer mittelständischen WP-Gesellschaft nicht.

Die Internationalität und den Namen der Big-Four-WP-Gesellschaften kann man für sich nutzen. So besteht die Möglichkeit, einen längerfristigen Zeitraum bei einer der anderen ausländischen Gesellschaften zu absolvieren. Ferner hilft der Name einer Big-Four-Gesellschaft bei dem Ausstieg aus der WP-Branche. Dieser ist im Allgemeinen einfacher, wenn der zukünftige Arbeitgeber sieht, dass ein Kandidat gewisse Jahre bei einer Big-Four-WP-Gesellschaft »gelernt« hat. Ein weiterer Vorteil der Big Four liegt in den festen Strukturen. Sie betreffen vor allem institutionalisierte

Mentorenprogramme, regelmäßig stattfindende Entwicklungsgespräche, in denen ein individueller Karriereplan aufgestellt wird und vielfältige Weiterbildungsangebote.

2. Contra Karriere bei den Big Four

Im Vergleich zu den mittelständischen WP-Gesellschaften ist jedoch festzustellen, dass der Leistungsdruck bei den Big Four höher ist. Insbesondere bei den börsennotierten Unternehmen sind eng gesetzte Deadlines einzuhalten, was sich natürlich auch in vergleichsweise längeren Arbeitszeiten bei den Big Four niederschlägt. Wenn man als Prüfungsassistent bei einer mittelständischen WP-Gesellschaft einmal um 16 Uhr die Arbeit verlassen möchte, dann geht man einfach und holt das am nächsten Tag auf. Generell ist die Atmosphäre bei den mittelständischen WP-Gesellschaften als entspannter einzustufen. Bei einer mittelständischen WP-Gesellschaft ist man nicht ein Prüfer unter vielen. Die Partner kennen die Anfänger mit Namen, der Umgang innerhalb der Firma ist also – auch aufgrund kleinerer Prüfungsteams – sehr persönlich.

Die mittelständischen WP-Gesellschaften bieten überdies den klaren Vorteil, dass die Arbeit in den ersten Jahren generalistischer ausgerichtet ist. Während ein Big-Four-Prüfungsassistent bei einem großen Mandanten oft nur die gleichen Positionen prüft, sind Einsteiger bei einer mittelständischen WP-Gesellschaft sofort für mehrere Bereiche zuständig. Diese breite Zuständigkeit bezieht bei den mittelständischen WP-Gesellschaften häufig auch steuerberatende Leistungen ein. Da diese bei den Big Four organisatorisch und personell vom Bereich der Wirtschaftsprüfung getrennt ist, bekommen Prüfungsassistenten dort kaum die Gelegenheit, in diesem Bereich weitreichende Erfahrungen zu sammeln. Auch wird man schneller zum direkten Ansprechpartner für den Mandanten, sodass man von Anfang an ein höheres Maß an Verantwortung übertragen bekommt. Bei den Big-Four-WP-Gesellschaften kann man sich dagegen innerhalb eines großen Prüfungsteams eher »verstecken«.

Des Weiteren fällt die Reisetätigkeit bei den mittelständischen WP-Gesellschaften geringer aus. Da die Mandantenstruktur stärker regional konzentriert ist, verbringt man mehr Nächte zu Hause. Im Allgemeinen sind die Hierarchien bei den mittelständischen WP-Gesellschaften flacher als bei den Big Four. Auch sind die Arbeitsplätze bei den mittelständischen WP-Gesellschaften sicherer. Man verbringt eher mal ein paar Jahre mit der gleichen Mannschaft als jemanden zu entlassen.

Die folgende Tabelle fasst die Pro- und Kontra-Argumente für eine Karriere bei den Big Four noch mal für Sie zusammen:

Pro Karriere bei den Big Four	Contra Karriere bei den Big Four
Festere Strukturen (Mentorensysteme, Entwicklungsgespräche)	Längere Arbeitszeiten
Bekannter Name, gutes Image	Höherer Leistungsdruck
Bekannte, große Mandanten	Weniger generalistische Ausbildung
Umfangreichere Weiterbildungsmaßnahmen	Kleinerer Verantwortungsbereich
Tendenziell höheres Gehalt	Höhere Reisetätigkeit
Internationaler aufgestellt	Größere Teams
Bessere Möglichkeiten zum Wechsel in die Industrie	Weniger flache Hierarchien
Bessere Möglichkeiten zum Aufbau eines Netzwerkes	Höhere Wahrscheinlichkeit des Arbeitsplatzverlustes (z. B. in Probezeit)

Kapitel C: Bewerberprofil

I. Auf dem Papier
In diesem Abschnitt nehmen wir die Perspektive der WP-Gesellschaft ein und wollen betrachten, welche Anforderungen diese an Sie als Bewerber stellt.

Besuch einer Hochschule/Studienschwerpunkte
Als grundsätzliche Voraussetzung muss hier zunächst der Besuch einer Hochschule, d. h. einer Universität, Fachhochschule oder Berufsakademie genannt werden. Mit überwältigender Mehrheit werden dabei Studenten bzw. Absolventen der BWL und VWL rekrutiert. Dabei achten die Personaler stark auf die vom Bewerber belegten Studienschwerpunkte. Typischerweise werden Schwerpunkts- oder Vertiefungsfächer wie Rechnungswesen, Controlling, Finanzen und Steuern bzw. deren Äquivalente für die WP-Tätigkeit als relevant angesehen. Bei der Beurteilung einer Bewerbung liegt daher ein starker Fokus auf den Neigungen und Fähigkeiten, die der Bewerber bereits durch das Studium mitbringt. Im Gegensatz zu dem Bereich der Unternehmensberatung werden sog. Exoten, also Nicht-BWLer bzw. -VWLer, für die reine Wirtschaftsprüfung nur relativ selten eingestellt. Dementsprechend bieten WP-Gesellschaften auch keine BWL-Crashkurse für den Berufseinstieg an. Bewerber aus BWL-nahen Fächern wie Wirtschaftsingenieurwesen oder -informatik werden bevorzugt für Positionen in der Beratung, z. B. im Bereich des IT-bezogenen Risikomanagements, unter Umständen aber auch in der Prüfung eingesetzt. Für ein Praktikum verlangen die WP-Gesellschaften grundsätzlich ein abgeschlossenes Vordiplom. Bei Bachelorstudenten wird meist die Beendigung des zweiten Studienjahres erwünscht, mitunter werden diese aber auch bereits nach Ende des 3. Semesters rekrutiert. Voraussetzung für den Berufseinstieg ist der Nachweis eines Hochschulabschlusses, wie z. B. Diplom, Master und/oder Bachelor.

> **Studienschwerpunkte**
> »Wir suchen vor allem Wirtschaftswissenschaftler mit den Schwerpunkten Wirtschaftsprüfung, Revision, Rechnungslegung und/oder Steuern. Darüber hinaus stellen wir in verschiedenen Bereichen Wirtschaftsingenieure, (Wirtschafts-)Informatiker, Rechtswissenschaftler und (Wirtschafts-)Mathematiker ein.«
> *Alexandra Hövel, Personalreferentin National Recruitment,*
> **Deloitte**

Noten
Die von Ihnen im Laufe des Studiums erzielten Noten spielen bei der Beurteilung der Bewerbung natürlich auch eine Rolle. Hierbei gilt der Grundsatz, dass alle (End-)noten (Vordiplom, Diplom, Master, Bachelor), die eine 1 oder 2 vor dem Komma ausweisen, sehr gerne gesehen werden. Es ist bewusst von der »2 vor dem Komma« die Rede. Eine 2,7 würde bspw. dieses Kriterium erfüllen, obwohl diese Note rein technisch als »befriedigend« gilt. Auch im Falle einer 3 vor dem

Komma ist der Zug für Sie noch nicht abgefahren. Allerdings wird in solchen Fällen von den WP-Gesellschaften stärker darauf geachtet, ob die übrigen Parameter der Bewerbung (z. B. Studiendauer, Praktika, Ruf der Hochschule etc.) den Anforderungen entsprechen. Ganz bewusst halten sich daher die WP-Gesellschaften in ihren Anzeigen bei den Ansprüchen an die von den Bewerbern erzielten Noten mit konkreten Forderungen zurück. Eine häufig verwendete Floskel hierbei ist: »*Sie sind unser Kandidat, wenn Sie Ihr Studium erfolgreich abgeschlossen haben*«. Eine dehnbare Formel.

Studiendauer

Auf die Studiendauer achten Personaler ebenfalls. Hier gilt, dass man nicht wesentlich länger als der Durchschnitt studiert haben soll. Aber auch eine vergleichsweise lange Studiendauer kann durchaus über den Nachweis anderer Qualitäten aufgewogen werden. Umgekehrt vermag auch eine relativ kurze Studiendauer kompensierende Wirkung zu entfalten. Falls ein Bewerber bspw. beim Notenschnitt eine 3 vor dem Komma hat, aber diesen in sieben (Diplom-) Semestern erreichen konnte, dann werden die WP-Gesellschaften sich diesen Kandidaten auch in einem Interview näher anschauen wollen.

Mit Einführung der Bachelor- und Masterstudiengänge unterscheiden sich Studenten allerdings kaum noch in ihrer Studiendauer, sodass es schwieriger geworden ist, in diesem Punkt positiv aufzufallen.

Berufserfahrung

Relevante Berufserfahrung ist ein weiterer wichtiger Punkt bei der Bewerbung. Da Sie als Praktikant bzw. Berufseinsteiger den Abschluss eines Unternehmens prüfen sollen, sind grundlegende Kenntnisse vom allgemeinen Aufbau eines Unternehmens, wie die Aufteilung in Beschaffung, Produktion, Vertrieb, Finanzen, Rechnungswesen und Personal, eine unabdingbare Voraussetzung. Um diese Kenntnisse nachweisen zu können, reicht meist die Absolvierung eines kaufmännischen Praktikums aus. Gern gesehen ist in diesem Zusammenhang auch der Abschluss einer kaufmännischen Lehre. Mit einem Nachweis über ein bereits bei einer (kleinen oder großen) WP-Gesellschaft absolviertes Praktikum halten Sie einen sehr großen Trumpf für eine erfolgreiche Bewerbung in der Hand.

Weitere Kriterien

Weitere Einstellungskriterien sind EDV-, Fremdsprachenkenntnisse und Auslandserfahrung. Bei den EDV-Kenntnissen sollten Sie mindestens über Grundkenntnisse in den Microsoft Office-Anwendungen, insbesondere Excel, PowerPoint und Word verfügen. In puncto Sprachen reichen für den Bereich der Wirtschaftsprüfung im Allgemeinen gute Englischkenntnisse aus. Alle weitergehenden

Sprachkenntnisse stellen ein Plus dar. Ein Auslandsaufenthalt, während der Schul- oder der Studienzeit, wird zur Abrundung Ihres Profils ebenfalls gerne gesehen, zwingende Voraussetzung ist er jedoch nicht.

Außeruniversitäres Engagement ist ein Plus für jede Bewerbung. Hier können Sie insbesondere punkten, wenn Sie auf Tätigkeiten oder Verdienste verweisen können, die Ihre Sozialkompetenz (z. B. den Umgang mit anderen Menschen) geschult haben. Sport oder andere Aktivitäten, die Ihren Ehrgeiz und Ihre Leistungsbereitschaft unterstreichen, wirken ebenfalls positiv.

Ein Alter von 30 Jahren wird häufig als obere Einstiegsgrenze für Prüfungsassistenten angesehen. Dies trägt der Tatsache Rechnung, dass Berufseinsteiger bis zum WP-Examen in der Regel noch mindestens drei Jahre in der Prüferpraxis verbringen müssen. Dann haben sie ein Alter von 33 Jahren erreicht und die Familienplanung steht oft bereits an. Damit nehmen in der Regel Flexibilität und Mobilität des Kandidaten ab.

Generell ist festzuhalten, dass die Personalverantwortlichen zunächst ihr Augenmerk auf die Studienrichtung bzw. -schwerpunkte des Bewerbers lenken. In einem zweiten Schritt werden die Noten, Studiendauer und beruflichen Erfahrungen geprüft. Auf diesen Feldern reichen meist durchschnittliche Verdienste für eine Berücksichtigung aus. Schwachpunkte in einem Lebenslauf können ausgeglichen werden; es zählt der häufig zitierte Gesamteindruck. Im Falle eines Praktikums sollten Sie darüber hinaus mindestens sechs bis acht Wochen Zeit mitbringen. Dabei gilt jedoch das Motto »je länger, desto lieber«.

II. Ihre Person
Wenn Sie die zuvor genannten Voraussetzungen auf der Papierform erfüllen bzw. Sie von der WP-Gesellschaft für das weitere Auswahlverfahren eingeladen werden, gewinnen weitere Kriterien zur Beurteilung Ihrer Bewerbung an Gewicht. Diese Kriterien sind zum einen in Ihrer Persönlichkeit angelegt, zum anderen fachlicher Art.

Persönlichkeitsmerkmale
Kommunikationsfähigkeit
Ein wichtiger Punkt ist eine gute Kommunikationsfähigkeit. Diese bezieht sich sowohl auf die interne Kommunikation unter den Prüfern als auch die externe Kommunikation mit dem Mandanten. Wie schon erwähnt, ist eine gute interne Kommunikation, insbesondere hinsichtlich prüfungsrelevanter Sachverhalte, eine unabdingbare Voraussetzung für den Prüfungserfolg. Hierzu gehört bspw., dass die einzelnen Teammitglieder ihre Prüfungshandlungen vorher miteinander absprechen. Ferner werden sie im Rahmen einer Prüfung auch

---

Anforderungen
»Da gute Noten und Fachwissen allein nicht ausreichen, um die vielfältigen Aufgabenstellungen zu lösen, sind daneben auch Kommunikationsstärke, Teamfähigkeit, analytische Fähigkeiten sowie hohe Einsatz- und Lernbereitschaft gefragt. Diese Eigenschaften bilden die Basis für einen konstruktiven Austausch mit Kollegen und Mandanten.«
Alexandra Hövel, Personalreferentin National Recruitment,
Deloitte

im häufigen Kontakt mit dem Mandanten stehen. Hier ist es wichtig, seine Anliegen präzise und klar zu formulieren, da der Mandant in aller Regel nicht unbegrenzt Zeit für die Fragen des Prüfers aufbringen kann.

Verkaufs- und Mandantenorientierung

Die Arbeit eines Wirtschaftsprüfers ist am Ende des Tages auch durch eine starke Mandantenorientierung gekennzeichnet. Dies erfordert von Ihnen ein gepflegtes und sicheres Auftreten. Wenn Sie von einem Mitarbeiter des Mandanten bestimmte Unterlagen angefordert haben und dieser unvermittelt von Ihnen wissen will, warum Sie diese überhaupt benötigen, sollten Sie in der Lage sein, ohne Stottern eine freundliche, aber bestimmte Antwort zu liefern. Immerhin repräsentieren Sie ein renommiertes Unternehmen.

Ferner gehört es auch zu einer mandantenorientierten Arbeitsweise, den Wünschen des Mandanten zuzuhören und diese in die eigenen Erwägungen miteinzubeziehen. Ein einwandfreies Zusammenspiel mit dem Mandanten erleichtert nicht nur die Prüfung, sondern erhöht auch die Wahrscheinlichkeit, dass die WP-Gesellschaft diesen Mandanten behalten kann.

Teamfähigkeit

Die Arbeit als Wirtschaftsprüfer ist immer als eine Arbeit im Team zu verstehen. Die Größe des Teams mag dabei von Mandat zu Mandat variieren, der Grundsatz bleibt aber immer der Gleiche: Von Ihnen wird Teamfähigkeit gefordert! Teamfähigkeit versteht sich dabei nicht nur als Fähigkeit zur Vermeidung von Konflikten innerhalb des Prüfungsteams. Vielmehr geht es darum, mit seinen Prüfungskollegen konstruktiv zusammenzuarbeiten und sein Können optimal in den Prüfungsprozess einzubringen. Wer sich beim Mandanten vor Ort als Einzelgänger versucht, z. B. indem er Prüfungsvorkommnisse nicht im Team diskutiert, wird schnell scheitern. Wer nicht fähig zur Teamarbeit ist, gefährdet den Prüfungserfolg.

Analytische Fähigkeiten

Analytisches Denkvermögen ist für die Tätigkeit eines Abschlussprüfers von enormer Bedeutung. Beispielhaft sei erwähnt, dass bei der Analyse der Geschäftstätigkeit oder der Unternehmensprozesse komplexe Zusammenhänge erkannt werden und dabei Rückschlüsse auf das Prüfungsrisiko gezogen werden müssen.

Selbstständigkeit und Sorgfalt

Um im Wirtschaftsprüferberuf Erfolg zu haben, sollte Ihre Arbeitsweise die Attribute selbstständig und sorgfältig aufweisen. Niemandem ist gedient, wenn Sie eine Ihnen gestellte Aufgabe nicht eigenständig lösen können oder diese gar schlampig ausführen.

Persönlichkeitsmerkmale

»Einzelkämpfer sind bei uns fehl am Platz. Wir arbeiten in Teams mit flachen Hierarchien und suchen daher Teamplayer, die wie wir starke Ergebnisse erzielen wollen. »Wir arbeiten zusammen« ist daher einer unserer Unternehmenswerte.«
Roman Dykta,
Head of Employer Branding & Resourcing,
KPMG

Sorgfalt ist eines der höchsten Arbeitsgebote des Wirtschaftsprüfers. In einer Abschlussprüfung muss jeder einzelne Prüfungsschritt genau vermerkt und alle eingeholten Prüfungsnachweise dokumentiert werden. Wer hier nicht mit der gebotenen Sorgfalt arbeitet, wird nicht lange als Prüfer seine Brötchen verdienen.

Weitere Kriterien
Weitere wichtige Einstellungskriterien sind Mobilität, Flexibilität und Belastbarkeit. Durch häufiges Reisen und kurzfristige Änderungen im Einsatzplan erfordert die Arbeit in der Wirtschaftsprüfung ein hohes Maß an Mobilität und Flexibilität. Angesichts der Arbeitszeiten von bis zu 65 Stunden in der Busy Season sollten Sie zudem belastbar sein. Darüber hinaus sollten Sie auch über Verantwortungsbewusstsein, Leidenschaft und Begeisterungsfähigkeit für den Beruf des Wirtschaftsprüfers verfügen. Aufgrund des häufigen Mandantenkontaktes werden zudem höfliche Umgangsformen und ein gepflegtes Erscheinungsbild verlangt.

Zu guter Letzt müssen Sie natürlich auch die Bereitschaft zu lebenslangem Lernen mitbringen. Dies bezieht sich nicht nur auf die regelmäßig stattfindenden firmeninternen Weiterbildungsprogramme. Bedenken Sie immer, dass nach ein paar Jahren in der Prüferpraxis die Berufsexamina auf Sie warten. Auch zeichnet sich gerade der Bereich der Wirtschaftsprüfung/Rechnungslegung in den letzten Jahren sowohl national als auch international durch eine unvergleichbare Dynamik an grundlegenden Veränderungen aus, sodass man als Prüfer zur Weiterbildung praktisch gezwungen ist.

Fachliche Voraussetzungen
Neben den Persönlichkeitsmerkmalen müssen auch die fachlichen Voraussetzungen stimmen. Für den Bereich der Wirtschaftsprüfung lassen sich bei den fachlichen Voraussetzungen grundsätzlich vier Gebiete unterscheiden, auf denen Kenntnisse für den Prüferalltag von entscheidender Bedeutung sind:
- Betriebliches Rechnungswesen
- Rechnungslegung nach HGB und IFRS
- Prüfungsprozess und Prüfungshandlungen
- Regulatorische Anforderungen

Die Anforderungen an Ihre Fachkenntnisse variieren je nachdem, ob Sie sich für ein Praktikum oder eine Festanstellung bewerben. Von Praktikanten werden in der Regel grundlegende Kenntnisse in der Buchführung, Rechnungslegung und der Abschlussprüfung verlangt. Wenn Sie wissen, dass Erträge im Haben gebucht werden, eine Bilanz sich in Aktiva und Passiva gliedern lässt, Rückstellungen und Vorräte risikobehaftete Bilanzpositionen darstellen, IAS/IFRS internationale

Rechnungslegungsstandards sind, der Zweck einer Abschlussprüfung der einer Beglaubigung ist und sich der Ablauf einer Abschlussprüfung grob in Prüfungsplanung, -durchführung und Dokumentation einteilen lässt, sind Sie schon auf dem richtigen Weg. Bei einem zukünftigen Prüfungsassistenten werden entsprechend weitergehende Kenntnisse auf den oben genannten Gebieten verlangt. Zur Vertiefung dieser Themengebiete dienen die Fachfragen in Kapitel E und F.

Erfülle ich die Anforderungen?
Hier können Sie kurz überprüfen (oder von Freunden/Kommilitonen überprüfen lassen), ob Ihre Fähigkeiten die Anforderungen der Wirtschaftsprüfungsbranche erfüllen. Auf diese Weise können Sie außerdem konkrete Verbesserungsbereiche identifizieren. Gut ausgeprägte Faktoren sollten Sie in Ihrer Bewerbung betonen.

	Sehr stark	Noch üben	Nein, gar nicht
	2 Punkte	1 Punkt	0 Punkte
Soft Skills			
Teamfähigkeit			
Kommunikationsfähigkeit			
Verkaufs- und Mandantenorient.			
Analytische Fähigkeiten			
Selbstständigkeit/Sorgfalt			
EDV-Kenntnisse			
Sprachen			
Hard Skills			
Buchführung			
Rechnungslegung			
Prüfungsprozess			
Regulatorische Anforderungen			
Summe			

Glückwunsch! Mit über 14 Punkten haben Sie das Zeug zum Wirtschaftsprüfer. Sie haben 22 Punkte erreicht? Dann steht einer steilen Karriere zum Partner einer WP-Gesellschaft nichts entgegen!

III. Studium als Eintrittskarte
1. Wahl der Studienrichtung und der Hochschule

Das Studium an einer Universität, Fachhochschule oder Berufsakademie ist in doppelter Hinsicht eine Eintrittskarte in die WP-Branche. Zum einen ist es Voraussetzung für den Einstieg in eine WP-Gesellschaft als Praktikant bzw. bei abgeschlossenem Studium als Prüfungsassistent. Zum anderen setzt auch die Wirtschaftsprüferordnung (WPO) eine abgeschlossene Hochschulausbildung für die Zulassung als Wirtschaftsprüfer voraus. Die Art der besuchten Hochschule, also Universität, Fachhochschule oder Berufsakademie, wird dabei ebenso wenig vorgegeben wie eine bestimmte Studienrichtung. Nichtsdestoweniger lassen sich in der Wirtschaftsprüferpraxis eindeutige Tendenzen zur Vorbildung der Wirtschaftsprüfer erkennen. Rund 79 Prozent aller examinierten Wirtschaftsprüfer haben ein BWL-Studium an einer Universität abgeschlossen. Jeweils 5 Prozent können einen Universitätsabschluss in VWL bzw. Jura vorweisen.

Berufsgruppe Wirtschaftsprüfer

Studiengang	Anzahl	%	Weiblich	Männlich
Betriebswirtschaftl. Studium	11.278	79,4 %	1.595	9.683
Volkswirtschaftl. Studium	668	4,7 %	95	573
Rechtswissenschaftl. Studium	778	5,5 %	47	731
Technisches Studium	42	0,3 %	5	37
Landwirtschaftl. Studium	43	0,3 %	7	36
Anderer Studiengang	672	4,7 %	181	491
Ohne Hochschulstudium	716	5,0 %	125	591
Gesamt	14.197	100,0 %	2.055	12.142

Quelle: WPK Statistiken (Stand: 1.7.2011).

Die Wahl eines wirtschaftswissenschaftlichen Studiums ist generell als sinnvolle Vorbereitung für den WP-Beruf zu betrachten. Insbesondere die Studienschwerpunkte Controlling, Betriebswirtschaftliche Steuerlehre, Rechnungswesen, Wirtschaftsprüfung und Finanzwirtschaft eignen sich sehr gut zur Vorbereitung auf die Tätigkeit eines Wirtschaftsprüfers. An vielen deutschen Universitäten/Fachhochschulen besteht mittlerweile die Möglichkeit, diese Studienschwerpunkte zu belegen.

Über mehrere, sehr renommierte Lehrstühle dieser Art verfügen die Universitäten Frankfurt, Mannheim, München und Münster. Darüber hinaus gibt es bspw. an den Universitäten Bochum und Saarbrücken einzelne, sehr angesehene Lehrstühle. Für eine allgemeine

Übersicht von Lehrstühlen an Universitäten, Fachhochschulen und Berufsakademien, die speziell dem Berufsprofil des Wirtschaftsprüfers entsprechende Kenntnisse vermitteln, empfiehlt sich ein Blick in den zu jedem Semester aktualisierten Studienführer der Wirtschaftsprüferkammer (WPK, wpk.de/studienfuehrer/studienfuehrer.asp).

Einige der vorgenannten Universitäten bzw. Lehrstühle kooperieren in vielfältiger Form mit den Big-Four-WP-Gesellschaften. Viele Führungskräfte aus der WP-Branche engagieren sich als Dozenten an der Universität bzw. Fachhochschule. An der Universität Frankfurt erhält man z. B. als Student die Gelegenheit, Vorlesungen der Vorstandssprecher von KPMG und PwC zu besuchen. An den Universitäten Düsseldorf und Köln besteht die Möglichkeit, Vorlesungen von Dozenten von Warth & Klein zu belegen. Deloitte belohnt hervorragende (studentische) Leistungen auf dem Gebiet der Wirtschaftsprüfung an den Universitäten Mannheim und München mit einem Stipendium bzw. einer Auszeichnung.

Im Gegensatz zu manchen anderen Branchen stellt der Besuch einer Fachhochschule oder Berufsakademie kein Ausschlusskriterium für die Bewerbung bei einer WP-Gesellschaft dar. Im Gegenteil: Die WP-Gesellschaften rekrutieren Studenten und Absolventen von Fachhochschulen und Berufsakademien in großem Stil. Vor allem die schnelle, praktische Ausbildung wird dabei geschätzt. Dennoch ist zu erkennen, dass der Anteil dieser Absolventen über die verschiedenen Karrierestufen hinweg, zumindest bei den Big Four, tendenziell immer geringer wird. Fachhochschul- und Berufsakademieabsolventen wählen im Vergleich zu den Universitätsabsolventen überproportional häufig den Ausstieg aus der WP-Branche.

2. Bachelor- und Masterabschluss
Bachelor
Die Etablierung der Bachelor- und Masterstudiengänge in Deutschland verändert auch den Ausbildungsweg für angehende Wirtschaftsprüfer. Immer mehr Einsteiger in die WP-Branche verfügen über einen Bachelorabschluss. Dabei gilt auch für die Bachelorstudiengänge, dass die Studienschwerpunkte Accounting, Controlling, Finance und Taxation als Vorbereitung auf den Berufsalltag eines Wirtschaftsprüfers besonders geeignet sind. Viele der Universitäten und Fachhochschulen, die vom Diplomstudiengang auf Bachelor und Master umgestellt haben, bieten diese Schwerpunkte an. Generell ist ein Bachelorabschluss bei den WP-Gesellschaften sehr willkommen. Im Übrigen ist man mit einem Bachelor in der Tasche auch berechtigt, das WP-Examen abzulegen.

Für Studienanfänger, die den Berufseinstieg in die Wirtschaftsprüfung bereits fest ins Auge gefasst haben, bietet sich bspw. ein duales Studium bei PwC an. In Theorie und Praxis werden gezielt Kenntnisse für das Berufsfeld Wirtschaftsprüfung vermittelt. Eine Weichenstellung in Richtung Karriere bei einer Big-Four-WP-Gesellschaft bietet auch das Bachelorstudium an der Frankfurt School of Finance and Management. Diese bietet in Kooperation mit KPMG einen siebensemestrigen Bachelor an. Neben der Vermittlung von BWL- und Wirtschaftsprüfungskenntnissen gehören drei garantierte Praktika bei KPMG zur Ausbildung.

Eine weitere gute Vorbereitung auf den WP-Beruf sind Bachelorstudiengänge nach § 13b WPO. Hier dürfen Studenten bereits im Bachelorstudium Prüfungen ablegen, die später für das WP-Examen angerechnet werden können (siehe auch den folgenden Abschnitt). Als erste Hochschule in Deutschland hat die Universität Ulm einen sog. »13b-Bachelor« ins Leben gerufen. Mittlerweile besteht dieses Angebot z. B. auch an den Universitäten FU Berlin, Bochum oder Duisburg.

Master

Die Umstellung auf Masterstudiengänge impliziert für den Zugang zum WP-Examen ebenfalls weitreichende Änderungen. Die Wirtschaftsprüferexamen-Anrechnungsverordnung (WPAnrV) ermöglicht seit 2005 die Akkreditierung von Masterstudiengängen, die besonders für die Ausbildung von Wirtschaftsprüfern geeignet sind. Im Falle der Anerkennung eines Masterstudienganges nach § 8a WPO, werden den Absolventen Leistungen aus dem Studium für das WP-Examen angerechnet. Konkret werden die Fächer »Angewandte Betriebswirtschaftslehre, Volkswirtschaftslehre« und »Wirtschaftsrecht« des WP-Examens durch die entsprechenden Leistungen aus dem Masterstudium ersetzt. Damit reduziert sich der Umfang des eigentlichen WP-Examens von sieben auf vier Prüfungen (siehe auch Kapitel A.III.6. »Berufsexamina« zu dem Ablauf des WP-Examens).

Des Weiteren besteht für Absolventen eines Masterstudienganges nach § 8a WPO die Möglichkeit, das WP-Examen zeitlich vorzuziehen. Die Zulassung zu Masterprogrammen nach § 8a WPO setzt u. a. voraus, dass der Bewerber eine mindestens einjährige Tätigkeit in der Wirtschaftsprüferpraxis – davon mindestens ein halbes Jahr Prüfungstätigkeit – vorweisen kann. Demgemäß kann sich folgender Weg vom Bachelorstudium bis zur Bestellung zum Wirtschaftsprüfer eröffnen:

Insider-Tipp

Zur Entscheidungsfindung für das Master-Studium bietet sich das Insider-Dossier »Das Master-Studium« von squeaker.net an. Hier werden viele Informationen zu Masterstudiengängen auch außerhalb der WP-Branche geboten. Versandkostenfrei bestellen unter squeaker.net/insider.

Der WP nach § 8a WPO

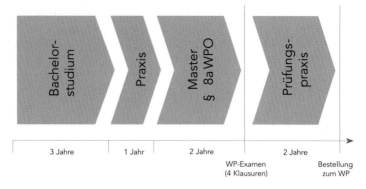

Die ersten nach § 8a WPO anerkannten Studiengänge sind der seit dem Wintersemester 2006/07 laufende Masterstudiengang Auditing, Finance and Taxation, gemeinsam getragen von den Fachhochschulen Münster und Osnabrück, sowie der Masterstudiengang Auditing and Taxation an der Hochschule Pforzheim. Gleichwohl haben weitere Hochschulen die Möglichkeit der Anerkennung von Studienleistungen als Chance begriffen, entsprechende Curricula bzw. Studiengänge zu entwerfen. So bieten auch die Universität Mannheim, die Fachhochschule Mainz und die Hochschule Fresenius in Köln einen Master nach § 8a WPO an. Somit ist davon auszugehen, dass der Weg zum Wirtschaftsprüfer über ein Masterstudium nach § 8a WPO zukünftig an Bedeutung gewinnen wird.

Interessanterweise liegt die Bestehensquote bei dem WP-Examen der ersten Absolventen eines »8a-Master« wesentlich höher als bei Prüfungsteilnehmern, die den klassischen Weg wählen.

Neben dem »13b-Bachelor« gibt es auch nach § 13b WPO akkreditierte Masterstudiengänge. Der wesentliche Unterschied zum Master nach § 8a WPO besteht darin, dass hier – je nach Curriculum – auch weniger als drei Prüfungen für das WP-Examen angerechnet werden können.

Eine regelmäßig aktualisierte Liste der Studiengänge nach § 8a WPO und § 13b WPO finden Sie auf den Seiten der WPK, wpk.de (wpk.de/pdf/WPK--Examen--Studiengaenge_nach_8a_WPO.pdf, wpk.de/pdf/WPK--Examen--Studiengaenge_nach_13b_WPO.pdf).

Wege zum Wirtschaftsprüfer

	Klassischer Weg	Bachelor/Master nach § 13b WPO	Master nach § 8a WPO
Studiengang	Diplom, Bachelor, Master	Bachelor, Master	Akkreditierter Master
Anzahl Prüfungen im WP-Examen	Volles WP-Examen mit 7 Prüfungen in 4 Gebieten	mind. 4 Prüfungen; es können bis zu 3 Prüfungen der Gebiete »Angewandte BWL, VWL« und »Wirtschaftsrecht« angerechnet werden	4 Prüfungen; es werden 3 Prüfungen der Gebiete »Angewandte BWL, VWL« und »Wirtschaftsrecht« angerechnet
Notwendige Prüfungserfahrung	3 Jahre; 4 Jahre bei Bachelor-Abschluss	3 Jahre; 4 Jahre bei Bachelor-Abschluss	3 Jahre (inkl. dem Praxisjahr zw. Bachelor und Master)
Zeitpunkt des WP-Examens	Nach der Praxistätigkeit	Nach der Praxistätigkeit	Nach dem Masterabschluss

Masterprogramm *Audit Xcellence*

Audit Xcellence ist ebenfalls ein neuer, berufsbegleitender Masterstudiengang. Dieser wurde von den Big Four initiiert und soll im Sommersemester 2012 in Kooperation mit verschiedenen Hochschulen starten. Mit dabei sind z. B. die Leuphana Universität Lüneburg, die Universität Bochum, die Universität Münster, die Universität Mannheim sowie die Fachhochschule Mainz. Der Master soll auch nach § 8a WPO akkreditiert werden, sodass sich für die Teilnehmer dieses Studienganges oben beschriebener Weg zum WP-Examen bietet. Weitere Informationen sind im Internet unter audit-xcellence.com zu finden.

Kapitel D: Bewerbungsprozess

I. Ablauf

1. Kontaktaufnahme

Ausgangspunkt einer jeden Bewerbung ist die Kontaktaufnahme des Bewerbers mit der WP-Gesellschaft. Klassischerweise liegt dabei die Initiative bei dem Bewerber, d. h. dieser geht mit seinem Anliegen auf die WP-Gesellschaft zu. Hierbei stehen jedem Bewerber unterschiedliche Formen der Kontaktaufnahme zur Auswahl.

In Persona

Eine erste Möglichkeit der Kontaktaufnahme ist die direkte Ansprache von Mitarbeitern der WP-Gesellschaft. Häufig halten Partner der WP-Gesellschaften Vorträge oder Vorlesungen an Hochschulen, sodass sich hier die Gelegenheit bietet, seine Fühler nach Einstiegsmöglichkeiten in die WP-Branche auszustrecken. Auch sind die großen WP-Gesellschaften durch Studenten an verschiedenen Hochschulen vertreten, die bei der jeweiligen Gesellschaft ein Praktikum erfolgreich absolviert haben. Die Namen und Kontaktdaten dieser Studenten sind auf den Karriereseiten der WP-Gesellschaften verfügbar. Diese Studenten stehen an den Hochschulen als persönlicher Kontakt für potenzielle Bewerber zur Verfügung, sei es für Fragen zur Bewerbung oder allgemein zur WP-Gesellschaft.

Eine weitere gute Gelegenheit zur ersten persönlichen Kontaktaufnahme mit den Vertretern der WP-Gesellschaften sind bspw. Karrieremessen wie der Absolventenkongress oder das Access Finance, Controlling & Audit Career Event. Die großen (mittelständischen) WP-Gesellschaften sind hier sehr häufig vertreten. Ein informatives Gespräch mit den Personalverantwortlichen und Fachkräften des Wunscharbeitgebers mündet häufig darin, dass der Personaler dem Bewerber bereitwillig seine Visitenkarte (business card) mit dem Hinweis in die Hand drückt, ihm doch bitte die Bewerbungsunterlagen per E-Mail zukommen zu lassen.

Internet

Allgemein gilt jedoch, dass (zumindest die großen) WP-Gesellschaften es nicht allzu gerne sehen, wenn Bewerber aus freien Stücken eine E-Mail mit Bewerbungsunterlagen im Anhang an die Personalverantwortlichen schicken. Der Grund liegt darin, dass die Auswertung der E-Mail-Bewerbungen für die Personaler relativ mühsam bzw. zeitaufwendig ist und diese Bewerbungen zudem oft nicht die

---

Kontaktaufnahme

»Interessierte Studenten können uns auf verschiedenen Messen und Events kennenlernen. So stellen wir uns z. B. steuerambitionierten und interessierten Studenten auf unserem jährlichen Tax Kongress vor oder bieten vertiefte Einblicke in unsere Corporate Finance-Beratung im Rahmen unserer InSight Assessment Days auf Sylt.«
*Anja Lindemann,
Personalreferentin National Recruitment,*
Deloitte

Insider-Tipp

Im Eventkalender auf der Homepage von squeaker.net finden Sie zahlreiche Termine aktueller Karriere-Events von attraktiven Arbeitgebern und insbesondere auch WP-Gesellschaften.
squeaker.net/event

geforderten Informationen enthalten. Stattdessen haben die großen WP-Gesellschaften die Kontaktaufnahme so standardisiert, dass sich der Bewerber zunächst auf die Karriereseiten der Homepage der betreffenden WP-Gesellschaften begibt. Hier findet sich neben zahlreichen anderen Informationen zur Bewerbung bei der WP-Gesellschaft auch ein Online-Tool in Form einer Bewerbungsmaske. Diese beinhaltet ein standardisiertes Bewerbungsformular, mit dem die WP-Gesellschaften sicherstellen, dass sie auch tatsächlich die Information vom Bewerber erhalten, die sie zur Beurteilung benötigen. Die Online-Bewerbung ist daher der von WP-Gesellschaften bevorzugte Bewerbungsweg. Die Bewerbung über den klassischen Postweg wird allerdings gleich behandelt.

Das Ausfüllen des kompletten Bewerbungsformulars nimmt etwa 10 bis 20 Minuten in Anspruch. Zusätzlich kann der Bewerber begleitende Unterlagen anhängen, wie Lebenslauf (CV), Anschreiben und Zeugnisse,. Neben den Angaben zur eigenen Person gibt es in der Bewerbungsmaske auch einen Bereich, in dem der Bewerber nach offenen Stellenanzeigen suchen und sich direkt auf die gewünschte(n) Stelle(n) bewerben kann. Bezüglich der Ortswahl darf der Bewerber seine Präferenzen angeben, sofern die Stelle nicht an einen bestimmten Ort gebunden ist. Sollte unter den Jobangeboten nichts Passendes dabei sein, besteht auch die Möglichkeit, sich über das Online-Bewerbungstool initiativ zu bewerben. Dabei sollte unbedingt der Standort angegeben werden, für den Sie sich besonders interessieren. Der Bewerbungsweg über das Online-Tool bietet überdies den Vorteil, dass Sie das hinterlegte Profil jederzeit über Ihre individuellen Login-Daten aktualisieren können und so die Bewerbung immer auf dem neuesten Stand ist.

Hat man alle Pflichtfelder in der Bewerbungsmaske ausgefüllt, seine Wunschstelle angegeben und das Ganze abgeschickt, erhält der Bewerber automatisch von der WP-Gesellschaft eine Bestätigungsmail zum Eingang der Bewerbung. Danach werden zunächst die Bewerbungsunterlagen von den Personalern auf Vollständigkeit und Eignung geprüft. Anschließend werden nach einer Vorauswahl Ihre Unterlagen an die Fachkräfte aus dem gewünschten Unternehmensbereich weitergeleitet. In aller Regel dauert dieser Prozess zwei bis vier Wochen. Dann erteilt die WP-Gesellschaft die Zu- bzw. Absage per E-Mail oder auf dem Postweg. Der Bewerbungsprozess in der WP-Branche ist daher als relativ zügig zu beschreiben. Im Übrigen ist nicht damit zu rechnen, dass die WP-Gesellschaft in der Zeit zwischen der ersten Kontaktaufnahme und dem Bewerbungsbescheid bei Ihnen unvermittelt anruft, um ein (verstecktes) Telefoninterview durchzuführen. Dies kann nur passieren, wenn zusätzliche Unterlagen für die Einschätzung Ihrer Bewerbung benötigt werden oder das Telefoninterview explizit Teil des Bewerbungsprozesses für eine bestimmte

---

Online-Bewerbung
»Wir suchen immer engagierte Mitarbeiter. Der schnellste Weg zu uns führt dabei über unser Onlinebewerbungstool. Mit diesem können Sie Ihre Bewerbung auch in mehreren Schritten fertigstellen und zwischendurch speichern.«
Roman Dykta,
Head of Employer Branding & Resourcing,
KPMG

Stelle ist. Letzteres ist auf den Homepages der WP-Gesellschaften stets angegeben.

Telefon

Das Telefon kann ebenfalls als initiales Kontaktinstrument dienen. Sie werden von der Personalabteilung jedoch in der Regel die Antwort erhalten, bitte in der Online-Bewerbungsmaske Ihre Daten zu hinterlassen. Generell werden also per Telefon Fragen zum Stand der Bewerbung oder allgemein zum Unternehmen geklärt. Wie uns Bewerber berichten, ist es aber durchaus möglich, dass Personaler am Ende eines informationellen Gesprächs den Bewerber um die Zusendung seiner Bewerbungsunterlagen an die E-Mail-Adresse des Personalers bitten. Auf diese Weise ist man den Konkurrenten gleich einen Schritt voraus, da der erste persönliche Kontakt schon etabliert ist und man seinen Namen bekannt gemacht hat.

Für telefonische Anfragen haben die WP-Gesellschaften spezielle Bewerber-Hotlines eingerichtet. Die entsprechenden Nummern können Sie dem Kapitel H »Unternehmensprofile« entnehmen. Werden Sie für ein Interview eingeladen, können Sie durch einen Anruf den Namen Ihrer voraussichtlichen Gesprächspartner in Erfahrung bringen.

Zeitpunkt

Im Hinblick auf den Zeitpunkt Ihrer Bewerbung sollten Sie beachten, dass die Bewerbung rd. vier bis sechs Monate vor dem gewünschten Einstiegstermin bei der betreffenden WP-Gesellschaft einzureichen ist.

Aufgrund der Saisonalität des WP-Berufs stellen die meisten WP-Gesellschaften aber schwerpunktmäßig zum 1. September und 1. Oktober eines Jahres neue Mitarbeiter für den Bereich Wirtschaftsprüfung ein. Durch den hohen Personalbedarf in der Busy Season haben daher Bewerbungen mit diesen Startterminen vergleichsweise gute Chancen. Dies bedeutet, dass die Bewerbung bis spätestens April/Mai bei der WP-Gesellschaft eingegangen sein sollte. Vereinzelt werden auch ganzjährig Praktikanten und Berufseinsteiger in der Wirtschaftsprüfung eingestellt.

2. Wie gestalte ich meine Unterlagen?

Wie uns die Personalabteilungen der WP-Gesellschaften berichten, weisen leider viele Bewerbungsunterlagen erhebliche formale und inhaltliche Mängel auf. Aus diesem Anlass sollen an dieser Stelle noch einmal einige Grundsätze zur Erstellung aussagekräftiger Bewerbungsunterlagen dargestellt werden. Um zu prüfen, ob ein Bewerber zu einer WP-Gesellschaft passt, müssen die folgenden Unterlagen in jedem Fall eingereicht werden:

Insider-Tipp

Wenn Sie den Namen Ihres Gegenübers herausgefunden haben, leiten Sie gleich entsprechende Recherchen ein: Welche Unternehmen prüft dieser? In welchen Industrien befinden sich diese Unternehmen? Bilanzielle Besonderheiten dieser Unternehmen/Industrie? Publiziert er/sie? Zu welchen Themen?

Zeitpunkt der Bewerbung

»Grundsätzlich gilt: Je eher Sie sich bewerben, desto größer ist die Wahrscheinlichkeit Ihre Wunschvorstellungen verwirklichen zu können. Als Faustregel kann man sagen, dass Sie mit einem Vorlauf von 6 Monaten auf der sicheren Seite sind. Der optimale Eintrittstermin ist nach wie vor der Herbst eines jeden Jahres, d. h. ein Großteil der Bewerbungen für diesen Termin geht bereits im Frühjahr ein. Dennoch sind die Unternehmen inzwischen auch dazu übergegangen, unterjährig einzustellen und gute Bewerber bereits frühzeitig an ihr Haus zu binden.«

Marcus K. Reif,
Head of Recruitment & Employer Branding,
Ernst & Young Hamburg

- Anschreiben
- Lebenslauf (CV) inklusive Bewerbungsfoto
- Abiturzeugnis
- Hochschulzeugnisse bzw. Notennachweise (Die WP-Gesellschaften sind nicht nur an der bloßen Urkunde, sondern vielmehr an einer detaillierten Notenaufstellung interessiert.)
- Arbeits- und/oder Praktikumszeugnisse (ausländische Zeugnisse, die nicht in englischer Sprache verfasst sind, sollten auf Deutsch übersetzt werden).

Grundsätzlich sollten Sie nur für die Stelle tatsächlich relevante Zeugnisse anfügen. Das Zeugnis von der Aushilfstätigkeit beim Bäcker um die Ecke in der fünften Klasse ist in diesem Zusammenhang sicherlich nicht zielführend. Andererseits sollte auch nicht in das andere Extrem verfallen werden und z. B. die Abiturnote unterschlagen werden.

Wenn Sie die Unterlagen als Dateianhänge im Online-Bewerbungstool der WP-Gesellschaft zur Verfügung stellen, sollten Sie bedenken, dass die Speicherkapazität begrenzt ist. Meist beträgt diese sechs bis neun MB für alle Dokumente und Sie haben die Möglichkeit drei bis fünf Dokumente anzuhängen. Sind die Dateien größer, empfiehlt es sich, diese zu einer zip-Datei zu komprimieren. Wenn Sie die Unterlagen vorher einscannen, ist die Wahl einer Auflösung von maximal 150 dpi ratsam. Für alle Dokumente sollten Sie das PDF-Format wählen, da dies einen professionellen Eindruck macht. Hierzu kann eines der vielen über das Internet erhältlichen Programme zur Erstellung von PDF-Dokumenten benutzt werden, z. B. die Software von PDF995 (pdf995.com).

Bedenken Sie generell bei der Gestaltung Ihrer Unterlagen, dass sich Personaler nur zwischen zwei und fünf Minuten Zeit nehmen, um eine Bewerbung zu beurteilen. Ihre Unterlagen sollten daher nicht nur formal einwandfrei sein, sondern auch im Inhalt positiv auffallen.

Das Anschreiben

Das Anschreiben ist das erste Dokument von Ihnen, welches von den Personalverantwortlichen unter die Lupe genommen wird. Es sollte die WP-Gesellschaft davon überzeugen, dass Sie der Richtige für die ausgeschriebene Position sind. Der Bewerber sollte daher auf die Anforderungen der WP-Gesellschaft (lesen Sie sich die Ausschreibung noch einmal genau durch!) eingehen und ausreichend begründen, warum gerade er diese optimal erfüllt. Ferner sollte auch Ihre Motivation zu der Bewerbung bei dieser bestimmten WP-Gesellschaft aus dem Anschreiben erkennbar seinhervorgehen. Auf jeden Fall sollten ebenfalls der gewünschte Einsatzbereich, -standort und -zeitraum genannt werden. Verbleiben Sie am Ende des Anschreibens positiv,

Insider-Tipp

Reden Sie Ihren Ansprechpartner bei der WP-Gesellschaft im Anschreiben mit Namen an. So verleihen Sie dem Anschreiben einen persönlichen Ton.

z. B. im Sinne von »Freue mich auf...«. Typischerweise fällt ein Anschreiben nicht länger als eine Seite aus.

Ein gutes Anschreiben stellt ist denr ersten wichtigen Schritt in Richtung der Einladung zum Interview dar, während man sich durch ein schlecht formuliertes oder schlampiges Anschreiben schon ein dickes Minus in der Bewerbung einhandelt. Dies gilt insbesondere, wenn am Anfang des Studiums der Lebenslauf und die Zeugnisse nicht allzu umfangreich ausfallen. Abschreckend wirken vor allem Anschreiben, die den Eindruck vermitteln, dass sie ungezielt, »auf gut Glück« an das Unternehmen gerichtet wurden. Unterschätzen Sie daher bitte nie die Bedeutung eines guten Anschreibens.

DOs	DON'Ts
Erläutern Sie, warum gerade Sie für die Position geeignet sind. Belegen Sie Ihre Aussagen anhand von Erfahrungen oder Beispielen.	Verwendung von Standardanschreiben aus dem Internet.
Erläutern Sie Ihre Motivation zur Bewerbung auf diese Position.	Formale Fehler wie Rechtschreib-, Interpunktions- oder Flüchtigkeitsfehler.
Erstellen Sie eine klare Struktur. Schreiben Sie prägnante Sätze.	Inhaltslose Floskeln.
Verfassen Sie ein individuelles Anschreiben für jede Bewerbung.	Vermeiden Sie eine reine Wiederholung der Punkte aus dem Lebenslauf.
Verwenden Sie eine übersichtliche Adresszeile, in der Name, Anschrift, Telefon und E-Mail-Adresse klar zu erkennen sind.	Fehlende Angaben zu Einsatzbereich, -standort und -zeitraum bzw. alles, was für die Personaler durch Nachfrage Mehrarbeit bedeuten könnte.

Der Lebenslauf

Ein formal und inhaltlich überzeugender Lebenslauf ist der nächste Schlüssel zu einer erfolgreichen Bewerbung. Ein guter Lebenslauf zeichnet sich dabei durch eine ordentliche Struktur und durch Übersichtlichkeit aus. Bei der Gliederung hat es sich bewährt, auf die persönlichen Angaben, die Ausbildung, praktische Erfahrungen, PC- und Sprachkenntnisse, Auslandsaufenthalte sowie Ihre Interessen und Hobbys als Eckpunkte des Lebenslaufes einzugehen. Versetzen Sie sich bei der Erstellung des Lebenslaufes in die Rolle des Personalers. Was will dieser wissen? In der Regel ist es für den Personaler wichtig, schnell zu erkennen, wo und mit welchen Noten das Studium absolviert wird/wurde, welche Praktika absolviert wurden und inwieweit internationale Erfahrung bereits gesammelt wurde. Daher sollten Sie genau diese Informationen auch entsprechend prominent platzieren.

Insider-Tipp

Lebenslauf

»Ein guter Lebenslauf muss einen schnellen, strukturierten Überblick über Ihren bisherigen Werdegang bieten. Seien Sie bei relevanten Praktika ruhig ein wenig ausführlicher und umreißen Sie kurz Ihre Aufgaben.«
Alexandra Braun,
Personalmarketing & Recruiting,
PwC

Achten Sie bei der Beschreibung Ihrer Aufgaben auf eine aktive Wortwahl, wie zum Beispiel »eigenverantwortlich«, »Leitung«, »XY erreicht«, »Verbesserung um XY Prozent«. Auf diese Weise entfalten Ihre bisherigen Leistungen eine stärkere Wirkung.

Bei der Erstellung des Lebenslaufes empfiehlt sich in der Regel eine gegenchronologische Darstellung, d. h. es wird bei jedem Punkt mit dem Aktuellen angefangen. Die Gesamtlänge sollte zwei Seiten nicht überschreiten. Die Darstellung Ihres Werdegangs sollte sich lückenlos von der schulischen über die akademische bis hin zur beruflichen Ausbildung erstrecken. Informationen zu Ihren Interessen und Hobbys wie außeruniversitäre Aktivitäten sollten auf jeden Fall auch im Lebenslauf stehen. Je stärker diese Aktivitäten Kompetenzen schulen, die auch in dem gewünschten Job verlangt werden, desto besser. Die WP-Gesellschaften betonen immer wieder, dass sie daran interessiert sind, Ihre Persönlichkeit besser kennenzulernen. Ein aktuelles Lichtbild gehört ebenso zu einem vollständigen Lebenslauf wie die Unterschrift und das Datum. Wie bei dem Anschreiben gilt auch hier, dass der Lebenslauf für jede Bewerbung angepasst werden sollte.

Im Übrigen ist es häufig hilfreich, Ihre Unterlagen vor dem Einreichen bei der WP-Gesellschaft Ihren Freunden zur Durchsicht vorzulegen. Diese verfügen häufig über eine neutrale Sicht und können so wertvolle Verbesserungsvorschläge einbringen.

> **Bewerbungsfoto**
> Die Antidiskriminierungsstelle des Bundes hat jüngst gefordert, dass in Lebensläufen keine Fotos der Bewerber mehr zu sehen sein sollen. Ziel soll sein, die Objektivität bei der Beurteilung der Bewerbung zu bewahren. Die Personalverantwortlichen der WP-Gesellschaften haben uns auf die Frage »Foto oder nicht?« mitgeteilt, dass Bewerbungen ohne Foto nicht benachteiligt werden.

DOs	DON'Ts
Wählen Sie eine klare, übersichtliche Struktur mit prägnanten Überschriften. Heben Sie wesentliche Punkte (z. B. Praktika) hervor.	Verwendung von Standardlebensläufen aus dem Internet.
Wählen Sie eine einheitliche Struktur, d. h. beispielsweise durchgehend eine Darstellung von Aktuellem zu Vergangenem.	Formale Fehler, wie Rechtschreib-, Interpunktions- oder Flüchtigkeitsfehler.
Wählen Sie eine Schriftgröße von 10 bis 12 Punkt, gängige Schriftarten wie Arial, Times New Roman oder Verdana. Unterlassen Sie bitte Experimente hinsichtlich Farben und Schriftarten, da diese im Zweifel eher irritieren als helfen.	Offene Zeiträume oder unerklärte Lücken im Lebenslauf.

DOs	DON'Ts
Nennen Sie bei Ihren Studien stets Anfangszeitpunkt, Dauer (Monat/Jahr), Universität (Name/Ort), Studienfächer, Schwerpunktfächer und Ihre Noten (durchgängig).	Angaben zur Grundschule, Beruf der Eltern, Geschwister oder Religion, dem Backkurs in der vierten Klasse.
Skizzieren Sie bei den Praktikumsangaben Ihre Aufgaben und Funktion grob mit Stichworten.	Ungenaue Beschreibung Ihrer Hobbys in allgemeinen Kategorien wie Sport oder Lesen.

Die Anlagen
Neben dem Anschreiben und dem Lebenslauf sollten Sie auch bei der Gestaltung der Anlagen ein paar Grundregeln beachten. Personaler berichten uns, dass die Anlagen häufig einem Irrgarten gleichen. Heben Sie sich von Ihren Konkurrenten ab, indem Sie die richtigen Anlagen auswählen und diesen eine intuitiv eingängige Struktur verleihen.

Bei der Auswahl der beizufügenden Dokumente gilt, dass Sie die Zeugnisse und Bescheinigungen für all diejenigen Tätigkeiten und Leistungen beifügen sollten, die Sie in Anschreiben und Lebenslauf genannt haben (explain and proof). In aller Regel bedeutet dies, dass Sie Bescheinigungen für Praktika, andere Berufserfahrungen, Notenspiegel und Belege für andere Zusatzqualifikationen beifügen. Bei der Anordnung der Dokumente sollte wieder oberste Leitlinie sein, es dem Personaler so einfach wie möglich zu machen, damit er sich schnell ein Bild von Ihrer Bewerbung verschaffen kann. Daher sollten Sie die Anlagen den Angaben in Ihrem Lebenslauf entsprechend anordnen. Zur besseren Navigation können Sie auch ein Deckblatt entwerfen, auf dem eine Liste der Dokumente verzeichnet ist.

> **Insider-Tipp**
>
> Führen Sie bei einer elektronischen Bewerbung alle Dokumente in einem PDF-Dokument zusammen und fügen Sie zwischen jedes Dokument eine Seite ein mit der Notiz, um welches Dokument es sich bei dem Folgenden handelt.

3. Nächste Schritte
Der nächste Schritt im Rahmen des Auswahlprozesses besteht aus einem (Telefon-)Interview oder einem Bewerbertag (auch Assessment Day genannt), bei dem die WP-Gesellschaft Ihre Persönlichkeit und Ihr Fachwissen näher kennenlernen will. Diese Verfahren sollen nun näher betrachtet werden.

II. Telefoninterview
Das Telefoninterview wird nicht allzu häufig als Auswahlinstrument eingesetzt. Ist das Telefoninterview jedoch Teil des Bewerbungsprozesses, dann sollte man sich auch hierauf gründlich vorbereiten. Hat man die eine oder andere Trainingssession für ein Telefoninterview mit einem Freund absolviert, merkt man schnell, dass es durchaus anspruchsvoll ist, sich über das Telefon gut zu verkaufen. Derzeit

nutzt bspw. Ernst & Young das Telefoninterview für die Vorauswahl der Trainees.

1. Ziele der Personaler

Die Personaler verfolgen mit dem Telefoninterview Ziele auf zwei Ebenen: Zum einen geht es um die hard facts. Hier werden die Konsistenz und die Stichhaltigkeit Ihrer Angaben im Lebenslauf überprüft. Zum anderen sollen typischerweise aber auch die soft facts abgefragt werden. Hier geht es zum Beispiel um Ihre Kommunikationsfähigkeit und Ihre Motivation für den Job. Die Fragen zu Lebenslauf und Motivation entsprechen regelmäßig denen im Präsenzinterview. Typische Fragen dieser Art sind in dem Abschnitt D.III.2. »Präsenzinterview, Persönliche/Lebenslaufbezogene Fragen« aufgelistet.

2. Vorbereitung

> **Insider-Tipp**
>
> Üben Sie Telefoninterviews mit einem Freund! Lassen Sie diesen in die Rolle des Personalers schlüpfen und Ihnen entsprechende Fragen stellen. Sie werden merken, dass Ihnen diese Übung Sicherheit verleiht und Sie schon nach wenigen Versuchen viel besser und souveräner werden.

Zur Vorbereitung auf das Gespräch empfiehlt es sich, ein Telefonskript anzufertigen. In dem Skript sollten mit Stichworten die wichtigsten Stationen Ihres Lebenslaufes festgehalten und kurz beschrieben werden. Bezüglich etwaiger Auslandsaufenthalte sollten Sie sich zu den Stichworten in deutscher Sprache auch Notizen in der jeweiligen Fremdsprache machen, da es in einem Interview manchmal vorkommt, dass Sie kurzzeitig die Sprache wechseln müssen. Dies betrifft allerdings – wenn überhaupt – meist nur die englische Sprache. Dabei soll zudem auch Ihre Flexibilität und Ihre Reaktion auf unvorhergesehene Situationen getestet werden. Das Skript sollte auch in Stichworten mögliche Antworten auf die typischen persönlichen Fragen wie »Warum sollten wir Sie wählen? Warum wählen Sie uns?« enthalten. Zudem sollten Sie Informationen zu der WP-Gesellschaft gesammelt haben, die Ihnen tiefergehende Fragen erlauben und damit dokumentieren, dass Sie sich mit dem Unternehmen intensiv befasst haben. Diese Informationen sollten Sie aber in Ihrem Skript niemals ausformulieren, da dies zum reinen Ablesen verleitet!

Während des Interviews

Neben dem Inhalt zählt in einem Telefoninterview der Weg, wie etwas transportiert wird, d. h. Ihre Stimme und Ihre Sprache sind sehr wichtige Erfolgsfaktoren. Zur vollen Konzentration auf das Interview sollten Sie dieses in einer Ihnen angenehmen Umgebung führen. Sorgen Sie dafür, dass Sie auf keinen Fall gestört werden. Der an der Zimmertür laut klopfende WG-Mitbewohner sorgt nur für Ablenkung. Lassen Sie sich auch sonst nicht ablenken. Auch wenn Sie es nicht glauben: Der Zuhörer bemerkt das sofort!

Die Stimme und Sprache passen sich Ihrem äußeren Umfeld an. Die Wahl Ihrer Kleidung ist daher ebenfalls nicht zu unterschätzen. Im Jogginganzug werden Sie sich tendenziell zurücklehnen wollen und möglicherweise einen unkonzentrierten Eindruck machen. Setzen Sie sich aufrecht hin und lächeln Sie. Ein entspannter, freundlicher und lächelnder Gesichtsausdruck schlägt sich in jedem Fall in Ihrer Stimme nieder und wirkt auf Ihren Interviewpartner angenehm freundlich. Stellen Sie sich vor, der Interviewer sitzt Ihnen gegenüber. Nicht umsonst hängen in Call-Centern Spiegel, sodass man seinen Gesichtsausdruck überprüfen kann. Sprechen Sie außerdem deutlich.

Gegen innerliche Aufregung, eine zitternde Stimme oder den bekannten Frosch im Hals hilft gezieltes In-den-Bauch-Atmen. Außerdem können Sie sich strecken und zusammenkauern, alle Muskeln anspannen und wieder entspannen, damit der Körper gelockert wird. Es gilt das Motto »Ruhig bleiben«. Immerhin reden Sie über sich selbst, und da kennen Sie sich ja aus!

Legen Sie Ihr Telefonskript neben sich, sodass Sie alle Informationen parat haben. Außerdem sollten Sie einen Terminkalender, Block und Stift zur Hand haben. Aussagen wie »Warten Sie mal bitte, ich muss einen Stift holen« machen keinen professionellen Eindruck.

Ihre Antworten

Ihre Antworten sollten Sie im Gespräch strukturiert einsetzen. Zur Umsetzung dieser Leitlinie sollten Sie bspw. zu den wichtigsten Stationen in Ihrem Lebenslauf jeweils zunächst Ihre Motivation, Ihren Aufgabenbereich und Ihre Leistungen darstellen. Optimal wäre es, wenn Sie es schaffen, die einzelnen Stationen Ihres Lebenslaufs mit der gewünschten Stelle in Verbindung zu bringen. Versuchen Sie, bei Ihren Antworten herauszuarbeiten, inwieweit die bei einer bestimmten Tätigkeit gemachten Erfahrungen hilfreich für die ausgeschriebene Stelle sind.

Versuchen Sie zudem, Ihren Gesprächspartner ab und zu mit Namen anzusprechen. So schaffen Sie einen persönlichen Bezug. Stellen Sie ruhig auch Zwischenfragen. Ein Telefoninterview ist kein Verhör. Lassen Sie die Zwischenfragen aber in den Fluss des Gesprächs einmünden und unterbrechen Sie auf keinen Fall Ihren Gegenüber. Am Ende des Gesprächs dürfen Sie in aller Regel ein paar Fragen stellen. Diese Gelegenheit sollten Sie nutzen. Hier können Sie wieder auf Ihr Telefonskript zurückgreifen, auf dem Sie sich hoffentlich fünf bis sechs Fragen notiert haben. Stellen Sie diese, sofern sie während des Gesprächs noch nicht beantwortet wurden (lesen Sie hierzu auch den Abschnitt »Präsenzinterview, Ihre Fragen«). Fragen Sie zudem nach den weiteren Stationen Stufen des Bewerbungsprozesses und nach dem Zeitpunkt einer Entscheidung über Ihr Fortkommen. So zeigen Sie Ihre Entschlossenheit. Wiederholen Sie zum Schluss gegebenenfalls kurz die Informationen, Verabredungen und Ergebnisse, die Sie vereinbart haben. Bedanken Sie sich bei Ihrem Interviewer persönlich für das Interview und vor allem für die Zeit, die er sich für Sie genommen hat.

DOs	DON'Ts
Unterschätzen Sie nie eine gute Vorbereitung auf ein Telefon-Interview.	Lassen Sie sich während des Interviews nicht ablenken.
Sprechen Sie Ihren Gesprächspartner mit Namen an und lächeln Sie beim Sprechen.	Vermeiden Sie einen saloppen Umgangston.
Stellen Sie interessierte Zwischenfragen. Antworten Sie strukturiert.	Fallen Sie Ihrem Gesprächspartner nicht ins Wort.
Zeigen Sie Interesse an dem weiteren Verlauf, Feedback und Ähnlichem.	Erzählen Sie nicht zu weitschweifig.

III. Präsenzinterview

Das Präsenzinterview bei den WP-Gesellschaften lässt sich im Grunde auf zwei Fragen herunterbrechen:
- Der Personaler will wissen:
  »Warum soll ich diesen Kandidaten einstellen?«
- Der Bewerber will wissen:
  »Warum soll ich zu dieser WP-Gesellschaft?«

Interview
»Ziel des Vorstellungsgesprächs ist es, sich gegenseitig kennenzulernen und festzustellen, ob man zueinander passt – der Bewerber zum Unternehmen, genauso wie das Unternehmen zum Bewerber. Daher ist es wichtig, sich so authentisch wie möglich zu präsentieren.«
Roman Dykta,
Head of Employer Branding & Resourcing,
KPMG

Typischerweise stellt sich die Beantwortung der ersten Frage als die tatsächliche Herausforderung für den Bewerber dar. Die zweite Frage, ob Sie zu einer WP-Gesellschaft wollen, haben Sie ja bereits implizit mit Ihrer Bewerbung positiv beantwortet (was nicht bedeutet, dass diese Entscheidung im Laufe eines Interviews revidiert werden kann). Bis der Personaler die erste Frage positiv beantwortet, gilt es, einiges zu meistern. Aus diesem Grunde soll in diesem Abschnitt zunächst der Ablauf eines solchen Präsenzinterviews bei einer WP-Gesellschaft dargestellt werden. Anschließend werden Ihnen typische Interviewfragen präsentiert und wie Sie auf diese am Besten reagieren können.

1. Ablauf

Das Präsenzinterview stellt das vorherrschende Auswahlverfahren bei den WP-Gesellschaften dar. Beim klassischen Präsenzinterview wird der Bewerber gebeten, in der entsprechenden Niederlassung zu erscheinen. Nach seiner Ankunft wird der Bewerber von einem Mitarbeiter des Personalbereichs am Empfang abgeholt und zum Interviewraum gebracht. Im Interview sieht sich der Bewerber in aller Regel einem Vertreter aus dem Personalbereich und einer Fachkraft – meist einem Manager oder Partner – gegenüber. Unter Umständen ist aber auch nur eine Fachkraft anwesend, um den Bewerber zu befragen. In der Regel gibt es nur ein einziges Interview, in dem Sie die entscheidende Chance nutzen müssen, die WP-Gesellschaft von Ihren

Qualitäten zu überzeugen. Eventuell wird auch ein zweites Interview geführt, bei dem potenzielle Arbeitskollegen in das Interview eingebunden werden.

Vorstellung

Die WP-Gesellschaften sprechen im Zusammenhang mit den Interviews von sog. strukturierten Interviews. Der Ablauf der Interviews ist mehr oder weniger bei jeder WP-Gesellschaft gleich. Zunächst erfolgt die Begrüßung bzw. Vorstellung beider Seiten. Macht die WP-Gesellschaft hier den Auftakt, sind Sie danach mit einer Selbstvorstellung an der Reihe. Hier wird der Bewerber meist aufgefordert, seinen Werdegang zu beschreiben. An diesem Punkt empfiehlt es sich, den Werdegang immer im Lichte der Bewerbung zusammenzufassen. Idealerweise ist aus dem Lebenslauf ersichtlich, dass ein Praktikum bei einer WP-Gesellschaft im beruflichen Werdegang der nächste logische Schritt ist. Nach dem Motto »Meine Studienschwerpunkte sind Rechnungswesen und Steuern..., somit würde ich gerne in diesem Bereich praktische Erfahrungen sammeln«, können Sie dies bspw. mit einem Hinweis auf die von Ihnen gewählten Fachrichtungen darlegen.

Persönliche Fragen

Im zweiten Teil des Interviews werden persönliche Fragen an den Bewerber gestellt. Diese Fragen sind zunächst CV-bezogen, betreffen also allgemein den Lebenslauf. Häufig angesprochene Punkte sind hier die Studienschwerpunkte, die Diplomarbeit, die praktischen und außeruniversitären Erfahrungen sowie etwaige Auslandsaufenthalte. Weiterhin werden die Beweggründe für eine Bewerbung in der Wirtschaftsprüfungsbranche und der WP-Gesellschaft im Speziellen gerne erfragt. Auch der Motivationsgrad des Bewerbers wird geprüft. Primäres Ziel der ganzen Fragerei ist das bessere Kennenlernen Ihrer Persönlichkeit. Das Kriterium der passenden Persönlichkeit als Einstellungsvoraussetzung wird - wie bereits erwähnt - von den Personalern der WP-Gesellschaften stets hervorgehoben. Ein ganz wichtiger Aspekt dabei ist, dass Sie teamfähig sind bzw. in der Vergangenheit Ihre Teamfähigkeit unter Beweis gestellt haben. Wie in dem Kapitel B »Bewerberprofil« angedeutet, trägt dies der Tatsache Rechnung, dass Prüfer vor Ort beim Mandanten immer im Team auftreten und der Arbeitserfolg daher entscheidend von dem Zusammenspiel der einzelnen Teammitglieder abhängt.

Neben den persönlichen Fragen kann es auch passieren, dass der Bewerber in eine Art Rollenspiel verwickelt wird. Dem Bewerber wird hier häufig eine Situation aus dem Arbeitsalltag eines Wirtschaftsprüfers präsentiert, in die er sich versetzen soll. Eine beispielhafte Situation wäre, dass sich der Bewerber bereits früh morgens bei

Insider-Tipp

Verinnerlichen Sie vor dem Interview Ihren Lebenslauf. Sie sollten in der Lage sein, die wichtigsten Stationen Ihres Lebenslaufs schlüssig wiederzugeben.

dem Mandanten vor Ort befindet und der Mandant mit einer Frage zur Abschlussprüfung auf den Bewerber zukommt, ohne dass der für das Problem zuständige Prüfungsleiter bereits anwesend ist. Was machen Sie? Mit dieser Art von Rollenspiel soll getestet werden, ob Sie mandantenorientiert denken können, denn am Ende des Tages ist das Geschäft der Wirtschaftsprüfung auch durch starken Mandantenkontakt geprägt. Das Rollenspiel ist meist kurz gehalten und wird in aller Regel maximal drei bis fünf Fragen beinhalten. Mehr zum Rollenspiel bei der Beschreibung des Bewerbertages im Abschnitt D.IV. »Bewerbertag«.

Fachfragen
Nach den persönlichen Fragen werden dem Bewerber in aller Regel auch Fachfragen gestellt. Einige Bewerber berichten allerdings, dass Sie im Interview für ein Praktikum keine Fachfragen, sondern nur Fragen zum Lebenslauf beantworten mussten. Dies kann vorkommen, wenn die Recruiter bei einem Praktikanten nur die Persönlichkeitsmerkmale erfahren wollen. In diesen Fällen wird es dann bspw. bei der Frage belassen, ob der Bewerber schon einmal in Vorlesungen etwas zur Finanzbuchhaltung und den IFRS gehört hat. Im Falle von Bewerbern für eine feste Anstellung, die zuvor kein Praktikum bei der betreffenden WP-Gesellschaft absolviert haben, ist die Beantwortung von Fachfragen jedoch obligatorisch. In aller Regel dauern die Fachfragen zwischen 15 und 30 Minuten.

Verabschiedung
Neben einer guten Vorstellung sollten Sie die Bedeutung einer guten Verabschiedung nicht unterschätzen. Bedanken Sie sich für die Zeit, die sich Ihre Interviewer genommen haben. Sprechen Sie diese mit den Namen an und halten Sie Blickkontakt.

Atmosphäre
Wie uns viele Bewerber berichten, ist die Atmosphäre im Interview generell als angenehm zu bezeichnen. Diese Einschätzung lässt sich zwar mehrheitlich auf Kommentare von erfolgreichen Bewerbern zurückführen, sodass man von einer selektiven Wahrnehmung ausgehen könnte. Dennoch ist allgemein festzuhalten, dass WP-Gesellschaften nicht versuchen, den Bewerber während des Interviews einzuschüchtern. Stressfragen, die den Kandidaten bewusst unter sehr starken Druck setzen sollen, werden ebenfalls nicht eingesetzt. Vielmehr wird dem Bewerber häufig das Gefühl vermittelt, auch mal eine Frage falsch beantworten zu können, ohne sofort seine Chancen auf die Stelle verspielt zu haben. In seltenen Fällen ist es allerdings schon vorgekommen, dass ein Bewerber für den Bereich der Wirtschaftsprüfung plötzlich Teile des Interviews in Englisch oder einer

anderen Sprache bestreiten musste. Ist dies der Fall, dann in der Regel nur kurz und lebenslauf-, nicht fachbezogen. Die Länge des Interviews variiert von einer bis eineinhalb Stunden und ist somit als durchaus human zu bezeichnen. Im Umkehrschluss heißt das aber nicht, dass ein Interview bei einer WP-Gesellschaft ein Spaziergang ist.

Einstellungsentscheidung
Die Einstellungsentscheidung wird dem Bewerber von der WP-Gesellschaft sehr schnell nach dem Interview bekannt gegeben. Regelmäßig dauert es nur drei bis sieben Tage, bis dem Bewerber ein Angebot unterbreitet oder abgesagt wird.

2. Persönliche/Lebenslaufbezogene Fragen
Sie sollten sich auf die am häufigsten gestellten persönlichen/lebenslaufbezogenen Fragen gründlich vorbereiten. Die folgenden Zeilen leisten dabei eine Hilfestellung.

1. Schildern Sie bitte Ihren Lebenslauf!
Diese Frage kann auch offener formuliert werden, wie bspw. »Erzählen Sie bitte über sich!«. Das Ziel des Personalers ist immer das gleiche. Er will testen, ob Sie in der Lage sind, die wichtigsten Stationen Ihres Werdegangs darzulegen. Achten Sie bei der Beantwortung dieser Frage darauf, Wesentliches vom Unwesentlichen zu trennen. Konzentrieren Sie sich auf Ihren akademischen Werdegang und Ihre außeruniversitären Aktivitäten, insbesondere ehrenamtliches und soziales Engagement.

2. Warum interessieren Sie sich für die Wirtschaftsprüfung? Warum haben Sie sich für diese Position beworben? Warum unser Unternehmen?
Diese Fragen prüfen zunächst Ihre allgemeine Motivation, überhaupt in der Prüfung arbeiten zu wollen. Hierbei sollten Sie darlegen können, warum Sie denn tatsächlich in dieser Branche einsteigen möchten. An dieser Stelle empfiehlt sich nochmals ein Blick in das Kapitel A.V. »Warum sollten Sie in die WP-Branche gehen?«. Außerdem wird Ihr Interesse an der ausgeschriebenen Stelle und natürlich dem Unternehmen selbst erfragt. Auch hier sollten Sie vor dem Gespräch auf einem Zettel einige Gründe aufschreiben, die Ihre Motivation belegen können. Gute Antworten zeichnen sich dadurch aus, dass Sie keine vorgestanzten Floskeln verwenden, sondern Ihre Motivation zu dieser Bewerbung mit Beispielen illustrieren können.

3. Warum sollten wir gerade Sie einstellen?
Bei der Beantwortung dieser Frage sollten Sie drei bis fünf Ihrer Stärken darstellen. Versuchen Sie hierbei immer, den Bezug zu der ausgeschriebenen Tätigkeit herzustellen und Ihre angesprochen Stärken

auch anhand des Lebenslaufes bzw. Ihrer Leistungen zu belegen. Stärken, die in dem Wirtschaftsprüferberuf nicht verlangt werden, erzielen keinen großen Effekt. Überlegen Sie sich daher genau, was Sie erzählen. Vermeiden Sie es auch, einen wahren Schwall an Stärken loszuwerden. Dies wirkt unglaubwürdig.

4. Was sind Ihre Stärken/Schwächen?

Diese Frage korrespondiert mit Frage Nummer drei. Vermeiden Sie den Fehler vieler Bewerber, die ihre Stärken nicht ausreichend belegen. Es reicht einfach nicht aus, nur anzuführen »Ich bin sehr ehrgeizig«.

Meine Stärken	Beleg
Teamorientierung (Integration und Motivation aller Teammitglieder sowie abgestimmtes Handeln)	Ausübung einer Mannschaftssportart; Team-Projekt an der Universität erfolgreich abgeschlossen …
Zielorientierung (Erreichung gesetzter Ziele innerhalb einer gesetzten Frist)	Abschluss eines außeruniversitären Projektes; Studienabschluss unter der Regelstudienzeit …
Analytisches Denken (Komplexe Sachverhalte strukturiert und nachvollziehbar lösen)	Gute Studienleistungen, Teilnahme am Hochschulwettbewerb …
Leistungsbereitschaft (Motivation, über das dringend Geforderte und Notwendige hinaus zu arbeiten)	Praktika zusätzlich zu Pflichtpraktika, Erfolge im Sport, außeruniversitäres Engagement …
Konfliktfähigkeit (Sachbezogene Auseinandersetzung und Kompromissbereitschaft bei kontroversen Themen)	Projektleiter Universität, Kapitän in einer Sportmannschaft; Gruppenleiter im Kirchenchor…
…	…

Machen Sie sich vielmehr das Motto »tell and proof« zu eigen und füllen Sie zur Übung die folgende Tabelle aus:

Meine Stärken	Beleg

Bis jetzt war nur von den Stärken die Rede. Wie steht es aber mit Ihren Schwächen? Sie können ruhig die eine oder andere Schwäche aufzählen. Dies zeugt von einer gesunden Selbstkritik. Wenn Sie Schwächen nennen, reden Sie vielmehr von »einzelnen Punkten«, die Sie verbessern möchten. Machen Sie deutlich, dass Sie bereits an der Verbesserung arbeiten. Vermeiden Sie aber in jedem Fall eine Überbetonung der Schwächen, denn Ihre Stärken sollen im Zentrum stehen.

5. Was war Ihr größter Erfolg/Misserfolg?
Diese Frage wird ebenfalls häufig gestellt. Der Interviewer möchte hier wiederum sehen, was Ihre Leistungen sind, wie Sie diese beschreiben und einschätzen. Auch gilt wieder, dass Sie das Hauptgewicht – in einem realistischen Rahmen – auf die Erfolge legen sollten. Nennen Sie keinen Misserfolg, wird Ihr Gegenüber sicher nachfragen, da dies unglaubwürdig erscheint. Ehrlichkeit zählt und kommt gut an!

6. Wo sehen Sie sich in fünf Jahren?
Diese Frage zur Zukunftsplanung prüft Ihre Planungsfähigkeit und implizit Ihre Leistungsbereitschaft bzw. Ihren Drive für den Beruf. Antworten Sie daher nur auf dem beruflichen Feld. Dass Sie in fünf Jahren ein Gartenhaus fertiggebaut haben wollen, interessiert nicht. Geben Sie bei Ihrer Antwort ambitionierte, aber nicht unrealistische Ziele vor. Zum Beispiel können Sie darauf eingehen, dass Sie nach fünf Jahren gerne das WP-Examen abgelegt haben möchten. Werfen Sie auch noch einmal einen Blick in das A.III.–«Ihre Karriere».

7. Was machen Sie in Ihrer Freizeit am liebsten?
Die Interviewer möchten Sie als Mensch kennenlernen. Hierzu gehören auch Ihre Hobbys. Nutzen Sie diese als Möglichkeit, sich persönlich interessant zu machen. Gehen Sie auf diese ein, nennen Sie aber nicht zu viele verschiedene Hobbys, schließlich sollen Sie auch noch Zeit zum Arbeiten haben. Gern wird auch gefragt, wie Sie in der Busy Season Ihre Prioritäten zwischen der Arbeit und den Hobbys sehen. Als idealer Kandidat antworten Sie, dass Sie in der arbeitsintensiven Zeit mit den Hobbys gern etwas zurückstecken, aber natürlich auch einen gewissen Ausgleich zur Arbeit suchen.

8. Haben Sie sich gleichzeitig noch bei einer anderen WP-Gesellschaft beworben?
Fangen wir mit den Dingen an, die Sie hier vermeiden sollten. Erwähnen Sie in keinem Fall etwaige Absagen, die Sie vor Kurzem erhalten haben. Wecken Sie auch nicht den Eindruck, dass Sie sich derzeit auf einem wahren Bewerbungsmarathon befinden und die WP-Gesellschaft nur eine unter vielen ist. Die Exklusivität muss gewahrt bleiben. Typischerweise bewerben sich viele gleichzeitig bei

mehreren Big Four. Ist dies bei Ihnen der Fall, erwähnen Sie daher eine weitere, ernsthafte Bewerbung, räumen Sie aber der WP-Gesellschaft die Priorität ein.

9. Weitere Fragen
Zur Vorbereitung auf das Interview:
- Wie haben Sie sich auf dieses Interview vorbereitet? Erwähnen Sie an dieser Stelle dieses Buch. So zeigen Sie, dass Sie sich ein klares Bild davon gemacht haben, wo Sie hin möchten!

Zum Studium/beruflichen Werdegang:
- Welche Vertiefungsfächer haben Sie gewählt? Warum haben Sie diese gewählt?
- Was hat Sie an diesen Fächern besonders interessiert? Was haben Sie gelernt?
- Warum haben Sie dieses Thema für Ihre Bachelor-/Master- oder Diplomarbeit gewählt? Erzählen Sie mehr von Ihrer Abschlussarbeit!
- Erzählen Sie von Ihren geleisteten Praktika! Welche Tätigkeiten haben Sie da ausgeübt? Was haben Sie dabei gelernt?
- Wie ist Ihre Gehaltsvorstellung? Bei Praktikanten ist da meist kein Spielraum für Verhandlungen; es wird der gleiche Fixbetrag für alle Praktikanten gezahlt. Einsteiger sollten den jeweils aktuellen Branchendurchschnitt nennen. Werfen Sie noch einmal einen Blick in das Kapitel A.III.4. »Vergütungsstrukturen«.
- Was machen Sie, wenn es nicht mit einer Stelle bei unserer WP-Gesellschaft klappen sollte?

Zum Privatleben:
- Wie machen Sie Urlaub? Wo haben Sie Ihren letzten Urlaub verbracht? Individual- oder Pauschalreisen? Aktiv- oder Passivurlaub? Falls Sie Ihren letzten in Lloret de Mar verbracht haben, dann lassen Sie das hier unter den Tisch fallen. Gefragt sind Aktivitäten, die Sie als interessante Persönlichkeit erscheinen lassen. »Ich bin mit der transsibirischen Eisenbahn von Moskau an den Baikalsee gefahren« könnte passen, wenn Sie sich als neugierigen, aufgeschlossenen Menschen präsentieren wollen.
- Welches Buch haben Sie zuletzt gelesen? »Den Bewerbungsratgeber von squeaker.net«. Das stimmt zwar, Sie sollten an dieser Stelle aber ein anderes Buch nennen, das Ihre Neigungen und Persönlichkeit unterstreicht.
- Wie schätzen Ihre Freunde Sie ein und warum? Wie schätzen Sie sich selbst ein?

Bei der Beantwortung dieser Fragen ist es wichtig, konsistent zu antworten und nachvollziehbare Beispiele zur Illustration zu verwenden. Verlieren Sie sich jedoch nicht im Detail.

Zu Ihren Führungsqualitäten:
- Wie gehen Sie mit Konflikten im Team oder mit Ihrem Vorgesetzten um? – Sind Sie diplomatisch oder sprechen Sie lieber ein Machtwort? Gehen Sie auf die Menschen zu und sprechen Konfliktpunkte offen an oder ziehen Sie sich eher zurück? Regeln Sie Konflikte selbst oder schalten Sie Vorgesetzte ein? Schildern Sie beispielhaft einen Konfliktlösungsfall in Ihrem bisherigen Werdegang.
- Wie würden Sie ein Projekt planen und organisieren? Gehen Sie strukturiert vor oder bleiben Sie eher spontan und kreativ bis flexibel? Binden Sie Ihr Team mit ein oder pushen Sie das Projekt selbst? Schildern Sie ein gelungenes Projekt.
- Wie überzeugen Sie Skeptiker oder Nörgler im Team? Können Sie sich in deren Perspektive hineinversetzen oder bauen Sie eine Front auf? Versuchen Sie es im Alleingang oder schmieden Sie Allianzen? Versuchen Sie zu klären oder zu ignorieren?

Zu Ihrer Arbeitsweise:
- Wenn Sie wählen könnten zwischen Genauigkeit und Schnelligkeit (in der Arbeitsweise), was würden Sie vorziehen?
- Teamwork oder Einzelarbeit, was bevorzugen Sie?
- Um 18 Uhr ruft Sie ein Kollege an und braucht Hilfe, um eine Präsentation bis zum nächsten Morgen fertigzustellen. Wie reagieren Sie?

Dieses Set an Fragen ist sicherlich sehr umfangreich, aber in der Bedeutung überhaupt nicht zu unterschätzen. Bereiten Sie sich sehr gründlich auf diese Fragen vor, damit Sie genau wissen, was Sie wollen und warum Sie dies genau bei dieser WP-Gesellschaft wollen. Außerdem strahlen Sie im Vorstellungsgespräch umso mehr Souveränität aus, je besser Sie sich selbst kennen und die Fragen beantworten können.

3. Fachfragen
Die Fachfragen korrespondieren mit den Anforderungen, die an Ihr Fachwissen für die ausgeschriebene Stelle gestellt werden. Wie schon in dem Kapitel C »Bewerberprofil« dargestellt, lassen sich vier Hauptgebiete identifizieren, auf denen man sich als angehender Wirtschaftsprüfer auskennen sollte:

- Betriebliches Rechnungswesen
- Rechnungslegung nach HGB und IFRS
- Prüfungsprozess und Prüfungshandlungen
- Regulatorische Anforderungen

Naturgemäß hängen die Fachfragen von der gewünschten Stelle und dem Interviewer ab. Generell gilt, dass Sie bei den Fachfragen durch prüfungsrisiko- und problemorientiertes Denken überzeugen. Um Sie für die Fachfragen vorzubereiten, wurden die Kapitel E und F konzipiert, auf die wir an dieser Stelle verweisen.

4. Ihre Fragen
Auch Sie sollten Fragen an Ihre Gegenüber stellen. Abgesehen davon, dass Sie dadurch Interesse für die WP-Gesellschaft demonstrieren, gibt es meist am Ende des Interviews noch zahlreiche Punkte, die (aus Ihrer Sicht) ungeklärt sind und von Ihnen angesprochen werden können. Von großer Bedeutung ist dabei die Art Ihrer Fragen. Wenn Sie wissen wollen, wie viele Niederlassungen die WP-Gesellschaft in Deutschland eigentlich hat, zeigen Sie damit, dass Sie für das Interview schlecht vorbereitet sind. Sparen Sie sich in jedem Fall alle Fragen, die Sie längst im Vorfeld hätten klären können. Auch Fragen nach Freizeit und Urlaub sollten Sie vermeiden, da so der Eindruck entsteht, dass Ihre Gedanken primär um die Zeit außerhalb der Arbeit kreisen. Versuchen Sie daher durch kluge Fragen den Eindruck einer guten Vorbereitung zu vermitteln. Mögliche Themengebiete wären das Unternehmen, das zukünftige Aufgabenfeld, die Karrierechancen und das potenzielle Team. Nochmals: An interessierten und klugen Fragen erkennt man den interessierten und klugen Bewerber. Zeigen Sie deutlich, dass Sie sich vorbereitet haben und glänzen Sie durch Detailwissen.

Informieren Sie sich bspw. vor dem Gespräch über die WP-Gesellschaft anhand der in Kapitel H »Unternehmensprofile« dargestellten Unternehmensinformationen. Konsultieren Sie zusätzlich den Internetauftritt der jeweiligen WP-Gesellschaft und lesen Sie sich insbesondere die von jeder WP-Gesellschaft auf den Karriereseiten angebotene Recruiting-Broschüre (Karriere-Broschüre) genau durch. Hier stellen die WP-Gesellschaften auch Unternehmensinformationen (z. B. Größe, Standorte, Leitlinien und Service Lines) zusammen, die Sie auf jeden Fall verinnerlichen sollten. Mögliche Themenfelder betreffen
- die Unterstützung der WP-Gesellschaft bei der Vorbereitung auf das WP-Examen,
- Einstiegsschulungen, die Sie auf den Arbeitsalltag vorbereiten oder
- die vom Partner betreuten Mandate (Branche, Größe etc.).

> **Interview**
>
> »Um im Bewerbungsgespräch zu punkten, sollten Sie zeigen, dass Sie sich mit dem Unternehmen beschäftigt haben. Und seien Sie selbstbewusst! Dazu gehört auch ein fester Händedruck und Augenkontakt. Aber das Allerwichtigste: Bleiben Sie authentisch!«
>
> *Britta Thomys, Personalmarketing & Recruiting,*
> **PwC**

5. Wie präsentiere ich mich am besten im Interview?

Zunächst sollten Sie pünktlich zum Interview erscheinen. Empfehlenswert ist, 15 Minuten früher zu kommen, um sich mit der Lokalität vertraut zu machen. Wenn Sie am Empfang abgeholt werden, gehen Sie auf den Smalltalk (Wetter, Anreise, das Übliche) des Personalers ein. Das lockert die Stimmung. Falls Sie die Namen der im Interview anwesenden Personen nicht schon vorher durch Eigenrecherche oder die WP-Gesellschaft erfahren haben, prägen Sie sich die Namen bei der Begrüßung ein und versuchen Sie anschließend diese mit ihren Namen anzureden.

Häufig werden Sie aufgefordert, einen ausgefüllten Personalfragebogen zum Interview mitzubringen. Vermeiden Sie hier den Fehler, diesen Fragebogen schlampig ausgefüllt abzugeben. Machen Sie lieber einen professionellen Eindruck und händigen Sie den Fragebogen ordentlich in einer Hülle dem Personaler aus. Dieser Hinweis mag Ihnen trivial erscheinen, aber er verdeutlicht wichtige Kennzeichen eines jeden Interviews. Wenn Sie Dokumente für das Interview schlampig behandeln, geht der Interviewer davon aus, dass Sie mit Dokumenten immer schlampig umgehen (was im Übrigen insbesondere in der Wirtschaftsprüfung ein Kardinalfehler ist). Wenn Sie sich vor dem Interview nicht über die WP-Gesellschaft informieren, geht der Interviewer davon aus, dass Sie sich nie informieren. Bedenken Sie also immer, dass Sie nur eine einzige Chance haben, einen guten Eindruck zu hinterlassen. Jede Ihrer Aktionen wird von den Interviewern daraufhin reflektiert, ob Sie das Zeug zum Prüfer haben.

Kommunikationsstil

Viele Bewerber sind unsicher, wie sie sich während des Interviews verhalten sollen. Als Leitlinie sollte man versuchen, authentisch zu bleiben. Was zählt, ist Sympathie: Fragen Sie sich, ob Sie gern mit jemandem wie Ihnen zusammenarbeiten würden. Blicken Sie Ihrem Gesprächspartner in die Augen und lächeln Sie. Vergessen Sie dabei aber nicht die Natürlichkeit Ihrer Mimik und Gestik. Geheuchelte Freundlichkeit erkennt man schnell.

Kleidung

Wirtschaftsprüfer ist ein seriöser Beruf. Dementsprechend sollten Sie für das Interview auch Ihre Kleidung dem Business Code entsprechend wählen. Für Damen bedeutet dies, dass Sie einen dunklen Hosenanzug anziehen. Herren sollten einen dunklen Anzug sowie dunkle Lederschuhe tragen. Seriosität ist gefragt.

DOs	DON'Ts
Sprechen Sie die Interviewer mit ihren Namen an. Versuchen Sie, einen freundlichen Eindruck zu machen.	Vermeiden Sie negative Aussagen und ächzen Sie nicht bei dem Smalltalk über den Weg zur WP-Gesellschaft (natürlich haben Sie ihn sehr gut gefunden).
Hören Sie den Fragen und Ausführungen der Interviewer aufmerksam zu. Schalten Sie niemals ab und unterbrechen Sie Ihre Gegenüber nicht. Halten Sie Blickkontakt zu allen Teilnehmern.	Schlüpfen Sie in keine Rolle. Der Interviewer merkt, wenn Sie nicht authentisch bleiben.
Antworten Sie strukturiert. Lassen Sie sich durch Nachfragen nicht aus der Ruhe bringen, hierfür besteht kein Anlass.	Vermeiden Sie es auf jeden Fall, die Dame aus der Personalbteilung nicht ernst zu nehmen. Diese ist kein Beiwerk, sondern integraler Bestandteil des Gesprächs.
Kleiden Sie sich seriös, dem Wirtschaftsprüferberuf entsprechend. Dies bedeutet dezente Farben, konservativ, mit Krawatte.	Vermeiden Sie alles, was auf einen unzuverlässigen, schlampigen Eindruck hinweisen könnte.

IV. Bewerbertag
1. Grundsätzliches

Neben dem Interview setzen die WP-Gesellschaften teilweise auch einen Bewerbertag/Auswahltag/Assessment Day als Auswahlverfahren ein. Dieser wird veranstaltet, wenn die Anzahl der Bewerber relativ hoch ausfällt (die sog. recruiting peaks sind im Juni und Juli eines Jahres) oder Trainees ausgewählt werden. Außerdem findet der Bewerbertag bevorzugt in den größeren Niederlassungen der WP-Gesellschaften statt. Um keine Missverständnisse aufkommen zu lassen: Bewerber-, Auswahltag und Assessment Day beschreiben dieselbe Art von Veranstaltung, sodass im Folgenden nur noch der Begriff Bewerbertag verwendet wird. Ferner sollte klargestellt werden, dass trotz der namentlichen Ähnlichkeit Assessment Days keine herkömmlichen Assessment Center darstellen.

Zu einem Bewerbertag werden immer mehrere Bewerber gleichzeitig eingeladen. Die Anzahl der Teilnehmer variiert zwischen acht und dreißig. Je nach der Anzahl der eingeladenen Bewerber stockt die WP-Gesellschaft auch ihre Präsenz an dem Bewerbertag entsprechend auf, wobei die Unternehmensvertreter – wie bei dem reinen Interview – sowohl aus dem Personal- als auch aus dem Fachbereich

> **Ablauf**
> »Die eintägigen Bewerbertage beinhalten eine Unternehmenspräsentation, eine All-you-can-ask-Runde mit Consultant, ein Einzelinterview und eine Gruppenarbeit. Mit diesen Elementen zielen wir nicht darauf ab, die Bewerber unter Druck zu setzen, sondern sie in verschiedenen Alltagssituationen besser einschätzen zu können.«
> *Nadine Evers, Personalreferentin,*
> **PwC**

stammen. In der Regel werden drei bis sechs Mitarbeiter der WP-Gesellschaft Sie über den Tag hinweg beurteilen. Der Bewerbertag setzt sich aus unterschiedlichen Modulen zusammen, die insgesamt meist einen halben Tag, unter Umständen aber auch bis zu zwei Tagen andauern können.

2. Die Module
Falls Sie zu einem der Bewerbertage eingeladen werden, sollten Sie auf jeden Fall im Vorhinein die Agenda des Tages in Erfahrung bringen (meist wird Ihnen diese sowieso von der WP-Gesellschaft zugeschickt). Nur so können Sie sich entsprechend auf die vorgesehenen Module vorbereiten. Dies ist insbesondere wichtig, da sich die Bewerbertage der WP-Gesellschaften in den einzelnen Punkten auf der Agenda unterscheiden können.

Ein beispielhafter Ablauf eines Bewerbertages sieht folgendermaßen aus:

- 9 bis 10 Uhr: Unternehmenspräsentation/Vorstellung der Teilnehmer
- 10.15 bis 11 Uhr: Modul A
- 11.15 bis 11.45 Uhr: Fragerunde mit Mitarbeitern
- 12 bis 13 Uhr: Mittagessen
- 13.15 bis 14 Uhr: Einzelinterview
- 14.15 bis 16 Uhr: Modul B

Kernbestandteile eines jeden Bewerbertages sind die Vorstellung des Unternehmens und der Teilnehmer, das Einzelinterview sowie eine Fragerunde mit Mitarbeitern der WP-Gesellschaft. Zudem finden in der Regel zwei weitere Module (Module A und B) statt. Bei diesen kann es sich um eine eigene Präsentation, eine Fallstudie, ein Rollenspiel, eine Gruppendiskussion sowie einen computerbasierten Test handeln. Auf die einzelnen Module gehen wir im Folgenden näher ein.

Unternehmenspräsentation/Vorstellung der Teilnehmer
Dieser Teil dient der Einführung in den Bewerbertag. Nachdem alle Teilnehmer eingetroffen sind, stellt ein Mitarbeiter die WP-Gesellschaft vor. Auch der Ablauf des Bewerbertages wird den Teilnehmern näher gebracht. Nach der Unternehmenspräsentation stellen sich die Teilnehmer selbst vor. Die Eigenvorstellung erfolgt kurz und prägnant: Name, Alter, Studiengang, Semester, Studienschwerpunkte und fachliche Interessen.

Eigene Präsentation

Die WP-Gesellschaften lassen Sie auf dem Bewerbertag eine Präsentation halten, um herauszufinden, ob Sie die Fähigkeit besitzen, ein (komplexes) Thema einem Publikum interessant und verständlich vorzustellen.

Die Präsentation wird entweder einzeln oder im Team gehalten und erfolgt in deutscher oder englischer Sprache. Im Allgemeinen wird Ihnen eine Vorbereitungszeit von 15 bis 30 Minuten gewährt. Eine Einzelpräsentation dauert fünf bis zehn Minuten, während Teampräsentationen regelmäßig 30 Minuten in Anspruch nehmen.

Das Thema der Präsentation wird typischerweise von der WP-Gesellschaft vorgegeben. Prinzipiell lassen sich die Themen in drei Kategorien einordnen. Zum einen geht es bei einer Einzelpräsentation häufig um die Darstellung Ihrer Person bzw. Ihrer persönlichen Einstellungen. Ein beliebtes Thema ist »Erzählen Sie was über sich, was nicht bereits in Ihrem Lebenslauf steht«. Andere Themen sind zum Beispiel »Erzählen Sie uns von Ihrem Auslandsaufenthalt!« oder »Was würden Sie machen, wenn Sie eine Mio. Euro im Lotto gewinnen würden?«. Ein zweites Themengebiet betrifft für den WP-Beruf erforderliche Qualifikationen, wie zum Beispiel:

- Die Bedeutung von Teamfähigkeit für den WP-Beruf
- Die Bedeutung von lebenslangem Lernen
- Wichtige Führungsgrundsätze in einer WP-Gesellschaft
- Wie können Sie einen Mandanten langfristig an die WP-Gesellschaft binden?

Die dritte, seltener gewählte Kategorie konzentriert sich auf aktuelle Trends in der WP-Branche. Denkbar wäre hier

- Internationale Rechnungslegung – IFRS
- Prüfungsprozess
- Enforcementmodell
- Bilanzrechtsmodernisierungsgesetz (BilMoG)
- Auswirkungen der Finanzkrise auf das Prüfungsrisiko

Präsentationen folgen oftmals auch auf Fallstudien, die im Team gelöst wurden. In solchen Fällen ist das Präsentationsthema durch die Ergebnisse der vorherigen Aufgabe vorgegeben.

Bei Ihrer Präsentation werden die Personaler in aller Regel stärker auf das »Wie« als auf das »Was« achten. Bewertet wird, inwiefern Sie rhetorisch geschickt agieren, den Inhalt verständlich und souverän vermitteln oder das Interesse der Zuhörer wecken. Um hier zu überzeugen, sollten Sie auf das **squeaker.net-Präsentationsschema** zurückgreifen, mit der sich jede Themenpräsentation souverän umsetzen lässt:

Insider-Tipp

Möglicherweise müssen Sie Ihre Notizen für die Präsentation nach der Vorbereitungszeit abgeben. Achten Sie daher schon bei den Notizen auf Sorgfalt und Lesbarkeit.

1. Nennen Sie das Thema und machen Sie deutlich, warum es für Ihre Zuhörerschaft von Bedeutung ist. Dabei ist es wichtig, den Adressatenkreis zu kennen und einen Bezug herzustellen. Eine unterhaltsame Eröffnung durch einen Witz oder eine Anekdote kann die Zuhörer zwar neugierig machen auf das, was folgt, kann aber auch ablenken und sollte bei einem zehnminütigen Vortrag wohl überlegt sein. In jedem Fall sollten Sie keine künstliche oder aufgesetzte Witzigkeit an den Tag legen.
2. Stellen Sie Ihre fachliche und persönliche Eignung heraus und erklären Sie, warum Sie Experte für dieses Thema sind.
3. Beschreiben Sie die aktuelle Situation und das Problem, das alle betrifft und das es zu lösen gilt. Schreiben Sie dabei, sofern möglich, das Keyword auf ein Flipchart oder eine Folie. Laufen Sie nicht in die Wissensfalle – wenn Sie zu dem gefragten Thema aus Ihrem eigenen Wissen viele Informationen besitzen, ordnen Sie diese nach ihrer Relevanz und stellen Sie im Zweifel hinter die vom Unternehmen vorgegebenen Informationen zurück. Beachten Sie unbedingt die Vorbereitungszeit. Vermeiden Sie es außerdem, extreme Positionen einzunehmen, da Sie dadurch angreifbar werden und polarisierend wirken.
4. Erklären Sie die Ursachen, die zur derzeitigen Situation geführt haben. Durch Pfeile auf dem Chart können Sie die Ursachen illustrieren und Zusammenhänge visualisieren.
5. Erstellen Sie ein gedankliches Bild von der zukünftigen und angestrebten Situation.
6. Benennen und erklären Sie die Maßnahmen, die zur Zielerreichung notwendig sind.
7. Fassen Sie in einem Schlussappell Ihre Botschaft mit konkreter Handlungsaufforderung zusammen.

DOs	DON'Ts
Struktur:	Struktur:
Geben Sie Ihrem Vortrag einen roten Faden und holen Sie die Zuhörer ab.	Seien Sie nicht gewollt witzig und überziehen Sie nicht das Zeitlimit. Lassen Sie schwache Argumente weg.
Sprache:	Sprache:
Sprechen Sie eher langsam und konzentriert. Je wichtiger der Satz, desto kürzer, betonter und deutlicher. Setzen Sie Sprechpausen gezielt ein, um Ihren Vortrag zu entschleunigen.	Hektik und Haspeln wirkt unprofessionell, nehmen Sie sich Zeit. Lesen Sie nicht ab, sondern stützen Sie sich in Ihren Notizen nur auf Stichworte.

DOs	DON'Ts
Körpersprache: Halten Sie von Beginn an Blickkontakt – gerecht verteilt auf die Zuhörer.	Körpersprache: Hand vor den Mund halten, mit Kugelschreiber spielen, nervös durchs Haar fahren und Zappeln sind absolut tabu!
Schlussformel: Ich habe mich gefreut über… sprechen zu dürfen und danke Ihnen für Ihre Aufmerksamkeit …	Schlussformel: So, das war's eigentlich … ich glaub, ich bin fertig.

Fallstudie/Gruppenarbeit

Fallstudien werden im Team bearbeitet. Die Inhalte sind fachlicher Art und sehr praxisnah gehalten. Den Bewerbern werden also konkrete Situationen aus dem Prüferalltag zur Bearbeitung vorgelegt. Fallstudien werden von den WP-Gesellschaften eingesetzt, da diese sowohl ihre Arbeitsweise (z. B. teamorientiert oder nicht) als auch ihre fachliche Qualifikation aufzeigen. Zur Vorbereitung der Fallstudie werden im typischen Fall 30 bis 45 Minuten eingeräumt. Anschließend folgt die Präsentation und Diskussion der Ergebnisse in der Gruppe.

Mögliche Fallstudien wären bspw.:
- Entwicklung einer risikoorientierten Prüfungsstrategie
- Konzernrechnungslegung in der Praxis am Beispiel eines Industrieunternehmens
- Fair Value-Bewertung von immateriellen Vermögensgegenständen
- Bilanzrechtsmodernisierungsgesetz (BilMoG)
- Impairmenttest nach IFRS

Rollenspiel

Ein Rollenspiel kann sowohl in einem Einzelinterview als auch (seltener) an einem Bewerbertag stattfinden. Während des Rollenspiels werden alltägliche betriebliche Situationen simuliert. Getestet werden weniger Ihre wirtschaftsprüfungsrelevanten Fachkenntnisse, sondern Soft Skills, d. h. wie Sie bspw. in den Punkten Mitarbeiterführung, Mandantenkontakt, Verhandlungsgeschick und Durchsetzungskraft überzeugen können. Hierzu nehmen Sie die Rolle des Partners, Prüfungsleiters oder auch Praktikanten ein.

Thematisch ergeben sich für das Rollenspiel in aller Regel zwei unterschiedliche Felder. Auf der einen Seite kann ein internes Gespräch zwischen einem Vorgesetzten und einem Mitarbeiter simuliert werden. Dieses Gespräch ist als Konfliktgespräch konstruiert.

Andererseits kann Ihnen eine Situation präsentiert werden, in der ein Gespräch zwischen Ihnen (als Mitarbeiter der WP-Gesellschaft) und einem Mandanten nachgestellt wird. Da in der Wirtschaftprüfung der Mandantenkontakt eine so große Bedeutung hat, ist dieses Feld des Rollenspiels wesentlich häufiger vertreten.

Im Mandantengespräch müssen Sie beweisen, dass Sie sowohl die Bedürfnisse des Mandanten als auch die der WP-Gesellschaft berücksichtigen und zum Ausgleich bringen können. In diesem Gespräch wird Ihnen bspw. ein unzufriedener Mandant präsentiert. Hier ist es nun Ihre Aufgabe, den Mandanten aus seiner verärgerten Position zu einer zufriedenen Haltung zu bringen. Oder Sie befinden sich in einer Verkaufssituation, d. h. Sie müssen sich um einen neuen Mandanten bemühen.

Beschwert sich ein Mandant, sollten Sie herausfinden, welche Motive dieser hat. Zeigen Sie Verständnis, geben Sie Fehler zu und beziehen Sie sich dabei ein. In keinem Fall dürfen Sie Verantwortlichkeiten anonym beim Unternehmen abladen, sondern Sie stehen persönlich für eine Verbesserung der Situation ein. Ihr Ziel, den Mandanten zu beruhigen, dürfen Sie jedoch nicht um jeden Preis verfolgen. Sie haben sich gerade in der Außenkommunikation an die Regeln und Abmachungen Ihrer WP-Gesellschaft zu halten.

Grundsätzlich empfehlen wir Ihnen zur Orientierung im Mandantengespräch folgenden **squeaker.net-Gesprächsablauf**:

1. Bereits bei der Begrüßung und namentlichen Anrede erklären Sie Ihrem Gesprächspartner, worum es konkret geht.
2. Schildern Sie Ihr Angebot und beschreiben Sie die Vorteile Ihres Produktes, also Ihrer Prüfungs- und Beratungsleistungen. Verweisen Sie dabei auf die gute und langjährige Zusammenarbeit und das Win-Win Ihrer geschäftlichen Aktivitäten. Stehen Sie ehrlich zu Ihren Zielen und unterstreichen Sie die gemeinsamen Potenziale und Möglichkeiten. Befragen Sie den Mandanten zu seinen Vorstellungen, Wünschen und Anregungen. Hören Sie ihm auch gut zu. Vermeiden Sie unbedingt Suggestivfragen (»Sind Sie nicht auch der Meinung, dass ...«), da Sie den Mandanten im Zweifel verärgern. Hüten Sie sich auch vor Alternativfragen (»entweder ... oder ...«), da diese oft zu der Antwort »weder ... noch ...« führen. Stellen Sie in jedem Fall das Mandantenbedürfnis in den Mittelpunkt. Hinsichtlich Ihres Vokabulars sollten Sie sich gut überlegen, wen Sie vor sich haben. Der kleine Mitarbeiter im Rechnungswesen wird vielleicht nicht über den gleichen Wortschatz wie Sie verfügen. Gehen Sie auf seine Einwände ein. Arbeiten Sie auf diese Weise Punkt für Punkt heraus, warum Ihr Angebot seinen Wünschen entspricht.

3. Wenn nicht das Verkaufen, sondern das Besänftigen verärgerter Mandanten im Vordergrund steht, sollten Sie zwar dem Mandanten ein wenig Zeit geben, die Luft abzulassen. Sie müssen ihn aber recht bald unterbrechen, weil er sonst den Weg ins konstruktive Gespräch kaum zurückfinden wird. Bringen Sie ihn zurück auf die Sachebene und sehen Sie großzügig über persönliche Angriffe hinweg und lenken Sie ein: »Es tut mir leid, dass ... Was können wir unternehmen, um zu unserer erfolgreichen Geschäftsbasis vor diesem Vorfall zurückzukommen?« Betonen Sie gemeinsame Ziele und richten Sie den Blick in die Zukunft.

Beenden Sie das Mandantengespräch aktiv und kommen Sie zum Abschluss des Deals, indem Sie auf die erzielte Einigung hinweisen und die Bestellung schriftlich fixieren. Halten Sie gegebenenfalls diejenigen Punkte fest, bei denen noch Klärungsbedarf besteht. Verteilen Sie die Aufgaben nach der Regel: »Wer macht was bis wann?« und vereinbaren Sie einen neuen Termin zur Klärung dieser Fragen. Sowohl beim Verkaufen als auch beim Besänftigen müssen Sie die Beobachter durch ausdauerndes Argumentieren und strukturierte Gesprächsführung sowie die Fähigkeit, Sachverhalte differenziert darzustellen, beeindrucken.

DOs	DON'Ts
Hören Sie aktiv zu! Die geduldige Bereitschaft des Zuhörens zeigt Ihrem Gegenüber, dass Sie ihn ernst nehmen und schafft dadurch Akzeptanz.	Vermeiden Sie das Spiel aus Angriff, Verteidigung und Gegenangriff.
Kommunizieren Sie deutlich! Konstruktive Ergebnisse erreichen Sie durch klare und konkrete Kommunikation. So ermöglichen Sie ein besseres Verständnis.	Schwammige Aussagen führen wegen ihres zu großen Interpretationsspielraumes zu Missverständnissen.
Wählen Sie Ihre Argumente geschickt! Beginnen Sie mit starken Argumenten und hören Sie mit noch stärkeren auf.	Verschießen Sie Ihre Argumente nicht zu früh und enden Sie nicht mit dem schwächsten Argument.

Gruppendiskussion

Im Rahmen einer Gruppendiskussion diskutieren die Bewerber ein vorgegebenes, meist aktuell gewähltes Thema kontrovers. Die Themen stammen dabei nicht aus der Welt der Wirtschaftsprüfung, sondern häufig aus der Politik, Wirtschaft usw., wie etwa Einführung von Studiengebühren, Wettbewerbsfähigkeit des Standorts Deutschland oder Finanzkrise. In aller Regel werden zwei Gruppen mit jeweils zwei bis vier Personen gebildet, die Pro- und Contra-Positionen einnehmen. Häufig werden den einzelnen Teilnehmern schon konkrete Rollen vorgegeben, die zu vertreten sind, wie z. B. Politiker oder Lobbyist. Zur Vorbereitung der Diskussion werden den Bewerbern rd. 15 bis 30 Minuten gewährt, danach geht es los. Die Diskussion dauert regelmäßig eine halbe Stunde. Die Vertreter der WP-Gesellschaft bleiben während der Gruppendiskussion im Hintergrund, sie beobachten nur.

Zur erfolgreichen Bewältigung einer Gruppendiskussion sollten Sie ein paar Grundsätze beachten:

- Zunächst gilt es, die knapp bemessene Vorbereitungszeit gut zu nutzen. Versuchen Sie hier Ihre Argumentationslinie herauszuarbeiten. Finden Sie auch entsprechende Beispiele, um Ihre Argumente illustrativ zu untermauern.
- Am Anfang der Diskussion zeigt sich häufig, dass die Teilnehmer sich nur zögerlich zu Wort melden. Brechen Sie den Bann des Schweigens und ergreifen Sie die Initiative. Hierbei sollten Sie nicht gleich mit Ihren Argumenten hausieren gehen, sondern eher einleitende Worte finden bzw. eine Struktur für die Diskussion erarbeiten.
- Stellen Sie während der Diskussion Ihre Argumente freundlich, bestimmt und klar dar. Vermeiden Sie es, als Vielschwatz oder als großer Schweiger aufzutreten. Hören Sie Ihren Gegenübern zu und unterbrechen Sie diese nicht. Greifen Sie Gegenargumente auf und reflektieren Sie diese. Geben Sie der Diskussion eine Struktur, indem Sie Zwischenergebnisse zusammenfassen. Fokussieren Sie wieder das Thema, wenn die Diskussion sich vom Kernpunkt entfernt.
- Auf nonverbaler Ebene gilt: Setzen Sie während Ihrer Argumentation auf Blickkontakt. Strahlen Sie durch Ihre Körpersprache Gelassenheit aus. Nehmen Sie daher eine für Sie angenehme Sitzposition ein, ohne dabei verkrampft bzw. desinteressiert zu wirken.
- Arbeiten Sie am Ende der Diskussion auf ein Ziel, eine Konklusion hin. Meist bietet sich hier ein Ausgleich zwischen den konträren Positionen an.

Gruppendiskussion

»Behalten Sie immer das Ziel im Auge und formulieren Sie klare Aussagen. Strukturieren Sie die Diskussion im Team, aber behalten Sie dabei auch die Interessen und Meinungen der anderen im Blick. Letztlich sollten Sie aber vor allem Sie selbst bleiben, denn nur durch persönliche Überzeugungskraft werden Sie erfolgreich sein.«

Regina Loko,
Managerin Human Resources,
Ernst & Young, Düsseldorf

Insider-Tipp

Greifen Sie bei der Darstellung Ihres Standpunktes auf die Fünf-Satz-Technik zurück:
- Standpunkt benennen: »Ich bin überzeugt, dass ...«
- Argumente präsentieren: »Meine Erfahrungen hierbei sind ...« - Beispiele erläutern: »Wir haben alle gesehen ...«
- Einwänden zuvorkommen: »Sie werden jetzt denken ...«
- Fazit ziehen: »Daher sollten wir ...«

DOs	DON'Ts
Allgemein: Seien Sie freundlich und gelassen. Nehmen Sie alle Gesprächspartner ernst, hören Sie gut zu.	Allgemein: Zeigen Sie keine Aufregung oder Verkrampfung.
Diskussion: Präsentieren Sie Ihre Argumente klar und schlüssig. Lassen Sie Ihre Gegenüber ausreden. Stellen Sie sicher, dass Sie nicht zu viel und zu wenig Zeit der Diskussion in Anspruch nehmen.	Diskussion: Greifen Sie Ihre Gegenüber nicht persönlich an. Werden Sie nicht unsachlich. Führen Sie keine langen Monologe. Versuchen Sie nicht, krampfhaft Ihre Auffassung durchzubringen.
Inhalt: Konzentrieren Sie Ihre Argumente auf das Thema. Stellen Sie Nachfragen. Wirken Sie auf ein Ergebnis am Ende der Diskussion hin.	Inhalt: Schweifen Sie nicht vom Thema ab.
Sprache: Sprechen Sie unaufgeregt und deutlich.	Sprache: Benutzen Sie keine Fachwörter, die niemand kennt.

Standardisierter (Computer-)Test

WP-Gesellschaften setzen ebenfalls standardisierte Computertests zur Selektion der Bewerber ein. Als Beispiele sind hier die Bewerbertage von Deloitte für die Wirtschaftsprüfung zu nennen.

Die Tests werden von den WP-Gesellschaften nicht selbst entworfen, sondern von einem Dienstleister erworben, der sich auf solche Tests spezialisiert hat. Im Allgemeinen wird daher kein rechnungslegungsspezifisches Wissen abgefragt. Die Tests existieren in verschiedenen Formen, die sowohl Ihre verbalen und numerischen Fähigkeiten als auch Ihre Persönlichkeitsmerkmale und Motivation prüfen. Deloitte setzt auf die Tests des Anbieters Saville & Holdsworth (SHL) in deutscher Sprache. Dieser Test ist in folgende Untergruppen eingeteilt:
- Numerical and verbal reasoning
- Inductive reasoning
- Personality questionnaires
- Motivation questionnaires

Insider-Tipp

Zur Übung der Tests empfiehlt sich der Besuch der Homepage von SHL (www.shldirect.com). Dort besteht die Möglichkeit, die Tests in deutscher Sprache zu üben. Auf practiceshltests.com gibt es weitere nützliche Informationen zu diesen Tests.

Im Mittelpunkt des »Numerical and verbal«-Tests steht die Überprüfung Ihrer analytischen Fähigkeiten. Hierzu werden Ihnen im numerischen Teil Fragen zu Ihnen gegebenen Zahlen und Statistiken gestellt. Im verbalen Teil erhalten Sie Textpassagen, zu denen Fragen gestellt werden, die mit »Richtig«, »Falsch« oder »Keine Aussage möglich« beantwortet werden müssen. In der Regel dauert der Test 25 bis 30 Minuten und beinhaltet 45 Fragen, d. h. die Zeit ist knapp bemessen. Die Persönlichkeits- und Motivationsfragen dienen dazu, Ihren bevorzugten Arbeitsstil und Ihre Begeisterung für den Job zu erkennen. Anhand Ihrer Antworten soll eingeschätzt werden, ob Sie bspw. ein Teamplayer sind oder lieber allein arbeiten. Auch soll erkannt werden, unter welchen Arbeitsbedingungen Ihre Motivation wächst bzw. sinkt. Am Ende eines Bewerbertages bekommen Sie auch eine Auswertung des Tests mit nach Hause. So können Sie eigene Schwachpunkte erkennen und daran arbeiten. Falls die Bewerbung an dem Computer-Test scheitert, ist dies ein schwacher Trost. Daher: die Tests unbedingt vorher üben!

Wie uns die WP-Gesellschaften berichten, haben Sie sehr gute Erfahrungen mit den Tests gemacht. In Zukunft ist daher weiterhin mit diesen zu rechnen. Vor diesem Hintergrund empfiehlt es sich besonders, vor dem Bewerbertag bei der Personalabteilung der WP-Gesellschaft nach dem jeweiligen Computer-Testverfahren zu fragen, um sich entsprechend vorbereiten zu können.

Präsenzinterview

Viele der Bewerbertage sehen auf der Agenda auch Einzelinterviews vor. Prinzipiell gelten hier die gleichen Grundsätze wie für das oben beschriebene Präsenzinterview, sodass an dieser Stelle auf diesen Abschnitt verwiesen wird.

Fragerunde

Hier haben Sie die Möglichkeit, Mitarbeitern der WP-Gesellschaft Fragen rund um den WP-Beruf zu stellen. Die Fragerunde findet häufig mit jüngeren Mitarbeitern statt und ist meist informeller Art. Da Sie sich bereits vor dem Bewerbertag intensiv mit der WP-Gesellschaft auseinandergesetzt haben, können Sie an dieser Stelle interessante und kluge Fragen aufwerfen (siehe auch Abschnitt D.III.4. »Ihre Fragen«).

V. Workshops

Workshops stellen kein Auswahlverfahren im engeren Sinne dar. Dennoch werden die Workshops vermehrt von den großen WP-Gesellschaften angeboten, da diese für die WP-Gesellschaft und potenzielle Bewerber eine gute Gelegenheit bieten, sich näher kennenzulernen. Ein Workshop dauert einen halben bis ganzen Tag und findet bei der WP-Gesellschaft statt. Typischerweise begrüßt die WP-Gesellschaft zunächst die Teilnehmer des Workshops. Anschließend halten meist hochrangige Mitarbeiter der WP-Gesellschaft kurze Vorträge über aktuelle Themen der Wirtschaftsprüfung. Diese Vorträge sind dazu gedacht, Ihnen praktische Einblicke in die Tätigkeit eines Wirtschaftsprüfers zu liefern. Danach werden im Rahmen des Workshops Fallstudien in Kleingruppen bearbeitet. Die Fallstudien behandeln, wie auf dem Bewerbertag, ausgewählte Themenbereiche der Wirtschaftsprüfung. Da es nicht direkt um eine Einstellung geht, steht man als Workshop-Teilnehmer natürlich nicht unter dem gleichem Leistungsdruck wie auf einem Bewerbertag. Auch steht bei den Fallstudien im Workshop die gemeinsame Erörterung der Aufgaben mit den Mitarbeitern der WP-Gesellschaft im Vordergrund.

Zum Ende des Workshops werden die Teilnehmer noch über die Einstiegs- und Karrieremöglichkeiten bei der WP-Gesellschaft informiert. Beim anschließenden Get-together bietet sich die hervorragende Gelegenheit, den Kontakt zu den Vertretern der WP-Gesellschaft herzustellen bzw. zu intensivieren. Sofern Sie sich während des Workshops beweisen konnten, werden die Mitarbeiter der WP-Gesellschaft auch bereitwillig ihre Visitenkarte zücken und Sie haben einen wichtigen Schritt in Richtung Einladung zum Interview bei der WP-Gesellschaft geleistet.

> **Insider-Tipp**
>
> Im EventKalender auf der Homepage von squeaker.net finden Sie zahlreiche Workshop-Termine von spannenden Arbeitgebern wie Deloitte, Ernst & Young, KPMG oder PwC.

VI. Der Bewerbungsprozess bei mittelständischen und kleinen WP-Gesellschaften

1. Kontaktaufnahme

Für Bewerber, die sich bei einer mittelständischen/kleinen WP-Gesellschaft vorstellen wollen, steht vor der Kontaktaufnahme meist eine kleine Recherche, welche WP-Gesellschaften überhaupt dem Feld der mittelständischen und kleinen WP-Gesellschaften zuzurechnen sind. Hierzu lohnt sich nochmals ein Blick in das Kapitel B »Branchenstruktur«. Adressen kleiner WP-Gesellschaften erhalten Sie über lokale Branchenverzeichnisse. Andere Bewerber haben wiederum schon eine konkrete WP-Gesellschaft im Blick.

Für alle Bewerber gilt, dass der einfachste Weg zur Kontaktaufnahme über die Homepage der jeweiligen WP-Gesellschaft führt. Bei der Kontaktaufnahme zu den mittelständischen und kleinen WP-Gesellschaften steht dem Bewerber in der Regel allerdings kein aufwendiges, standardisiertes Online-Bewerbungstool zur Verfügung.

> **Insider-Tipp**
>
> Achten Sie besonders bei mittelständischen und kleinen WP-Gesellschaften im Anschreiben darauf, dass es sich um eine gezielte Bewerbung handelt. Bewerbungen nach dem Motto »XY ist ein tolles Unternehmen, in dem ich schon immer mal arbeiten wollte«, sind hier unwillkommen.

Wer sich auf elektronischem Wege bewerben möchte, schreibt daher eine E-Mail mit den entsprechenden Unterlagen im Anhang. Die E-Mail-Adresse für Bewerbungen ist auf den Karriereseiten der WP-Gesellschaften bei den Stellenanzeigen zu finden und bezieht sich entweder direkt auf den Ansprechpartner der ausgeschriebenen Position oder allgemein auf die Recruiting-Abteilung. Häufig ist bei einer Stellenausschreibung auch die Telefonnummer des Ansprechpartners genannt, sodass etwaige Fragen zu der ausgeschriebenen Stelle vorab geklärt werden können. Diese Möglichkeit sollte man in jedem Falle nutzen, um so schon einmal persönlich seine Bewerbung anzukündigen. Dadurch wird diese später oft mit größerer Aufmerksamkeit gelesen. Neben Bewerbungen auf ausgeschriebene Stellen sind Initiativbewerbungen ebenfalls erwünscht. Bewerbungen per Post sind auch in der Regel immer noch möglich.

Da der Personalbedarf bei mittelständischen und kleinen nicht so hoch ausfällt wie bei großen WP-Gesellschaften, wird das Recruiting meist von kleinen Personalabteilungen bewältigt. Häufig sind auch höherrangige Fachkräfte (Partner) von Anfang an direkt in das Recruiting eingebunden. Somit passiert es häufig, dass ein und dieselbe Person Ansprechpartner und Entscheidungsträger für die Besetzung der ausgeschriebenen Stelle ist. Entsprechend gilt auf diesem Bewerbungsmarkt der Grundsatz, dass bereits der erste persönliche Kontakt zwischen der WP-Gesellschaft und dem Bewerber von entscheidender Bedeutung für den Erfolg einer Bewerbung ist.

Generell zeichnet sich die Kontaktaufnahme zu den mittelständischen und kleinen WP-Gesellschaften durch eine direkte Ansprache per E-Mail oder Telefon aus, während man bei den Big Four häufig zunächst seine Daten in die Online-Bewerbungsmaske eingibt.

2. Interview

Mittelständische und kleine WP-Gesellschaften setzen als Auswahlverfahren nahezu ausschließlich das Interview ein. Hierbei gelten die gleichen Grundsätze wie oben beschrieben, d. h. es ergeben sich sowohl beim Ablauf als auch beim Inhalt relativ geringe Unterschiede zu den Interviews bei großen WP-Gesellschaften.

Sie werden in dem Interview in aller Regel auf einen Personaler und eine Fachkraft treffen. Dabei will die WP-Gesellschaft – wie immer – Sie zunächst als Menschen kennenlernen. Es werden also persönliche Fragen gestellt. Ein wichtiger Punkt bei den persönlichen Fragen stellt Ihre Motivation dar. Sie sollten sich vor dem Gespräch genau überlegen, warum Sie sich erstens bei einer mittelständischen und kleinen WP-Gesellschaft bewerben und zweitens warum gerade bei dieser. Dabei geht es also auch um die Frage, wie Sie überhaupt auf diese WP-Gesellschaft gekommen sind. Hierauf wird besonders geachtet, da nun mal intuitiv davon ausgegangen wird, dass Studenten, Absolventen und Young Professionals die Big Four als potenzielle Arbeitgeber bevorzugen.

Fachfragen? Im Grundsatz sind die gleichen Fragestellungen wie bei den Big-Four-WP-Gesellschaften relevant. Die voranschreitende Internationalisierung der Rechnungslegung erfasst nicht nur die großen, kapitalmarktorientierten Konzerne, sondern auch mittelständische Unternehmen. Im Umkehrschluss suchen mittelständische WP-Gesellschaften daher durchaus Fachkräfte, die sich auf diesem Gebiet ebenso auskennen wie mit der nationalen Rechnungslegung. Eine Ausnahme stellen hier die kleinen WP-Gesellschaften dar, bei denen Kenntnisse der internationalen Rechnungslegung nur selten verlangt werden.

Kapitel E:
Fachliche Problemstellungen - Basiswissen

Wie wir in dem Kapitel D »Bewerbungsprozess« dargelegt haben, werden Sie in den Interviews und auf den Bewerbertagen auch mit Fachfragen konfrontiert. Aus diesem Grund erläutern wir im Folgenden die fachlichen Grundlagen, die für den Bereich der Wirtschaftsprüfung relevant sind. Das Kapitel gliedert sich in vier Abschnitte:
- Grundlagen der Abschlussprüfung
- Rahmenbedingungen des Prüfungsprozesses
- Grundlagen der Buchungstechnik
- Grundlagen der Bilanzierung nach IFRS und HGB

Im ersten Abschnitt E.I. werden die Grundlagen für die Durchführung einer Abschlussprüfung gelegt. Im zweiten Abschnitt E.II. stellen wir die Rahmenbedingungen des Prüfungsprozesses dar. Danach wollen wir auf grundlegende Buchungstechniken (E.III.) und auf den Bereich der Bilanzierung nach IFRS und HGB (E.IV.) eingehen.

Die ersten beiden Abschnitte mögen Ihnen sehr theoretisch erscheinen. Auf den ersten Blick sind sie das auch. Wenn Sie diese Erläuterungen jedoch verinnerlicht haben, werden Sie ein besseres Verständnis für den Prüfungsprozess und das Kapitel F »Prüfung in der Praxis« entwickeln. Mit diesem Verständnis punkten Sie im Interview und Sie können später beim Mandanten vor Ort Ihre praktischen Prüfungstätigkeiten besser einordnen und durchführen. Damit haben Sie einen entscheidenden Vorteil: Denn einige Prüfer können dies in der ersten Zeit noch nicht! Außerdem wird dieses Wissen auch im WP-Examen verlangt.

I. Grundlagen der Abschlussprüfung
1. Zweck der Abschlussprüfung
Zunächst sollten wir grundlegend klären, was überhaupt der Zweck einer Abschlussprüfung ist. Das IDW definiert den Zweck einer Abschlussprüfung folgendermaßen (IDW PS 200):

> *»Durch die Abschlussprüfung soll die Verlässlichkeit der in Jahresabschluss und Lagebericht enthaltenen Informationen bestätigt und insoweit deren Glaubwürdigkeit erhöht werden... Die Verlässlichkeit dieser Informationen schließt auch deren Ordnungsmäßigkeit ein.«*

> **Stichwort: IDW PS**
> Ein IDW PS ist ein vom Institut der Wirtschaftsprüfer (IDW) veröffentlichter Prüfungsstandard (PS), der bei der Abschlussprüfung verpflichtend zu beachten ist.

Diese Definition ist von fundamentaler Bedeutung und Sie sollten diese Definition auch in der praktischen Tätigkeit immer im Hinterkopf behalten. Wenn Sie sich während einer Prüfung fragen, warum Sie das Ganze machen, dann rufen Sie diese Definition als Leitlinie ab. Es ist auch hilfreich, bei kritischen Fragen der Mitarbeiter des Mandanten eine schnelle Antwort parat zu haben. Denn diese fragen nur allzu gern nach dem Sinn und Zweck (der Abschlussprüfung), wenn Sie bestimmte Unterlagen oder Informationen von Ihnen anfordern.

Aufgabe des Abschlussprüfers ist es, eine Aussage darüber zu treffen, ob der Abschluss frei von wesentlichen Fehlaussagen ist und er den relevanten Rechnungslegungsnormen entspricht. Es werden drei Dimensionen bei der Funktion der Abschlussprüfung unterschieden:

- Kontrollfunktion:
  Durch die Prüfung soll die Verlässlichkeit der im Jahresabschluss und Lagebericht enthaltenen Informationen erhöht werden (Gesetz- und Ordnungsmäßigkeitsprüfung).
- Informationsfunktion:
  Durch die Berichterstattung werden gesetzliche Vertreter, Aufsichtsorgane und Gesellschafter über die wirtschaftliche Lage des Unternehmens und Schwachstellen im Rechnungswesen informiert.
- Beglaubigungsfunktion:
  Durch die Erteilung eines uneingeschränkten Bestätigungsvermerks testiert der WP die Gesetz- und Ordnungsmäßigkeit des Jahresabschlusses gegenüber den externen Adressaten.

Es ist ausdrücklich **nicht** Zweck der Abschlussprüfung, zu bestätigen, ob das betreffende Unternehmen wirtschaftlich arbeitet. Beurteilt wird lediglich die Darstellung der wirtschaftlichen Lage in Jahresabschluss und Lagebericht. Dies wird in der Öffentlichkeit häufig missverstanden, was zu überzogenen Erwartungen an die Funktion der Abschlussprüfung führt.

2. Prüfungspflicht und Prüfungsgegenstand

Sie werden nach der Lektüre dieses Abschnittes erkennen, dass sich die Wirtschaftsprüfung in einem stark vom Gesetzgeber regulierten Bereich bewegt. Für bestimmte Unternehmen sieht der Gesetzgeber zwingend eine Prüfungspflicht für den Jahresabschluss vor. Darüber hinaus regeln die gesetzlichen Vorschriften zum Prüfungsgegenstand, was der Abschlussprüfung unterliegt. Eine Übersicht zur Prüfungspflicht nach deutschem Handelsrecht und zum Prüfungsgegenstand können Sie den folgenden Tabellen entnehmen:

Einzelgesellschaft

Rechnungslegende Einheit		Gegenstand der Abschlussprüfung
Kleine Kapitalgesellschaften (sofern nicht kapitalmarktorientiert)		Keine Prüfungspflicht (§ 316 Abs. 1 S. 1 HGB Umkehrschluss)
Mittelgroße Kapitalgesellschaften (sofern nicht kapitalmarktorientiert)		Jahresabschluss (Bilanz, GuV, Anhang), Lagebericht (§ 316 Abs. 1 S. 1 HGB)
Große Kapitalgesellschaften (kleine und mittelgroße Kapitalgesellschaften gelten stets als große Kapitalgesellschaften, sofern kapitalmarktorientiert, § 267 Abs. 3 S. 2 HGB)	nicht kapitalmarktorientiert	Jahresabschluss (Bilanz, GuV, Anhang), Lagebericht (§ 316 Abs. 1 S. 1 HGB)
	kapitalmarktorientiert	Jahresabschluss (Bilanz, GuV, Anhang, Kapitalflussrechnung, Eigenkapitalspiegel), Lagebericht (§ 316 Abs. 1 S. 1 HGB), Risikofrüherkennungssystem (§ 317 Abs. 4 HGB, sofern börsennotiert)
Unternehmen, die in der Rechtsform keine Kapitalgesellschaft darstellen (OHG, KG) und bestimmte Größenkriterien übersteigen		Jahresabschluss und Lagebericht (§ 6 Abs. 1 PublG)

Für Konzerne (also Mutterunternehmen mit mindestens einem konsolidierungspflichtigen Tochterunternehmen) gelten diese Vorschriften:

Konzern

Rechnungslegende Einheit		Gegenstand der Abschlussprüfung
Konzerne, deren Muttergesellschaft eine Kapitalgesellschaft ist und die Befreiungsvorschriften der §§ 291 bis 293 HGB nicht greifen	Muttergesellschaft nicht kapitalmarktorientiert	**HGB**-Konzernabschluss (Bilanz, GuV, Anhang, Kapitalfluss-rechnung, Eigenkapitalspiegel, freiw. Segmentberichterstattung), Lagebericht (§ 316 Abs. 2 S. 1 HGB) oder (Wahlrecht) **IFRS**-Konzernabschluss (siehe unten), dann befreiend und kein **HGB**-Konzernabschluss
	Muttergesellschaft kapitalmarktorientiert	**IFRS**-Konzernabschluss (Bilanz, GuV, Anhang, Kapitalfluss-rechnung, Eigenkapitalspiegel, Segmentberichterstattung), Lagebericht (§ 316 Abs. 2 S. 1 HGB), Risikofrüherkennungssystem (§ 317 Abs. 4 HGB)
Konzerne, deren Muttergesellschaft keine Kapitalgesellschaft ist und die Größenkriterien überschreiten		Konzernabschluss und Lagebericht (§ 14 Abs. 1 PublG)

Diese Tabellen müssen Sie natürlich nicht auswendig lernen. Zweck der Übersicht ist vielmehr zu zeigen, dass der Gegenstand der Abschlussprüfung erheblich von den Gegebenheiten der rechnungslegenden Einheit abhängt. Insofern sollten Sie bei Ihrem Mandanten schon wissen, was Sie eigentlich prüfen sollen. Zum einen machen Sie so einen professionellen Eindruck, zum anderen hat der Prüfungsgegenstand wesentliche Auswirkungen auf den Prüfungsprozess, insbesondere die Prüfungsplanung und -durchführung.

3. Grundlagen der Prüfungstechnik

Als Prüfer müssen Sie zunächst Informationen über das Unternehmen sammeln. Folgende Vorgehensweise wird in der Praxis gewählt, um den ersten Einstieg in ein Mandat zu erhalten:

- Durchsicht der Arbeitspapiere des Vorjahres und Besprechung mit dem Prüfungsteam des Vorjahres
- Durchsicht des Abschlusses auf Veränderungen gegenüber dem Vorjahr
- Durchsicht des aktuellen Abschlusses auf grobe oder offensichtliche Unplausibilitäten
- Identifizierung von ungewöhnlichen Posten und Angaben, die komplexe Bilanzierungssachverhalte vermuten lassen
- Besprechung mit der Geschäftsführung hinsichtlich der Entwicklungen und Veränderungen im abgelaufenen Geschäftsjahr (strategisch, prozessual, personell, regulatorisch etc.)

Zudem können Sie noch weitergehende Unterlagen anfordern wie wesentliche Verträge und Vereinbarungen oder Betriebsprüfungsberichte der Steuerverwaltung. Solche Dokumente werden in der Praxis meist schon zu Beginn der Prüfungsplanung eingesehen.

Anhand der gesammelten Informationen gewinnen Sie einen aktuellen Überblick über das Unternehmen. Somit können Sie eine Erwartungshaltung formulieren – Sie bilden Ihr Soll-Objekt. Gedanklich gehen Sie jetzt den Weg, den die Zahlen und Erläuterungen genommen haben, bevor sie im Abschluss »gelandet« sind: von ihrem Ursprung (z. B. ein Kaufvertrag) bis zu ihrer Darstellung im Abschluss (z. B. als Forderung oder Umsatzerlös). Überlegen Sie, ob die Ihnen vorliegenden Informationen konsistent sind und ob diese zu dem Ihnen vorliegenden Abschluss führen würden. Anders ausgedrückt, wurden die Angaben im Jahresabschluss richtig verarbeitet? Passt Ihr »Soll« zu Ihrem »Ist«, also dem Jahresabschluss?

Quick Review – Grundlagen der Abschlussprüfung
- Zweck der Abschlussprüfung ist die Bestätigung der Verlässlichkeit und Ordnungsmäßigkeit der im Jahresabschluss enthaltenen Informationen.

- Je nach rechnungslegender Einheit (Unternehmen) unterscheiden sich die Vorschriften zu Prüfungspflicht und Prüfungsumfang.
- Im Rahmen einer Abschlussprüfung kommt der Prüfer zu einem Prüfungsergebnis, indem er ein Ist-Objekt, nämlich den vom Unternehmen aufgestellten Jahresabschluss, mit einem durch Normen wie dem HGB, BGB, Steuerrecht, IFRS und branchenspezifischen Regelungen vorgegebenen Soll-Objekt vergleicht.

II. Rahmenbedingungen des Prüfungsprozesses
1. Wirtschaftlichkeit und Wesentlichkeit

Grundsatz der Wirtschaftlichkeit

Die Erlangung eines wirksamen Prüfungsurteils erfolgt unter Beachtung des Grundsatzes der **Wirtschaftlichkeit**. Dies bedeutet, dass im Prüfungsprozess abgewogen werden muss, ob sich die beabsichtigte Prüfungshandlung als wirtschaftlich im Hinblick auf den erzielbaren Erkenntnisgewinn zeigt. Eine lückenlose Prüfung z. B. würde die Sicherheit und Genauigkeit des Prüfungsurteils verbessern, gleichzeitig aber die Kosten der Prüfung erheblich steigern. Die Verlässlichkeit der im Abschluss enthaltenen Informationen wird daher mit hinreichender Sicherheit bestätigt.

Grundsatz der Wesentlichkeit

Ihnen ist bekannt, dass die Abschlussprüfung darauf auszurichten ist, mit hinreichender Sicherheit Unrichtigkeiten und Verstöße in Jahresabschluss und Lagebericht aufzudecken. Der Grundsatz der **Wesentlichkeit** erweitert diese Aussage insofern, als Unrichtigkeiten und Verstöße zu entdecken sind, die wegen ihrer Größenordnung einen Einfluss auf den Aussagewert der Rechnungslegung für die Abschlussadressaten haben.

Konkret bedeutet dies für die Prüfung eine Konzentration auf entscheidungsrelevante Sachverhalte. Fraglich ist, was man unter Entscheidungsrelevanz versteht. Eine Arbeitshypothese wäre, die Wesentlichkeit eines Sachverhaltes oder einer Angabe danach zu beurteilen, ob das Weglassen oder die unrichtige Darstellung dieses Sachverhaltes die Entscheidung eines Adressaten des Jahresabschlusses beeinflussen kann. Ist dies der Fall, muss ein Sachverhalt oder eine Angabe als wesentlich angesehen werden.

Die Umsetzung dieser Überlegungen wird in der Wirtschaftsprüferpraxis durch Vorgabe von Prozenten umgesetzt.

Gemäß der folgenden Tabelle wäre ein Sachverhalt als wesentlich zu klassifizieren, wenn er in seiner quantitativen Ausprägung mindestens dem geforderten Prozentsatz der angegebenen Größe entspricht:

Größe	Prozentsatz
Umsatzerlöse	1 bis 3 %
Bilanzsumme	2 %
EBIT	5 %

Bei der Prüfungsplanung dient der Wesentlichkeitsgrundsatz zur Festlegung von Art und Umfang der Prüfungshandlungen. Im Zuge der Prüfungsdurchführung hilft der Grundsatz der Wesentlichkeit bei der Entscheidung, ob der Jahresabschluss oder ein bestimmtes Prüfungsgebiet trotz Fehlern noch als ordnungsgemäß anzusehen ist.

2. Prüfungsrisiko

Der Abschlussprüfer unterliegt bei der Prüfung dem Risiko, dass er ein positives Prüfungsurteil abgibt, also einen uneingeschränkten Bestätigungsvermerk erteilt, obwohl der Abschluss bzw. Lagebericht wesentliche Fehlaussagen enthält. Dieses Risiko wird als Prüfungsrisiko bezeichnet.

Das Konzept des Prüfungsrisikos ist von zentraler Bedeutung für die Abschlussprüfung. Hierbei sollten Sie sich von der Theorielastigkeit des Prüfungsrisikomodells nicht abschrecken lassen. Wer das Prüfungsrisikomodell verinnerlicht hat, kann im Rahmen der Abschlussprüfung auftretende Risikofelder besser identifizieren und verstehen, wie diese auf den Jahresabschluss wirken. Eine Übersicht zu den Komponenten des Prüfungsrisikomodells gibt die folgende Abbildung:

Das Prüfungsrisikomodell

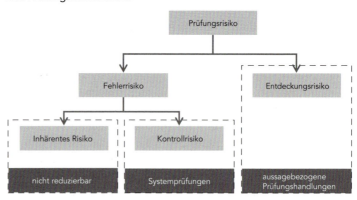

Quelle: IDW EPS 261 n.F.

Fehlerrisiko
Das Fehlerrisiko ist das Risiko, dass der Jahresabschluss/Lagebericht wesentliche Unrichtigkeiten und Verstöße aufweist. Es resultiert aus den auf Unternehmens- und Prüffeldebene inhärenten Risiken sowie aus dem Risiko, dass das interne Kontrollsystem seine Aufgabe nicht erfüllt. Beide Risiken sollen nun beschrieben werden.

Inhärentes Risiko
Unter inhärentem Risiko versteht man die Anfälligkeit eines Prüffelds für das Auftreten wesentlicher Fehler. Auf der Ebene des Unternehmens lassen sich als inhärente Risiken makroökonomische, branchenspezifische und unternehmensspezifische Faktoren identifizieren. Diese Risiken identifizieren Sie während der Analyse der Geschäftstätigkeit (siehe Kapitel F »Prüfung in der Praxis«). Zu den inhärenten Risiken auf Prüffeldebene zählen bspw. die Manipulationsanfälligkeit und das Ausmaß von Schätzungen und Ermessensspielräumen eines Prüffelds. Das inhärente Risiko kann nicht vom Abschlussprüfer beeinflusst werden, es besteht also unabhängig vom Prüfungsprozess. Die Aufgabe des Abschlussprüfers besteht vielmehr darin, identifizierte inhärente Risiken im Hinblick auf mögliche Unrichtigkeiten und Verstöße im Abschluss/Lagebericht zu analysieren.

Zum besseren Verständnis wollen wir einmal betrachten, welche Faktoren auf der Ebene des Unternehmens bei einem Mandanten inhärente Risiken bestimmen können:
- Makroökonomische Faktoren: Konjunktur, Zinsniveau, Währungsentwicklung etc.

Betrachten wir zunächst den Fall einer abwärtsgerichteten konjunkturellen Entwicklung. Möglicherweise beeinträchtigt diese die Zahlungsfähigkeit der Kunden unseres Mandanten. Dies könnte bedeuten, dass die Forderungen des Mandanten zweifelhaft bzw. uneinbringlich sind. Damit hätten wir ein erstes Risikofeld identifiziert. Wie sieht es mit den branchenspezifischen Faktoren aus?
- Branchenspezifische Faktoren: Regulierung, Konzentrationsbewegungen, Nachfragerückgang etc.

Angenommen, unser Mandant befindet sich in einer sehr innovativen Branche. In diesem Fall besteht die Gefahr, dass die Produkte und auch entsprechend die Produktionsanlagen sehr schnell veraltet sind. Als Abschlussprüfer müssen wir hier damit rechnen, dass aufgrund technologischer Weiterentwicklungen zusätzliche Abschreibungen im Vorratsvermögen bzw. in den Sachanlagen vorgenommen werden müssen.
- Unternehmensspezifische Faktoren: Geschäftsentwicklung, Rechtsform, Qualität des Managements, Finanzierung etc.

Der Mandant hat ein neues Produkt entwickelt, bei dem der Anteil der Garantieleistungen noch nicht abgeschätzt werden kann. Dies hat möglicherweise Einfluss auf den Ansatz und die Bewertung der Rückstellungen.

Kontrollrisiko

Das Kontrollrisiko beschreibt das Risiko, dass aus dem inhärenten Risiko erwachsende Gefahren nicht entdeckt werden, obwohl ein internes Kontrollsystem (IKS) existiert. Im Kontrollrisiko kommt also die Wahrscheinlichkeit zum Ausdruck, dass wesentliche Fehler durch das IKS des Mandanten nicht verhindert oder entdeckt werden. Da das Kontrollrisiko von der Wirksamkeit des IKS abhängt, muss der Abschlussprüfer ein Verständnis für die Kontrollstrukturen entwickeln. Wirksame interne Kontrollen in einem Prüffeld verringern das Kontrollrisiko, wohingegen unwirksame Kontrollen das Kontrollrisiko erhöhen. Wie im Fall des inhärenten Risikos liegt die Höhe des Kontrollrisikos nicht in der Macht des Abschlussprüfers. Er kann die Höhe nur einschätzen und die Prüfungshandlungen entsprechend anpassen.

Entdeckungsrisiko

Das Entdeckungsrisiko beschreibt das Risiko, dass der Abschlussprüfer wesentliche Fehler im Abschluss/Lagebericht durch seine Prüfungshandlungen, d. h. seine analytischen und einzelfallbezogenen Prüfungen, nicht aufdeckt. Das Entdeckungsrisiko kann der Abschlussprüfer daher durch Bestimmung von Art und Umfang der Prüfungshandlungen kontrollieren.

In der Praxis wird meist ein zulässiges Prüfungsrisiko von fünf Prozent als angemessen betrachtet. Ziel ist es also, das Restrisiko einer wesentlichen Fehlaussage durch entsprechende Prüfungshandlungen auf fünf Prozent zu minimieren, was im Umkehrschluss eine 95-prozentige Sicherheit bei der Abgabe des Prüfungsurteils bedeutet. Dies macht noch einmal deutlich, dass die Abschlussprüfung keine Vollprüfung darstellt - d. h. eine 100-prozentige Sicherheit anstrebt - (siehe Grundsatz der Wesentlichkeit), sondern risikoorientiert vorgeht.

In der Prüfungspraxis gestaltet sich die exakte Quantifizierung der einzelnen Teilrisiken in aller Regel als unmöglich. Die Relevanz des Prüfungsrisikomodells ergibt sich daher insbesondere aus der Analyse der einzelnen Elemente des Prüfungsrisikos und der sich daraus ergebenden Art und dem Umfang der durchzuführenden Prüfungshandlungen.

3. Jahresabschlussaussagen

Das Ziel von Prüfungshandlungen ist das Einholen ausreichender und angemessener Prüfungsnachweise, auf Basis derer der Abschlussprüfer sich sein Prüfungsurteil bilden kann. Dabei ergibt sich die Frage, wann Prüfungsnachweise als ausreichend und angemessen zu betrachten sind, also welche Anforderungen an das Einholen von Prüfungsnachweisen gestellt werden. Zur Beantwortung dieser Frage müssen Sie sich zunächst darüber im Klaren sein, welche Aussagen der Mandant in der Rechnungslegung bzw. den Jahresabschlussposten überhaupt trifft. Folgende Übersicht gibt hierzu Aufschluss:

- Die Vollständigkeit der ausgewiesenen Vermögensgegenstände und Schulden, der Geschäftsvorfälle und Ereignisse sowie der geforderten Angaben (**Vollständigkeit, Abkürzung: »V«**).
- Bestimmte Vermögensgegenstände oder Schulden sind zum Stichtag vorhanden (**Bestand, Abkürzung: »B«**).
- Die betragsmäßig genaue Ermittlung von Geschäftsvorfällen (**Genauigkeit, Abkürzung: »G«**).
- Die Bewertung ausgewiesener Vermögensgegenstände und Schulden (**Bewertung, Abkürzung: »W«**).
- Die Zurechnung des wirtschaftlichen Eigentums an bestimmten Vermögensgegenständen oder der bestehenden Verpflichtungen zum Unternehmen zu einem bestimmten Zeitpunkt (**Eigentum, Abkürzung: »E«**).
- Die Darstellung und Berichterstattung entsprechend den anzuwendenden Rechnungslegungsgrundsätzen (**Ausweis, Abkürzung: »A«**).

Aufgabe des Abschlussprüfers ist es daher, über die Prüfungshandlungen entsprechende Prüfungsnachweise einzuholen, um die vom Mandanten getroffenen Aussagen bestätigen zu können. Die Jahresabschlussaussagen bilden daher die **kritischen Prüfungsziele**. Bei der Entscheidung, welche der oben aufgeführten Abschlussaussagen zu prüfen sind, muss wiederum der Grundsatz der Wesentlichkeit beachtet werden. Dies bedeutet, dass die Bestätigung bestimmter Aussagen je nach Prüffeld relativ übergewichtet wird. Betrachtet man zum Beispiel den Bilanzposten Forderungen, so würde uns bspw. (immer) interessieren, ob diese vollständig, vorhanden und korrekt bewertet sind.

4. Prüfungsablauf

Eine Abschlussprüfung besteht aus den Schritten Prüfungsplanung, Prüfungsdurchführung und Berichterstattung:

Prüfungsplanung
Die Prüfungsplanung ist der wichtigste Teilprozess der Abschlussprüfung. Im Zentrum der Prüfungsplanung stehen die folgenden Schritte:

1. Abgrenzung des **Prüfungsobjektes**.
2. Identifizierung der zu prüfenden Abschlussaussagen durch die **Risikoanalyse**.

3. Bestimmung der **Wesentlichkeitsgrenzen**.
4. Festlegung der **Prüfungsstrategie (Systemprüfung, aussagebezogene Prüfungshandlungen)**.
5. Festlegung der **sachlichen, zeitlichen** und **personellen** Planung.

Wie wir bereits gesehen haben, gibt der Gesetzgeber bei einer Pflichtprüfung den Gegenstand der Abschlussprüfung, d. h. die **Abgrenzung des Prüfungsobjektes**, vor. Bei einer freiwilligen Prüfung resultiert das Prüfungsobjekt hingegen aus den Vereinbarungen zwischen dem Abschlussprüfer und dem Auftraggeber.

Im Anschluss an die Bestimmung des Prüfungsobjektes folgt die **Risikoanalyse**. Hierfür greifen Sie auf die Ergebnisse der Analyse der Geschäftstätigkeit zurück (siehe auch Kapitel F »Prüfung in der Praxis«). Es gilt der Grundsatz: Je besser die Kenntnis der Geschäftstätigkeit des Mandanten ist, desto besser lassen sich die Risikobereiche der Abschlussprüfung erkennen. Zur Risikoanalyse zählt auch das Verständnis rechnungslegungsrelevanter interner Kontrollsysteme (IKS), d. h. die Beschäftigung mit dem Aufbau und der Implementierung interner Kontrollmaßnahmen.

Durch diese Risikoanalyse kann der Abschlussprüfer bereits eine vorläufige Einschätzung des inhärenten Risikos und des Kontrollrisikos vornehmen. Durch Festsetzung von **Wesentlichkeitsgrenzen** kann er – zumindest grob – entscheiden, ob die Risiken auch wesentlich im Hinblick auf die Jahresabschlussaussagen sind.

Durch die Abgrenzung des Prüfungsobjektes, dem Ergebnis der Risikoanalyse und der vorläufig festgelegten Wesentlichkeit wird eine **Prüfungsstrategie** festgelegt. Diese stellt eine Zusammenfassung unterschiedlicher Prüfungshandlungen dar, um durch koordinierte Abfolge die notwendige Prüfungssicherheit zu erreichen. Die Umsetzung der Prüfungsstrategie erfolgt durch das **Prüfprogramm**. Dessen Erstellung umfasst die

- **sachliche** Planung: Definition der durch Prüfungshandlungen abzudeckenden Prüfungsziele; Festlegung von Art, Umfang und Abfolge der geplanten Prüfungshandlungen unter Berücksichtigung des erwarteten Fehlerrisikos (inhärentes Risiko und Kontrollrisiko) und der notwendigen Prüfungssicherheit; Vorgabe der Prüfungshandlungen für Systemprüfungen und der aussagebezogenen Prüfungshandlungen;
- **zeitliche** Planung: Zeitpunkt und -umfang der Prüfungstätigkeiten; Ableitung des Prüfungsplans von zeitlichen, externen Determinanten wie Aufsichtsratssitzung, Abschlussbesprechung, gesetzlichen Vorgaben oder Verfügbarkeit der Teammitglieder oder der Mitarbeiter des Mandanten;
- **personelle** Planung: Berücksichtigung notwendiger Qualifikationen/Erfahrungen der Mitarbeiter und Kenntnisse über den

Mandanten; Kontinuität/planmäßiger Wechsel in der Teamzusammensetzung; zeitliche Verfügbarkeit der Mitarbeiter; Unabhängigkeit der Mitarbeiter gegenüber dem Mandanten; etc.

Prüfungsdurchführung
Die Phase der Prüfungsdurchführung dient der Einholung von Prüfungsnachweisen durch verschiedene Prüfungshandlungen. Auf Basis der gewonnenen Prüfungsnachweise kann sich der Abschlussprüfer sein Prüfungsurteil bilden. Die Prüfungsnachweise müssen daher ausreichend und angemessen sein. Bei den Prüfungshandlungen werden system- und aussagebezogene Prüfungshandlungen unterschieden.

Im Rahmen der **Systemprüfung** wird das interne Kontrollsystem (IKS), d. h. die vom Unternehmen implementierten Kontrollen, vom Abschlussprüfer untersucht. Das IKS ist direkte Folge des Geschäftsumfeldes und der vorhandenen Geschäftsprozesse. In einem ersten Schritt wird der Aufbau des IKS auf Angemessenheit geprüft. Die Aufbauprüfung besteht daher in der Praxis aus der Feststellung von Änderungen gegenüber dem Vorjahr, da die Kenntnisse der Vorjahresprüfung normalerweise übernommen werden. Die Funktionsprüfung folgt in einem zweiten Schritt. Diese wird jährlich wiederholt. Erinnern Sie sich hier an die Grundsätze der Wirtschaftlichkeit und Wesentlichkeit. In der Prüfungsplanung werden nur die Teile des IKS berücksichtigt, deren Prüfung auch Prüfungssicherheit hinsichtlich der identifizierten Prüfungsziele erbringen können. Auch wird noch zu überlegen sein, ob die Erlangung der notwendigen Prüfungssicherheit nicht auch durch effizientere Methoden (z. B. durch aussagebezogene Prüfungshandlungen) möglich ist.

Die aussagebezogenen Prüfungshandlungen untergliedern sich in **analytische und einzelfallbezogene Prüfungen**. Beide verfolgen das Ziel, die durch die Systemprüfung erlangten Prüfungsnachweise zu ergänzen. Zeigen die Systemprüfungen Mängel in den internen Kontrollen auf, so müssen die aussagebezogenen Prüfungshandlungen zu den betroffenen Jahresabschlussaussagen entsprechend umfangreich durchgeführt werden. Wird das IKS für ordnungsgemäß befunden, sind die aussagebezogenen Prüfungen aber dennoch erforderlich. Denn auch sie dienen dem Ziel, das Prüfungsrisiko auf das akzeptable Maß zu reduzieren.

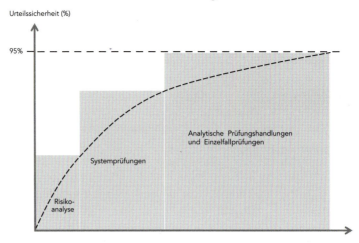

Relation von Urteilssicherheit und Prüfungszeit

Feststellungen und Berichterstattung

Die Kommunikation von Feststellungen aus der Prüfung können Sie nach ihrer Form und ihrem Empfänger unterscheiden. Sie kann mündlich, schriftlich per E-Mail oder in Form einer knappen Management Summary erfolgen. Das Ergebnis der Prüfung bringt der Abschlussprüfer jedoch immer auch durch einen formelhaften **Bestätigungsvermerk** zum Ausdruck. Nur dieser wird im Regelfall der Öffentlichkeit vorgelegt. Das Unternehmen erhält zusätzlich einen Prüfungsbericht, der den Bestätigungsvermerk enthält, der aber nicht öffentlich zugänglich ist. Dieser Prüfungsbericht ist jedoch nicht mit dem Geschäftsbericht börsennotierter Gesellschaften zu verwechseln. Mit der Erteilung eines Bestätigungsvermerks testiert der Abschlussprüfer, dass die im Jahresabschluss und Lagebericht dargestellte wirtschaftliche Lage unter Beachtung der für das Unternehmen relevanten Rechnungslegungsnormen und sonstigen Vorschriften zutreffend ist. Wird der Abschluss vom Abschlussprüfer für nicht ordnungsgemäß befunden, erteilt er einen **Versagungsvermerk**.

Über die Feststellungen werden meist die für den Fehler verantwortliche Person sowie deren Vorgesetzter informiert. Feststellungen, die nicht im Prüfungsbericht oder dem Bestätigungsvermerk ihren Niederschlag finden, aber dennoch wesentlich genug sind, dass die Geschäftsführung davon Kenntnis erlangen möchte, werden in Form einer Management Summary zusammengefasst.

Zeitlicher Ablauf einer Abschlussprüfung

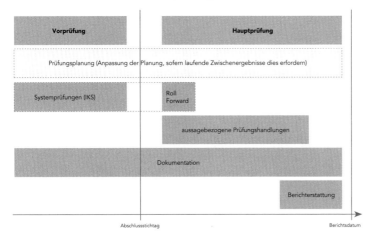

Quick Review – Rahmenbedingungen des Prüfungsprozesses
- Eine Abschlussprüfung erfolgt unter Beachtung der Grundsätze der Wesentlichkeit und Wirtschaftlichkeit.
- Für den Wirtschaftsprüfer besteht das Risiko bei einer Abschlussprüfung darin, dass er einen uneingeschränkten Bestätigungsvermerk erteilt, obwohl der Abschluss wesentliche Falschaussagen enthält (sog. Prüfungsrisiko).
- Durch die Aufstellung eines Jahresabschlusses trifft die Geschäftsführung Aussagen zu Vollständigkeit, Bestand, Genauigkeit, Bewertung, Ausweis und Eigentum.
- Eine Abschlussprüfung gliedert sich in die Abschnitte Planung, Durchführung und Berichterstattung.

III. Grundlagen der Buchungstechnik

Die Grundlagen des betrieblichen Rechnungswesens gehören zum Handwerkszeug eines angehenden Wirtschaftsprüfers. Zur Vorbereitung auf die Bewerbungssituation wollen wir diese daher in der folgenden Fallstudie aufgreifen. Wenn Ihnen die Buchungssätze flott von der Hand gehen, sind Sie gut für eine Bewerbung bei einer WP-Gesellschaft gerüstet. Falls Sie Probleme bei der Lösung der Fallstudie haben sollten, nehmen Sie bitte eines der zahlreichen Lehrbücher zur Hand (siehe Kapitel I.III. »Weiterführende Literaturhinweise«). Die Buchungssätze finden Sie im Anschluss an die Geschäftsvorfälle. Die T-Konten für die Bilanz und Gewinn- und Verlustrechnung (GuV) dürfen Sie selbst ausfüllen.

Rolf Zabel gründet am 01.03.2011 die »Bike GmbH«, die sich auf den Verkauf von Fahrrädern spezialisiert hat. Folgende Geschäftsvorfälle ereignen sich in dem ersten Geschäftsjahr der »Bike GmbH«, das

> **Gliederungsschemata**
> Bevor Sie die T-Konten ausfüllen, schauen Sie sich noch einmal die Gliederungsschemata einer HGB-Bilanz (§ 266 HGB) und GuV (§ 275 HGB) unter www.gesetze-im-internet.de/hgb an.

am 31.12.2011 endet. Umsatzsteuer oder Sozialversicherungsbeiträge berücksichtigen wir nicht.

1. Als Stammeinlage leistet er 25.000 Euro, die er per Banküberweisung am 01.03.2011 auf das Geschäftskonto der »Bike GmbH« einzahlt.
2. Aufnahme eines Kredites bei der Hausbank in Höhe von 80.000 Euro am 01.03.2011. Die Zinsen betragen jährlich 5 Prozent und sind am 28.02. eines jeden Jahres fällig.
3. Die Miete für den Fahrradladen beträgt 1.000 Euro pro Monat und wird am Monatsanfang überwiesen.
4. Die Ausstattung des Ladens wird am 01.04.2011 geliefert. Es handelt sich um eine Kasse für 1.000 Euro (Nutzungsdauer: 6 Jahre), eine Ladentheke für 2.000 Euro (Nutzungsdauer: 10 Jahre) sowie Fahrradständer für 2.500 Euro (Nutzungsdauer: 10 Jahre). Der fällige Betrag wird am 05.04.2011 überwiesen.
5. Die ersten 50 Fahrräder werden am 14.03.2011 geliefert. Der Preis liegt bei 600 Euro pro Stück. Die Rechnung wird nach einer Woche beglichen. Eine zweite Lieferung von zehn Fahrrädern zu dem gleichen Preis erfolgt am 01.12.2011 auf Ziel.
6. Im Laufe des ersten Geschäftsjahres können 40 der Fahrräder zu einem Preis von 1.000 Euro je Fahrrad verkauft werden. Bei fünf im Dezember verkauften Fahrrädern steht die Bezahlung zum Bilanzstichtag noch aus.
7. Für Gewährleistungsansprüche stellt die »Bike GmbH« 1.500 Euro zurück.
8. Die »Bike GmbH« zahlt ihrem Mitarbeiter monatlich ein Gehalt von 1.000 Euro.

Eine Buchung spricht immer zwei Konten an, eines im Soll und eines im Haben (Doppik). Der Saldo ist ausgeglichen, da die Buchung direkt oder indirekt (über die GuV) die Bilanz anspricht. Dies folgt auch aus der Tatsache, dass Mittelherkunft und Mittelverwendung gegenüber gestellt werden. Es kann einfach nichts verloren gehen. Nachfolgend sehen Sie den grundsätzlichen Aufbau eines Buchungssatzes:

Per [Konto im Soll bebucht] Betrag an [Konto im Haben bebucht] Betrag XY.

Buchungssätze des Geschäftsjahres:
1. Bank an gezeichnetes Kapital 25.000 Euro
2. Bank an Verbindlichkeiten gg. Kreditinstituten 80.000 Euro
3. Mietaufwand an Bank 10.000 Euro
4. Geschäftsausstattung an Verbindlichkeiten aus Lieferung und Leistung 5.500 Euro

Verbindlichkeiten aus Lieferung und Leistung an Bank 5.500 Euro
5. Bestand Waren an Bank 30.000 Euro

Bestand Waren an Verbindlichkeiten aus Lieferung und Leistung 6.000 Euro
6. Kasse an Umsatzerlöse 40.000 Euro

Forderungen aus Lieferung und Leistung an Umsatzerlöse 5.000 Euro
7. Aufwand an Rückstellung 1.500 Euro
8. Personalaufwand an Bank 10.000 Euro

Weiterhin ist Folgendes zu beachten:
- Lineare Abschreibungen von Kasse, Ladentheke und Fahrradständern
    - Abschreibung an Geschäftsausstattung 462
- Abgrenzung des Zinsaufwandes
    - Zinsaufwand an Verbindlichkeiten gg. Kreditinstituten 3.333 Euro
- Verbuchung Warenabgang
    - Warenaufwand an Bestand Waren 27.000 Euro

Abschreibung Kasse
1.000 Euro (AK) / 72 (ND in Monaten) * 9 (Anteil 2011 in Monaten) = 132 Euro. Berechnung für Ladentheke und Fahrradständer erfolgt analog.

Soll	GuV 2011	Haben

Aktiva	Bilanz 31.12.2011		Passiva

Quick Review – Grundlagen der Buchungstechnik
- Eine Buchung spricht immer zwei Konten an, eines im Soll und eines im Haben (Doppik).
- Ein Buchungssatz lautet in der Grundform »Soll an Haben«.

Mögliche Fragestellungen im Interview
- Bilden Sie bitte einen Buchungssatz zu... (Dies stellt eine Standardfrage dar).
- Wie gliedern sich eine Bilanz und GuV nach HGB?
- Wie hängen Bilanz und GuV zusammen?
- Wie buchen Sie eine Rückstellung?

IV. Grundlagen der Bilanzierung nach IFRS und HGB
1. Ziele der Rechnungslegungssysteme
IFRS

Hauptzweck der Rechnungslegung nach den IFRS ist die **Vermittlung entscheidungsrelevanter Informationen** (decision usefulness) über die Vermögens-, Finanz- und Ertragslage für Investoren.

Die IFRS sehen eine stärkere Bedeutung der Bewertung zum Fair Value, und nicht zu historischen Anschaffungskosten vor. Dies soll die Informationsfunktion stärken und die Bedürfnisse der Investoren befriedigen. Zudem sind auch umfangreichere Anhangsangaben zu den einzelnen Bilanzpositionen als nach dem HGB zu erstellen, wodurch eine höhere Transparenz hergestellt werden soll.

Seit 2005 sind alle kapitalmarktorientierten Unternehmen in Europa verpflichtet, ihren Konzernabschluss nach den IFRS aufzustellen. In Deutschland betrifft das rd. 700 Unternehmen. Darüberhinaus dürfen nicht-kapitalmarktorientierte Unternehmen ihren Konzernabschluss nach IFRS aufstellen, müssen es aber nicht.

HGB

Das Hauptziel der handelsrechtlichen Rechnungslegung ist die **Ausschüttungsbemessungsfunktion**, also die Darstellung eines vorsichtig ermittelten und damit ausschüttungsfähigen Gewinns unter Anwendung der Grundsätze ordnungsmäßiger Buchführung (GoB). Hieraus ergeben sich die Zwecke des Gläubigerschutzes und der Kapitalerhaltung. Ein weiterer Zweck nach den Vorschriften des HGB ist die Informationsfunktion, d. h. die Informationsversorgung unternehmensexterner Adressaten über die Vermögens-, Finanz- und Ertragslage des Unternehmens.

Im Vergleich zu den IFRS zeigt sich, dass das HGB auch das Ziel der Informationsfunktion kennt, aber gleichzeitig die Zwecke des Gläubigerschutzes und der Kapitalerhaltung in die Rechnungslegung einfließen. Daher nehmen das Realisations- und Vorsichtsprinzip eine prominente Stellung ein.

Die umfassendste Reform der HGB-Rechnungslegung der letzten Zeit stellt das im Jahr 2009 erlassene Bilanzrechtsmodernisierungsgesetz (BilMoG) dar. Das BilMoG verfolgt vorrangig zwei Ziele:
- Kostenentlastung kleinerer und mittlerer Unternehmen
- Modernisierung des deutschen Handelsrechtes, um nicht-kapitalmarktorientierten Unternehmen eine den IFRS gleichwertige aber kostengünstigere Alternative zu bieten.

Der Einzelabschluss deutscher Unternehmen muss nach wie vor zwingend nach HGB aufgestellt werden. Das Unternehmen darf aber für Zwecke der Offenlegung einen IFRS-Einzelabschluss aufstellen und diesen stattdessen im Handelsregister veröffentlichen (§ 325 Abs. 2a HGB).

Quick Review – Ziele der Rechnungslegung
- Die IFRS verfolgen das Ziel der Vermittlung entscheidungsrelevanter Informationen.
- Die Fair Value-Bilanzierung nimmt nach den IFRS eine prominentere Stellung als im HGB ein.
- Nach dem HGB soll unter Beachtung der GoB ein vorsichtig ermitteltes Ergebnis ausgewiesen werden.
- Im HGB dominieren das Anschaffungskosten, Vorsichts- und Realisationsprinzip.

Mögliche Fragestellungen im Interview
- Nennen Sie die Ziele der Rechnungslegung nach den IFRS und dem HGB!
- Welche unterschiedlichen Bewertungsgrundsätze lassen sich hieraus ableiten?
- Welche Unternehmen sind zur Bilanzierung nach IFRS verpflichtet?
- Welchen Zweck verfolgt das BilMoG?

2. Ansatz- und Bewertungsvorschriften

Dieser Abschnitt soll Ihnen ein grundlegendes Verständnis für die Bilanzierungsvorschriften nach IFRS und HGB geben. Er kann allerdings nicht die Lektüre eines Fachbuches ersetzen, da dies den Umfang dieses Buches sprengen würde. Vertiefende Literatur haben wir im Kapitel I.III. »Weiterführende Literaturhinweise« aufgeführt.

Grundlagen der Bilanzierung dem Grunde nach - Ansatz
IFRS
Einen International Financial Reporting Standard (IFRS), der die Grundlagen der Bilanzierung prinzipienbasiert regelt und als Rückfallebene bei nicht geregelten Problemen dient, existiert nicht. Die Folge ist, dass Sie für den konkreten Sachverhalt entscheiden müssen, welcher IFRS einschlägig ist. Der Anwendungsbereich und auch der Nichtanwendungsbereich sind jedoch glücklicherweise integraler Bestandteil von jedem IFRS. Das IASB hat ein IFRS-Rahmenkonzept entwickelt, das selbst aber nicht den Rang eines IFRS hat. Das Rahmenkonzept soll bei der Beurteilung der Frage helfen, ob Jahresabschlüsse IFRS-konform sind.

Gültigkeit erlangen die Regelungen des Rahmenkonzepts aber erst durch die Übernahme in einzelne IFRS (Bestandteile und Grundsätze z. B. in IAS 1, Ansatz und Bewertung in den Spezialvorschriften IAS 11 »Fertigungsaufträge«, IAS 18 »Erträge« etc.).

Vermögenswerte und die Schulden müssen gem. dem Rahmenkonzept kumulativ folgende Kriterien erfüllen, um angesetzt werden zu können:
- Sachverhalt muss der Definition eines Abschlusspostens genügen (Vermögenswert oder Schulden)
- Wahrscheinlich, dass ein mit dem Sachverhalt verbundener Nutzen dem Unternehmen zufließt/vom Unternehmen abfließt
- Zuverlässige Bewertung des Sachverhalts muss möglich sein

Die tatsächlichen Voraussetzungen zum Ansatz sind hingegen in den Spezialvorschriften geregelt.

HGB
Alle Vermögensgegenstände und Schulden sind vollständig in die Bilanz aufzunehmen (§ 256 HGB). Zur Definition von Vermögensgegenständen und Schulden schweigt sich das HGB jedoch aus.

Der Jahresabschluss ist aber unter Berücksichtigung der (zum Großteil nicht kodifizierten) Grundsätze ordnungsgemäßer Buchführung aufzustellen:
- Prinzip der selbstständigen Verwertbarkeit und der Quantifizierung (Aktivierungsgrundsatz)
- Prinzip der Verpflichtung, der wirtschaftlichen Belastung und der Quantifizierung (Passivierungsgrundsatz)

> **Stichwort: Alles Vermögen, oder was?** Durch die Wahl der Bezeichnung zeigen Sie, in welchem Rechnungslegungsstandard Sie sich bewegen. Die IFRS bilanzieren **Vermögenswerte**, das HGB **Vermögensgegenstände** und das deutsche Ertragssteuerrecht **Wirtschaftsgüter**. In anderen Bereichen gibt es ähnliche Abweichungen, achten Sie daher auf Ihre Wortwahl!

Anlagevermögen liegt gem. § 247 Abs. 2 HGB vor, wenn der Vermögensgegenstand dauernd dem Geschäftsbetrieb zu dienen bestimmt ist. Die Regelungen der GoB werden in Einzelfällen um Erweiterungen (entgeltlich erworbener Firmenwert) bzw. Einschränkungen (z. B. selbstgeschaffene Marken) ergänzt.

Grundlagen der Bilanzierung der Höhe nach – Bewertung
IFRS
Das Rahmenkonzept gibt vier verschiedene Bewertungsmaßstäbe vor, die zur Anwendung in einem IFRS-Abschluss kommen können:
- Historische Anschaffungs- oder Herstellungskosten (historical cost)
- Wiederbeschaffungskosten (current cost)
- Veräußerungswert/Erfüllungsbetrag (realisable/settlement value)
- Barwert (present value)

Das Rahmenkonzept trifft jedoch keine Zuordnung von Bewertungsmaßstäben zu Bilanzposten. Diese Zuordnung findet sich aber in den Spezialvorschriften wieder, die obige Aufzählung ergänzen bzw. erweitern (z. B. »Fair Value« in IAS 16, 38, 39 und 40 oder »erzielbarer Betrag« in IAS 36). Es ist daher auch für Bewertungszwecke die jeweilige Spezialvorschrift heranzuziehen.

HGB
Auch für Fragen der Bewertung besitzt das HGB grundsätzliche Regelungen. Vermögensgegenstände sind mit den Anschaffungs- oder Herstellungskosten, vermindert um Abschreibungen anzusetzen. Verbindlichkeiten und Rückstellungen sind mit ihrem Erfüllungsbetrag anzusetzen. Langfristige Rückstellungen (Laufzeit > 1 Jahr) sind mit einem fristenkongruenten Zinssatz (nach Maßgabe der Bundesbank) abzuzinsen.

Immaterielle Vermögenswerte/-gegenstände des Anlagevermögens

Ansatz

Die Bilanzierung von immateriellen Vermögenswerten ist im IAS 38 geregelt. IAS 38.8 definiert einen immateriellen Vermögenswert als einen **identifizierbaren, nicht monetären Vermögenswert ohne physische Substanz**. Die **Identifizierbarkeit** im Sinne des IAS 38 bedeutet, dass der Vermögenswert separierbar ist und auf der Grundlage von vertraglichen oder gesetzlichen Regelungen entsteht. Dieser Definition entsprechende Beispiele wären z. B. Patente, Lizenzen, Konzessionen und Warenzeichen.

Um den Vermögenswert gem. IAS 38 auch bilanzieren zu können, muss dieser kontrollierbar sein (**control**) und sich ein künftiger wirtschaftlicher Nutzen aus diesem ergeben (**future economic benefit**). **Control** ist bspw. bei einem Kundenstamm oder dem Know-how der Mitarbeiter nicht erfüllt, da das Unternehmen diese Vermögenswerte (rechtlich) nicht beherrschen kann. **Zukünftiger wirtschaftliche Nutzen** ist z. B. gegeben, wenn das Unternehmen durch den Einsatz des immateriellen Vermögenswertes Umsätze generieren kann.

Der **wirtschaftliche Nutzen** muss auch **wahrscheinlich** (probable) sein und die **Anschaffungs- und Herstellungskosten** des immateriellen Vermögenswertes **zuverlässig ermittelt** (reliably measurable) werden können.

Im Fall von **selbsterstellten immateriellen Vermögenswerten** muss danach unterschieden werden, ob sich dieser in der **Forschungs-** oder der **Entwicklungsphase** befindet. Dabei gilt, dass für Forschungsausgaben ein Aktivierungsverbot existiert, Entwicklungsaufwendungen hingegen müssen aktiviert werden Für die Differenzierung von Forschungs- und Entwicklungsphase hat das IASB sechs Kriterien entwickelt, die für das Vorliegen der Entwicklungsphase kumulativ erfüllt sein müssen, vgl. IAS 38.57.

Gemäß § 248 Abs. 2 HGB sind alle erworbenen immateriellen Vermögenswerte des Anlagevermögens ansatzpflichtig. Selbsterstellte immaterielle Vermögenswerte des Anlagevermögens können seit Einführung des BilMoG angesetzt werden, es besteht also ein Aktivierungswahlrecht. Vorher galt ein Aktivierungsverbot. Auch das HGB trifft in die Unterscheidung zwischen aktivierungsfähigen Entwicklungsaufwendungen und nicht aktivierbaren Forschungsaufwendungen. Das Ziel der Ausschüttungsbemessungsgrundlage des HGB-Abschlusses spiegelt sich in der Ausschüttungssperre hieraus erzielter Ergebnisbestandteile wieder.

Bewertung

Im Zugangszeitpunkt sind immaterielle Vermögenswerte mit den Anschaffungskosten oder Herstellungskosten zu bewerten. Bei der Folgebewertung sieht IAS 38 ein Wahlrecht zwischen den fortgeführten **Anschaffungs- oder Herstellungskosten** (cost model) und der nur selten praktisch angewandten **Neubewertung** (revaluation model) vor.

Für Zwecke der **Abschreibungen** unterscheidet IAS 38 zwischen immateriellen Vermögenswerten mit
- bestimmbarer Nutzungsdauer, die planmäßig über die Nutzungsdauer abzuschreiben sind,
- unbestimmbarer Nutzungsdauer, die keiner planmäßigen Abschreibung unterliegen, aber jährlich einem Werthaltigkeitstest (Impairment Test) zu unterziehen sind,
- unbegrenzter Nutzungsdauer, die wie immaterielle Vermögenswerte mit unbestimmbarer Nutzungsdauer behandelt werden.

Liegen Indizien für eine Wertminderung vor, so ist ein **Impairment Test** durchzuführen. Dieser führt zu einer außerplanmäßigen Abschreibung, wenn der erzielbare Betrag (recoverable amount) niedriger ausfällt als der Buchwert.

Gemäß § 253 Abs. 1 S. 1 HGB sind alle erworbenen immateriellen Vermögenswerte des Anlagevermögens mit den fortgeführten Anschaffungs- oder Herstellungskosten anzusetzen. Eine Neubewertung analog IAS 38 ist aufgrund des Anschaffungskostenprinzips nicht erlaubt.

Quick Review – Immaterielle Vermögenswerte/-gegenstände
- Auf dem Gebiet der Bilanzierung immaterieller Vermögenswerte ergeben sich in puncto Aktivierung und Bewertung nach Einführung des BilMoG kaum noch größere Unterschiede zwischen IFRS und HGB.
- Nach dem HGB erfolgt bei der Folgebewertung keine Neubewertung. Bei der Folgebewertung nach den IFRS ist eine Neubewertung möglich. Das Neubewertungsmodell kommt nur selten zur Anwendung.

Mögliche Fragestellungen im Interview
- Auf welchen Gebieten gab es durch das BilMoG eine große Annäherung zwischen den IFRS und dem HGB?
- Inwieweit unterscheidet sich die Bilanzierung von selbst erstellten immateriellen Vermögenswerten des Anlagevermögens nach IFRS und HGB?
- Wie sieht die Folgebewertung von immateriellen Vermögenswerten nach IAS 38 aus?

Sachanlagen

Ansatz

Gemäß IAS 16.6 umfassen die Sachanlagen alle materiellen Vermögenswerte, die ein Unternehmen für die Zwecke der Herstellung oder die Lieferung von Gütern und Dienstleistungen, zur Vermietung an Dritte oder für Verwaltungszwecke benutzt und von denen erwartet wird, dass sie länger als eine Periode genutzt werden.

Entspricht ein Vermögensgegenstand dieser **Definition**, ist zudem der mit dem Gegenstand **verbundene Nutzenzufluss** für das Unternehmen **wahrscheinlich** (future economic benefit) und können die **Anschaffungs- oder Herstellungskosten verlässlich ermittelt** (reliably measurable) werden, so ist er als Sachanlage gemäß IAS 16 in der Bilanz anzusetzen.

Das HGB sieht auch im Falle von Sachanlagen keine explizite Definition vor. Das allgemeine Gliederungsschema in § 266 HGB enthält lediglich eine Aufzählung von Sachanlagen (z. B. Grundstücke, technische Anlagen und Maschinen, Betriebs- und Geschäftsausstattung), es ist auf die unter »Bilanzierung dem Grunde nach« aufgeführte Definition zuzugreifen.

Bewertung

Sachanlagen werden bei der Erstbewertung mit den **Anschaffungs- oder Herstellungskosten** angesetzt (IAS 16.15). Zu den Anschaffungskosten zählen der Kaufpreis und die der Anschaffung direkt zurechenbaren Kosten, um den Vermögensgegenstand in einen betriebsbereiten Zustand zu versetzen. Die Herstellungskosten einer Sachanlage werden nach dem Vollkostenprinzip ermittelt (siehe Übersicht Herstellungskosten).

Wie bei den immateriellen Vermögensgegenständen unterscheidet auch IAS 16 bei der Folgebewertung zwischen dem **Anschaffungskosten-** (cost model) und dem **Neubewertungsmodell** (revaluation model). Die Abschreibungen erfolgen über die wirtschaftliche Nutzungsdauer des Vermögenswertes, wobei die Abschreibungsmethode den wirtschaftlichen Nutzen des Gegenstandes abbilden muss. Liegen Indizien für eine Wertminderung vor, so ist ein **Werthaltigkeitstest** (sog. Impairment Test) durchzuführen.

Sachanlagen werden nach § 253 Abs. 1 S. 1 HGB mit den **Anschaffungs- oder Herstellungskosten** bewertet. Beim Ansatz der Herstellungskosten bestehen im HGB nun nach dem BilMoG weniger Wahlrechte als zuvor (§ 255 Abs. 2 HGB). Das Vollkostenprinzip wird aber nicht so konsequent wie nach IFRS verfolgt. Die Folgebewertung ist mit den fortgeführten Anschaffungs-/Herstellungskosten vorzunehmen.

Übersicht Herstellungskosten

Herstellungskosten	§ 255 HGB	IAS 2/IAS 16
Einzelkosten		
Materialeinzelkosten	Pflicht	Pflicht
Fertigungseinzelkosten	Pflicht	Pflicht
Sondereinzelkosten der Fertigung	Pflicht	Pflicht
Gemeinkosten		
Materialgemeinkosten	Pflicht	Pflicht
Fertigungsgemeinkosten	Pflicht	Pflicht
Werteverzehr des Anlagevermögens	Pflicht	Pflicht
Verwaltungskosten des Material- und Fertigungsbereichs	Pflicht	Pflicht
(= Wertuntergrenze nach HGB)		
Fremdkapitalkosten (unter best. Bedingungen)	Wahlrecht	Pflicht
Anteilige allgemeine Verwaltungskosten	Wahlrecht	Pflicht*
Angemessene Aufwendungen für soziale Einrichtungen des Betriebes	Wahlrecht	Pflicht*
Anteilige Kosten für freiwillige soziale Leistungen	Wahlrecht	Pflicht*
Anteilige Kosten für betriebliche Altersversorgung	Wahlrecht	Pflicht*
(= Wertobergrenze nach HGB)		
Ertragssteuern	Verbot	Verbot
Verwaltungskosten des Vertriebsbereichs	Verbot	Verbot
Vertriebskosten	Verbot	Verbot
Forschungskosten	Verbot	Verbot

* = sofern herstellungsbezogen.

Quick Review - Sachanlagevermögen
- Bei der Herstellung werden nach den IFRS die Vollkosten angesetzt, während das HGB eine Wertunter- und -obergrenze definiert.
- Eine Neubewertung über die Anschaffungskosten hinaus ist nach IAS 16 im Gegensatz zum HGB zulässig.

Mögliche Fragestellungen im Interview
- Welche Teile sind in die Herstellungskosten nach den IFRS und welche Teile sind nach HGB einzubeziehen?
- Unter welchen Bedingungen ist eine Neubewertung von Sachanlagen nach IAS 16 zulässig?

Finanzielle Vermögenswerte und -gegenstände

Ansatz

Die Bilanzierung von Finanzanlagevermögen ist in IAS 39 geregelt. Danach sind alle finanziellen Vermögenswerte in eine der folgenden Kategorien einzuordnen:

- **At Fair Value through Profit or Loss:** Zu Handelszwecken bzw. zur Erzielung kurzfristiger Gewinne gehaltene finanzielle Vermögenswerte, wie bspw. Derivate. Durch die Fair Value-Option ist eine Zuordnung zu dieser Kategorie nur möglich, wenn eines der drei Kriterien nach IAS 39.9 erfüllt ist.
- **Held-to-Maturity:** Finanzielle Vermögenswerte mit festen oder bestimmbaren Zahlungen und fester Laufzeit, bei denen das Unternehmen beabsichtigt, sie bis zur Endfälligkeit zu halten.
- **Loans and Receivables:** Vermögenswerte mit festen Zahlungen und Endfälligkeit, die nicht an einem aktiven Markt gehandelt werden. Hierunter fallen bspw. Forderungen aus Lieferungen und Leistungen sowie Ausleihungen.
- **Available-for-Sale:** Alle anderen finanziellen Vermögenswerte, die keiner der zuvor genannten Kategorien zugeordnet werden können.

> **Stichwort: IAS 39**
> In WP-Kreisen geht die Unterstellung um, dass derjenige, der behauptet IAS 39 verstanden zu haben, mit dieser Aussage genau das Gegenteil beweist. Der Standard wird wohl auch deswegen aktuell überarbeitet und durch den IFRS 9 abgelöst werden. Nach aktuellem Stand wird der Nachfolgestandard jedoch nicht vor 2015 in der EU zur Anwendung kommen!

Finanzielle Vermögenswerte sind nach dem Gliederungsschema des § 266 HGB im Anlage- (Finanzanlage-) oder Umlaufvermögen (Forderungen aus Lieferungen und Leistungen; Wertpapiere; Kassenbestand) zu finden.

Bewertung

Grundsätzlich sind alle Finanzinstrumente nach IAS 39 bei Zugang mit dem **Fair Value** zu bewerten. Es kann davon ausgegangen werden, dass dieser im Zugangszeitpunkt den Anschaffungskosten entspricht, wobei evtl. entstehende **Transaktionskosten** (z. B. Maklercourtage) abhängig von der jeweiligen Kategorie (nicht) berücksichtigt werden. Bei der Folgebewertung sind die unterschiedlichen Klassifikationen des IAS 39 zu beachten.

- **At Fair Value through Profit or Loss:** Transaktionskosten dürfen nicht aktiviert werden. Die Folgebewertung wird in dieser Kategorie zum Fair Value vorgenommen. Fair Value-Änderungen werden immer erfolgswirksam erfasst.
- **Held-to-Maturity:** Finanzielle Vermögenswerte dieser Kategorie werden zu den fortgeführten Anschaffungskosten unter Anwendung der Effektivzinsmethode (amortised cost) folgebewertet. Bei dauerhaften Wertminderungen wird erfolgswirksam abgeschrieben.
- **Loans and Receivables:** Im Zugangszeitpunkt werden neben dem Fair Value auch die Transaktionskosten aktiviert. Die Folgebilanzierung erfolgt nach der Effektivzinsmethode.

- **Available-for-Sale:** Transaktionskosten müssen aktiviert werden. Die Folgebewertung wird zum Fair Value vorgenommen, wobei seit dem letzten Stichtag eingetretene Wertänderungen (z. B. aufgrund von Kursschwankungen) erfolgsneutral in der Available-for-Sale-Rücklage im Eigenkapital erfasst werden. Wertminderungen (impairment losses) durch z. B. Insolvenz des Wertpapieremittenten werden erfolgswirksam in der GuV erfasst.

Unabhängig von der Einordnung in das Anlage- oder Umlaufvermögen sind finanzielle Vermögenswerte nach HGB im Zugangszeitpunkt zu den **Anschaffungskosten** zu bewerten. **Transaktionskosten** werden nicht aktiviert, sondern unmittelbar in den Aufwand gebucht.

Die Folgebewertung erfolgt zu den fortgeführten Anschaffungskosten. Es dürfen daher auch zur Wahrung des Anschaffungskostenprinzips unrealisierte Gewinne aus einem höheren Börsen- oder Marktpreis über den Anschaffungskosten nicht ausgewiesen werden (Ausnahmen gibt es nur im Bank- und Versicherungsbereich). Außerplanmäßige Abschreibungen sind im Anlagevermögen nach dem **gemilderten Niederstwertprinzip** vorzunehmen, wenn diese dauerhaft sind. Bei nur vorübergehender Wertminderung besteht ein Wahlrecht zur Abschreibung. Für finanzielle Vermögenswerte aus dem Umlaufvermögen sind nach dem **strengen Niederstwertprinzip** außerplanmäßige Abschreibungen auf den niedrigeren beizulegenden Wert zwingend vorzunehmen.

Quick Review – Finanzielle Vermögenswerte und -gegenstände
- Die Bewertung der Finanzinstrumente hängt nach den IFRS nicht von der Zuordnung in Umlauf- oder Anlagevermögen ab, sondern von den Klassifikationen des IAS 39.
- Die Zugangsbewertung nach IAS 39 erfolgt grundsätzlich zum Fair Value.
- Die (Folge-)Bewertung nach IAS 39 sieht abhängig von der Kategorie sowohl den Fair Value als auch die fortgeführten Anschaffungskosten unter Anwendung der Effektivzinsmethode vor.
- Auch nach dem BilMoG gibt es wesentliche Abweichungen in der Bilanzierung von Finanzinstrumenten zwischen dem HGB und den IFRS.

Mögliche Fragestellungen im Interview
- Nennen Sie die unterschiedlichen Kategorien des IAS 39!
- Inwieweit unterscheiden sich die Kategorien des IAS 39 bei der bilanziellen Erfassung von Wertänderungen?

Vorratsvermögen

Ansatz

Nach IAS 2.6 gelten Vorräte als Vermögenswerte, die zum Verkauf im normalen Geschäftsgang bestimmt sind, die sich in der Herstellung für einen solchen Verkauf befinden oder Roh-, Hilfs- und Betriebsstoffe sind.

Im HGB fallen nach dem Gliederungsschema des § 266 Abs. 2 Roh-, Hilfs- und Betriebsstoffe, unfertige Erzeugnisse/unfertige Leistungen, fertige Erzeugnisse und Waren sowie geleistete Anzahlungen unter die Kategorie der Vorräte.

Bewertung

Vorräte sind gem. IAS 2 mit dem niedrigeren Wert aus **Anschaffungs- oder Herstellungskosten** (für die Bestandteile der Herstellungskosten siehe Übersicht Herstellungskosten) und **Nettoveräußerungswert** (net realizable value) zu bilanzieren. Der Nettoveräußerungswert bestimmt sich dabei als der erzielbare Verkaufspreis abzüglich der Kosten, die noch bis zur Fertigstellung anfallen. Dieser **Niederstwerttest** orientiert sich also am Absatzmarkt.

Nach IAS 2 gilt grundsätzlich das Einzelbewertungsprinzip. Jedoch ist aus Wirtschaftlichkeitsgründen die Anwendung von **Bewertungsvereinfachungen** (Verbrauchsfolgeverfahren) für Vorräte gestattet. Dabei sind die FiFo-Methode und die Durchschnittsmethode zulässig, die LiFo-Methode hingegen nicht. Die Anschaffungs- und Herstellungskosten bilden gemäß IAS 2 die Wertobergrenze, d. h. es darf nicht über die historischen Anschaffungs- oder Herstellungskosten zugeschrieben werden (anders jedoch Anlagevermögen).

Die Zugangsbewertung nach HGB erfolgt für Roh-, Hilfs- und Betriebsstoffe, Waren und geleistete Anzahlungen mit den **Anschaffungskosten**. Unfertige und fertige Erzeugnisse werden mit den **Herstellungskosten** bewertet. Bei der Folgebewertung gilt das **strenge Niederstwertprinzip**. Vorräte sind mit dem niedrigeren Wert aus den fortgeführten Anschaffungs- oder Herstellungskosten und dem Börsen-, Marktpreis oder beizulegendem Wert anzusetzen. Bei Wertminderung sind Vorräte also zwingend abzuwerten.

Zu den möglichen Vereinfachungsverfahren nach HGB zählen die Durchschnittsmethode sowie das LiFo- und FiFo-Verfahren, wobei in der Praxis häufig die beiden erstgenannten Verfahren angewendet werden.

Übersicht Anschaffungskosten HGB und IFRS

Anschaffungskosten
Anschaffungspreis
./. Anschaffungspreisminderungen (Skonti, Rabatte)
+ Anschaffungsnebenkosten, wenn direkt zurechenbar
+ nachträgliche Anschaffungskosten
= Anschaffungskosten

Quick Review – Vorratsvermögen
- Nach dem HGB besteht ein Wahlrecht zwischen Teil- und Vollkosten, während nach den IFRS die Vollkosten angesetzt werden.
- Ansatz nach dem HGB zu Anschaffungs- oder Herstellungskosten oder niedrigerem Marktwert. Nach IFRS mit niedrigerem Wert aus den Anschaffungs- oder Herstellungskosten und dem Nettoveräußerungswert.

Mögliche Fragestellungen im Interview
- Welche Bestandteile gehören nach IFRS und welche nach HGB zu den Herstellungskosten?
- Woraus setzen sich die Anschaffungskosten nach IFRS und dem HGB zusammen?
- Was besagt das strenge Niederstwertprinzip?

Forderungen und Umsatzrealisierung
Ansatz und Bewertung (IFRS)
Der Ansatz und die Bewertung von Forderungen aus dem Verkauf von Gütern sowie der Erbringung von Dienstleistungen bestimmen sich nach den Grundsätzen des IAS 18 »Umsatzerlöse«. Kann der Umsatz realisiert werden, ergibt sich automatisch auch der Ansatz einer entsprechenden Forderung.

Die Umsatzrealisation bei Verkauf eines Gutes ist nach IAS 18 an die entscheidenden Kriterien des **Übergangs der maßgeblichen Chancen und Risiken** auf den Käufer sowie der **Hingabe der Verfügungsmacht** gebunden. Im Allgemeinen wird dies der Fall sein, wenn die Ware an den Käufer übergeben wird, d. h. der Zeitpunkt der Lieferung bzw. Leistung (Besitz- und Eigentumsübergang). Bei sog. Bill and Hold-Verträgen, bei denen der Besitz an der Ware noch nicht übergeht, kann die Ertragsrealisierung schon früher erfolgen. Weiterhin muss die Höhe des Ertrages **zuverlässig messbar** sein und es als **hinreichend wahrscheinlich** gelten, dass dem bilanzierenden Unternehmen ein wirtschaftlicher Nutzen zufließt.

Erträge aus Dienstleistungsaufträgen werden gemäß dem Leistungsfortschritt vereinnahmt.

Ansatz und Bewertung (HGB)

Bei der Frage, zu welchem Zeitpunkt in der HGB-Bilanz eine Forderung entsteht, knüpfen die Überlegungen eng an die zivilrechtlichen Regelungen des BGB an. Die Forderung geht zu, sobald der Gläubiger (das Unternehmen) seine Verpflichtungen aus dem Geschäft im Wesentlichen erfüllt hat und der entstandene Anspruch so gut wie sicher ist. Im Regelfall ist dies der Zeitpunkt der Lieferung bzw. Leistung (Gefahrenübergang).

Dienstleistungen, die zum Zeitpunkt noch nicht abgeschlossen sind und die den Charakter einer Werkleistung haben (z. B. die Prüfung des Jahresabschlusses eines Mandanten, die sich über den Abschlussstichtag der prüfenden Wirtschaftsprüfungsgesellschaft hinaus erstreckt), werden als unfertige Leistungen bilanziert (siehe hierzu den Abschnitt »Vorratsvermögen«). Fertige Leistungen können Dienstleistungsunternehmen nicht bilanzieren, da diese direkt zu Forderungen führen.

Quick Review – Forderungen und Umsatzrealisierung
- Sowohl nach den IFRS als auch nach dem HGB stellt beim Verkauf von Gütern der Gefahrenübergang den Zeitpunkt der Umsatzrealisierung dar.
- Bei der Erbringung von Dienstleistungen erfolgt die Aktivierung nach IFRS und HGB mit fortschreitender Leistungserbringung, nach IFRS geht dies als Umsatzerlös, nach HGB ggf. auch als Bestandsveränderung in die Erfolgsrechnung ein.

Mögliche Fragestellungen im Interview
- Welche Anforderungen stellen die IFRS und das HGB an die Ertragsvereinnahmung beim Verkauf von Gütern?
- Warum werden im HGB bei unfertigen Dienstleistungen im Gegensatz zu den IFRS keine Umsatzerlöse ausgewiesen?

Rückstellungen

Ansatz

Unter einer Rückstellung verstehen die IFRS eine Schuld, die – im Unterschied zu einer Verbindlichkeit – hinsichtlich ihrer **Fälligkeit und/oder ihrer Höhe ungewiss ist** (IAS 37.10). Da eine Rückstellung eine Unterart der Schulden darstellt, muss auch hier geprüft werden, ob das Unternehmen aus einem Ereignis der Vergangenheit eine gegenwärtige Verpflichtung hat, der Abfluss von Ressourcen mit wirtschaftlichen Nutzen zur Erfüllung dieser Verpflichtung wahrscheinlich ist und eine zuverlässige Schätzung der Höhe der Verpflichtung möglich ist.

Handelt es jedoch nur um eine mögliche Verpflichtung (Wahrscheinlichkeit unter 50 Prozent) bzw. ist der Abfluss nicht wahrscheinlich (Wahrscheinlichkeit unter 50 Prozent) oder die Schätzung nicht ausreichend verlässlich möglich, so liegt eine Eventualverbindlichkeit (contingent liability) vor. Eventualverbindlichkeiten werden nur im Anhang erläutert. Der Ansatz von Aufwandsrückstellungen ist nach den IFRS grundsätzlich nicht zulässig.

Der Ansatz von Rückstellungen nach HGB ist im § 249 HGB geregelt. Eine **Passivierungspflicht** besteht für ungewisse Verbindlichkeiten und drohende Verluste aus schwebenden Geschäften. Außerdem ist eine Rückstellung zu bilden für im Geschäftsjahr unterlassene Aufwendungen für Instandhaltung, die im folgenden Geschäftsjahr innerhalb von drei Monaten erfolgen oder für Abraumbeseitigung, die im folgenden Geschäftsjahr nachgeholt werden, sowie für Gewährleistungen, die ohne rechtliche Verpflichtung erbracht werden.

Bewertung
Eine Rückstellung ist gem. IAS 37 mit dem **bestmöglichen Schätzwert** (best estimate) zu bewerten. Bei mehreren möglichen Beträgen ist der Wert mit der höchsten Eintrittswahrscheinlichkeit anzusetzen. Bezieht eine Rückstellung viele einzelne Geschäftsvorfälle ein, so ist der Erwartungswert zu bilden. Zukünftige Preissteigerungen sind, sofern ausreichend sicher, in die Ermittlung einzubeziehen.

HGB-Rückstellungen sind grundsätzlich mit dem **Erfüllungsbetrag** anzusetzen, der nach **vernünftiger kaufmännischer Beurteilung** notwendig ist. Sind mehrere Beträge gleich wahrscheinlich, so ist gemäß dem Vorsichtsprinzip auf den höchsten dieser Werte abzustellen. Rückstellungen mit einer Restlaufzeit von mehr als einem Jahr sind mit einem von der Deutschen Bundesbank regelmäßig zu veröffentlichenden fristenkongruenten Zinssatz abzuzinsen. Preissteigerungen sind ähnlich den IFRS-Regelungen zu berücksichtigen.

Quick Review – Rückstellungen
- Im Vergleich zu den IFRS zeigt sich, dass nach dem HGB eine Rückstellung bereits bei einer Eintrittswahrscheinlichkeit von unter 50 Prozent angesetzt wird, während nach den IFRS eine Wahrscheinlichkeit von über 50 Prozent gegeben sein muss.
- Durch die prominente Stellung des Vorsichtsprinzips im HGB kommt es nach dem HGB eher zu einem Ansatz der Rückstellung als bei den IFRS.
- Rückstellungen sind ein beliebtes Feld für die Bilanzpolitik der Manager. In guten Jahren werden Rückstellungen überdotiert, um in schlechten Jahren diese wieder erfolgswirksam auflösen zu können. Dementsprechend sind Rückstellungen ein sensibles Thema bei jeder Abschlussprüfung.
- Die Bildung von Aufwandsrückstellungen ist nach den IFRS nicht zulässig, da diese auf Verpflichtungen gegenüber Dritten abstellen.

Mögliche Fragestellungen im Interview
- Nennen Sie die Unterschiede in der Rückstellungsbilanzierung zwischen den IFRS und dem HGB.
- Warum sind Rückstellungen ein sensibles Feld bei einer Abschlussprüfung?
- Wie sind Rückstellungen nach IAS 37 zu bewerten?

Verbindlichkeiten

Ansatz

Die IFRS definieren eine Verbindlichkeit (liability) als eine **gegenwärtige Verpflichtung**, die auf einem **Ereignis der Vergangenheit** beruht, aus dem ein wahrscheinlicher zukünftiger **Abfluss an Ressourcen** resultiert.

Unter einer Verbindlichkeit versteht das HGB die Verpflichtung eines Unternehmens, eine **vermögensmindernde Leistung** zu erbringen, die am Bilanzstichtag dem Grunde, der Höhe und der Fälligkeit nach sicher sind.

Bewertung

Die IFRS unterscheiden in finanzielle und sonstige Verbindlichkeiten. Konkrete Vorschriften zur Bilanzierung von **finanziellen Verbindlichkeiten** finden sich in IAS 39. Unabhängig von der Bewertungskategorie sind alle finanziellen Verbindlichkeiten bei erstmaliger Erfassung zum Fair Value zu berücksichtigen, der in der Regel den »Anschaffungskosten« entspricht. Die Folgebewertung erfolgt grundsätzlich zu den fortgeführten Anschaffungskosten, die anhand der Effektivzinsmethode ermittelt werden. Ausnahmen bilden finanzielle Verbindlichkeiten, die der Kategorie At Fair Value through Profit or Loss zugeordnet sind, welche zum Fair Value bewertet werden (siehe oben finanzielle Vermögenswerte). **Sonstige Verbindlichkeiten** sind im Zugang und in der Folge mit dem Rückzahlungsbetrag zu bewerten.

Verbindlichkeiten sind gemäß § 253 Abs. 1 S. 2 HGB mit dem **Erfüllungsbetrag** anzusetzen. Ein Agio oder Disagio wird abgegrenzt und zeitanteilig linear aufgelöst.

Quick Review – Verbindlichkeiten
- Die IFRS unterscheiden in finanzielle und sonstige Verbindlichkeiten
- Keine Abzinsung von Verbindlichkeiten nach HGB

Mögliche Fragestellungen im Interview
- Grenzen Sie Verbindlichkeiten von Rückstellungen ab!
- Erläutern Sie kurz die Unterschiede in der Bewertung zwischen HGB und IFRS. Welche weiteren bilanziellen Folgen können sich hieraus grundsätzlich ergeben?

3. Konzernrechnungslegung

IFRS

Die Vorschriften zur Konzernrechnungslegung nach den IFRS finden sich in IAS 27. Nach IAS 27.9 muss jedes Mutterunternehmen, das ein oder mehrere Tochterunternehmen beherrscht, einen Konzernabschluss aufstellen. Unter **Beherrschung** (control) wird dabei verstanden, dass das Unternehmen die Möglichkeit hat, die Finanz- und Geschäftspolitik des anderen Unternehmens zu bestimmen. Dies wird regelmäßig dann angenommen, wenn das Unternehmen über die Mehrheit der Stimmrechte an dem anderen Unternehmen verfügt (IAS 27.4). IAS 27.13 nennt weitere Kriterien, die auf eine Beherrschungsmöglichkeit hinweisen, wie z. B. das Recht, die Mehrheit der Mitglieder der Leistungsorgane bestimmen zu dürfen.

In den Konsolidierungskreis sind gemäß IAS 27.12 grundsätzlich alle Unternehmen einzubeziehen, bei denen das oben beschriebene Mutter-Tochter-Verhältnis vorliegt. Zusätzlich existiert in SIC 12 eine Regelung, nach der unter bestimmten Voraussetzungen sog. **Special Purpose Entities** (SPE), auch in den Konsolidierungskreis einbezogen werden müssen.

Die Regeln zur **Kapitalkonsolidierung** sind in IFRS 3 festgehalten. IFRS 3 sieht dabei als einzig zulässige Methode die Erwerbsmethode (Acquisition Method) vor, nach der die Anschaffungskosten für den Anteil an dem Tochterunternehmen dem anteilig neubewerteten Eigenkapital gegenübergestellt werden. Ein ggf. entstehender positiver Unterschiedsbetrag zwischen den Anschaffungskosten und dem zum Fair Value neubewerteten, anteiligen Reinvermögen wird als **Geschäfts- oder Firmenwert** (Partial Goodwill) ausgewiesen. Nach IFRS 3 können Minderheitenanteile auch zum Fair Value bewertet werden. Wird dieses Wahlrecht wahrgenommen, kommt es zu dem Ausweis eines Full Goodwill. Dieser ist jedoch in der Praxis selten anzutreffen.

In dem Geschäfts- oder Firmenwert kommen häufig Synergieeffekte zum Ausdruck, die nicht einem einzelnen Vermögenswert zugeordnet werden können oder weitere Wettbewerbsvorteile darstellen, wie eine gute Reputation und gute Mitarbeiter. Bei der Folgebilanzierung des Geschäfts- oder Firmenwertes sehen die IFRS einen jährlichen Werthaltigkeitstest und ggf. eine außerplanmäßige Abschreibung vor.

HGB

Gemäß § 290 Abs. 1 HGB ist ein Unternehmen zur Aufstellung eines Konzernabschlusses verpflichtet, wenn es auf ein anderes Unternehmen unmittelbar oder mittelbar einen beherrschenden Einfluss ausüben kann. § 290 Abs. 2 HGB zählt Kriterien auf, wie z. B. das Halten der Mehrheit der Stimmrechte oder das Recht auf Bestellung der Mehrheit der Mitglieder der Geschäftsführung, bei deren Vorliegen beherrschender Einfluss angenommen wird. Auch das HGB sieht grundsätzlich die Einbeziehung aller Tochterunternehmen unabhängig von ihrem Sitz in den Konzernabschluss vor. Nach § 301 Abs. 1 HGB ist nur noch die Neubewertungsmethode als Konsolidierungsmethode zulässig. In der Praxis war jedoch die nach der Einführung des BilMoG nicht mehr zulässige Buchwertmethode gerade bei kleineren Konzernen aufgrund des geringeren Aufwandes vorherrschend. Die Neubewertungsmethode entspricht im Wesentlichen der Erwerbsmethode nach IAS 27. Ein ggf. zu aktivierender Geschäfts- oder Firmenwert wird entweder über vier Jahre linear oder über die voraussichtliche Nutzungsdauer abgeschrieben.

Quick Review – Konzernrechnungslegung
- Unternehmenszusammenschlüsse sind nach IFRS und HGB immer gemäß der Erwerbsmethode abzubilden.
- Der Geschäfts- oder Firmenwert wird nach IFRS 3 nicht planmäßig abgeschrieben.
- Bei Vorliegen von Wertminderungen wird der Geschäfts- oder Firmenwert außerplanmäßig abgeschrieben.

Mögliche Fragestellungen im Interview
- Wie entsteht ein Geschäfts- oder Firmenwert bei einem Unternehmenszusammenschluss?
- Was kommt in einem Geschäfts- oder Firmenwert zum Ausdruck? Was sagt ein negativer Wert (ein sog. Badwill) aus?
- -Erläutern Sie die Folgebilanzierung des Geschäfts- oder Firmenwerts nach den IFRS und HGB!

Kapitel F: Prüfung in der Praxis

Ziel dieses Kapitels ist es, Ihnen die Vorgehensweise bei der Vorbereitung und Durchführung einer Abschlussprüfung systematisch und praxisnah zu vermitteln. Nach intensiver Beschäftigung mit den folgenden Seiten sollten Sie die einzelnen Schritte einer Prüfung verinnerlicht haben.

Zunächst wollen wir Ihnen im ersten Abschnitt F.I. unseren Ausgangsfall vorstellen. Dieser wird Sie über das ganze Kapitel begleiten. Danach kommen wir zu der ersten Phase jeder Prüfung, nämlich zu der Analyse der Geschäftätigkeit und des Unternehmensumfeldes (F.II.). Die hier erlangten Kenntnisse über die identifizierten Risiken werden die Grundlage für die risikoorientierte Prüfungsplanung und die folgende Prüfungsdurchführung bilden. In dem Abschnitt F.III. »Risikoorientierter Prüfungsansatz« erläutern wir die Vorgehensweise bei einzelnen Prüfungshandlungen. Der nächste Abschnitt F.IV. »Prüfungsdurchführung« setzt sich mit der Prüfung wichtiger Prüfungsgebiete auseinander. Hier möchten wir Ihnen zeigen, wie eine Prüfung in der Praxis ablaufen kann. Anschließend wollen wir erklären, welche Folgen die Ergebnisse Ihrer Arbeit haben können (F.V.). Eine Sammlung von fachlichen Problemstellungen (F.VI.) schließt das Kapitel. Diese haben wir der Praxis entnommen und für Sie systematisch gelöst.

I. Unser Fall – Die JWD GmbH

In diesem Abschnitt stellen wir Ihnen den fiktiven Fall eines Unternehmens – die JWD GmbH – vor. Wir werden die Prüfung des Jahresabschlusses vorbereiten und durchführen. Die nachfolgenden Informationen haben Sie aus einem persönlichen Gespräch mit der Geschäftsführung erhalten und für Zwecke der Prüfungsdokumentation zusammengefasst.

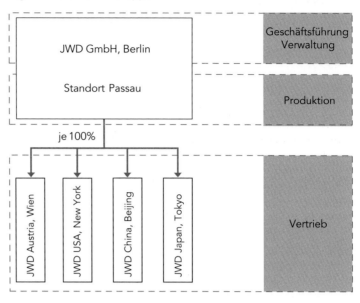

Orga-Chart der JWD-Gruppe

Allgemeine Angaben	
Firma	JWD GmbH, Berlin
Anteilseigner	zu 100 % Hr. Müller
Finanzierung	Bankkredite, Gesellschafterdarlehen, erhaltene Anzahlungen
Branche	Spezialmaschinenbau
Organisationsstruktur	Siehe Orgachart
Rechnungslegungsnorm	HGB, lokale Rechnungslegungsnormen für steuerliche Zwecke
Geschäftsjahresende	31.12.
Geschäftsführung und -modell	
Geschäftsführung	Geschäftsführer: Hr. Müller (alleinvertretungs-berechtigt), ansonsten Prokuristen (Gemeinschaftsprokura)
Geschäftsmodell	Auftragsbezogene Fertigung von Maschinen
Konkurrenz	Zwei Hauptkonkurrenten (USA und Japan) für Hauptprodukt »Drehmaschine«, Markt ist stabil aufgeteilt, keine neuen Marktteilnehmer absehbar
Abnehmer/Markt	Maschinenbau weltweit (50 % D, 20 % A, 10 % JAP, 10 % USA, 9 % CHN, 1 % sonstige)
Lieferanten	Eisenwaren: D, Steuerelektronik: D und JAP, Maschinenpark: D und JAP
Mitarbeiter	Ca. 2.000 in D, ca. 100 in den Ländergesellschaften

Geschäftsführung und -modell	
Vergütungspraxis	Grds.: überdurchschnittliche Bezahlung im Branchendurchschnitt (D), Geschäftsführung: umsatzabhängiger variabler Anteil, Produktion: qualitätsbezogener variabler Anteil, Vertrieb: umsatzabhängiger variabler Anteil
IT	Gut administriertes ERP-System, Eigenentwicklung
Prozesse	Investitionsprozess, Einkaufsprozess, Verkaufsprozess, Personalprozess, Konsolidierungsprozess (Konzernabschluss)
Relevante rechtliche Regelungen	HGB, GmbH-Gesetz (D), Steuergesetze (D)
Vertragliche Regelungen	Darlehensverträge (Bank/Gesellschafter), langfristige Lieferverträge (Rahmenverträge), »Standard«-Liefervertrag, AGBs
Sonstiges	Keine weiteren Informationen vorliegend

II. Analyse der Geschäftstätigkeit und des Unternehmensumfeldes

Ausgangspunkt der Analyse der Geschäftstätigkeit ist die Erkenntnis, dass das Geschäftsrisiko des Mandanten in Zusammenhang mit Ihrem Prüfungsrisiko steht. Nur wenn der Abschlussprüfer ein Verständnis für das Geschäft des Mandanten entwickelt, kann er auch Risiken erkennen und deren Einfluss auf den Jahresabschluss einschätzen. Die Analyse der Geschäftstätigkeit bildet somit die unabdingbare Voraussetzung zur Identifizierung der Risikobereiche einer Abschlussprüfung und dient der Ermittlung des inhärenten Risikos. Das IDW erklärt in einem eigenen Prüfungsstandard seine Auffassung von der Analyse der Geschäftstätigkeit wie folgt (IDW PS 230):

»*Der Abschlussprüfer muss über ausreichende Kenntnisse über die Geschäftstätigkeit sowie das wirtschaftliche und rechtliche Umfeld verfügen..., um solche Ergebnisse, Geschäftsvorfälle und Gepflogenheiten erkennen und verstehen zu können, die sich nach Einschätzung des Abschlussprüfers wesentlich auf den zu prüfenden Jahresabschluss und Lagebericht, die Abschlussprüfung, den Prüfungsbericht sowie den Bestätigungsvermerk auswirken können.*«

Zu dieser Analyse gehört daher, dass sich der Abschlussprüfer Wissen über die allgemeine wirtschaftliche Lage und die besonderen Merkmale sowie wirtschaftlichen Verhältnisse der Branche des Mandanten verschafft. Zusätzlich sind Kenntnisse der Unternehmensziele, -strategien, -abläufe und Geschäftsprozesse erforderlich. Eine Analyse könnte bspw. unter Einbeziehung der folgenden Kategorien vorgenommen werden:

> **Stichwort: Analysetools**
> Zur Analyse der Geschäftstätigkeit werden in der WP-Praxis gerne Frameworks wie die »Five-Forces« nach Porter, eine ABC-Analyse oder auch ein SWOT-Portfolio genutzt. Wenn Sie sich einen Überblick zu diesen gängigen Tools verschaffen wollen, empfehlen wir Ihnen das Insider-Dossier »Bewerbung bei Unternehmensberatungen« aus dem squeaker.net-Verlag.

- **Marktübersicht:** Wirtschaftliches Umfeld, regulatorisches Umfeld, Wettbewerbssituation.
- **Strategie:** Vision und Ziele, Organisation, Führungs- und Überwachungsstrukturen.
- **Wertschöpfung:** Mitarbeiter, Kunden, Forschung und Entwicklung, Produkte, Beschaffung, Reputation.
- **Finanzielle Erfolgsgrößen:** Finanzielle Lage, Wirtschaftliche Leistung, Risikomanagement.

Entscheidender Punkt dabei ist, inwieweit durch die Analyse der oben genannten Kategorien einzelne Geschäftsrisiken (inhärente Risiken) identifiziert und deren Einfluss auf den Jahresabschluss bestimmt werden können. Zur Informationsbeschaffung bzw. als Informationsquelle dienen u. a.:

- Kenntnisse in der eigenen Wirtschaftsprüferpraxis,
- die Besichtigung des Unternehmens/der Produktionsstätten,
- Veröffentlichungen des Unternehmens/über das Unternehmen bzw. die Branche,
- Gespräche mit dem Vorstand/den Beschäftigten/der Internen Revision des Unternehmens,
- Handelsregisterauszüge, Grundbuchauszüge und
- der Austausch mit den Kollegen im Prüfungsteam.

Unser Fall – JWD GmbH

Sie sollen nun das Unternehmensumfeld und die Geschäftstätigkeit der JWD GmbH genauer unter die Lupe nehmen. Wie können Sie vorgehen?

Betrachten wir zunächst das Unternehmensumfeld. Die großen Volkswirtschaften der Welt haben nach dem konjunkturellen Einbruch der letzten Jahre die Wende geschafft und wachsen wieder, manche schneller (China) und manche langsamer (USA). Die wirtschaftliche Situation ist daher momentan günstig für den deutschen Maschinenbau. Die Produkte sind auf dem Weltmarkt gefragt. Gerade in China wächst die Nachfrage nach den Maschinen der JWD GmbH. Der Yuan-Kurs ist relativ stabil und daher gut einschätzbar. Die Märkte in den USA und Japan sind neutral, da die Nachfrage dort bereits seit einigen Jahren auf einem relativ niedrigen Niveau verharrt. Die Nachfrage in Deutschland, die Konjunktur und die Arbeitsmärkte haben wieder angezogen.

Risiken:
- Werthaltigkeit von Fremdwährungsforderungen
- Vollständigkeit der Angaben zu Sicherungsgeschäften und deren Bewertung (z. B. Zins- und Währungsswaps)

Die Kehrseite dieser Entwicklung ist jedoch, dass die Rohstoffpreise erheblich angezogen haben. Der Einkauf ist für die JWD GmbH teurer geworden. Die zugekauften Elektronikteile aus Japan sind aufgrund eines Tsunamis und der daraus folgenden Produktionsausfälle momentan nicht lieferbar. Aufgrund der Knappheit an Ingenieuren muss die JWD GmbH mittlerweile wesentlich höhere Gehälter für gut ausgebildete Ingenieure zahlen als noch vor einigen Jahren.

Risiken: • Vollständigkeit der Drohverluste bei mit geringeren Rohstoffkosten kalkulierten Aufträgen

Wenden wir uns der Analyse der Geschäftstätigkeit zu. Die Marktanteile auf den Kernmärkten D, AUS, China und Japan scheinen aufgeteilt. Margendruck bzw. Konkurrenzdruck ist daher nicht zu erwarten. Neue Konkurrenten erscheinen aktuell ebenfalls unwahrscheinlich. Die Markteintrittsbarrieren sind sehr hoch, da ein großer Maschinenpark zur Produktion, hohe Kapitalbindung, entsprechendes Know-how und gut ausgebildete Mitarbeiter notwendig sind. Ein weiterer wesentlicher Teil des Umsatzes ergibt sich aus Serviceleistungen für ausgelieferte Maschinen. Die Kunden könnten daher eine gewisse Marktmacht darstellen. Der Absatzmarkt ist durch wenige Anbieter und eine Vielzahl von Abnehmern gekennzeichnet. Durch stillschweigendes Übereinkommen erfolgt keine Kannibalisierung durch die wenigen Anbieter, eine wahrnehmbare Kundenmacht ergibt sich durch dieses kooperative Verhalten der Anbieterseite nicht. Glückwunsch, Sie haben soeben eine einfache Analyse mit Hilfe der »Five-Forces« nach Porter durchgeführt.

Aufgrund der hohen Qualität, der hohen Kundenzufriedenheit und der technologischen Führerschaft in einzelnen Bereichen gehen Sie davon aus, dass sich auf der Verkaufsseite keine wesentlichen Umsatzrückgänge in Zukunft ergeben werden. Es sind jedoch in letzter Zeit bereits Maschinen aus chinesischer Fertigung aufgetaucht, die patentierte Technologien der JWD GmbH nutzen. Es wurden daher bereits rechtliche Verfahren angestrengt, die aber zeit- und kostenintensiv sind. Es bleibt abzuwarten, wie sich dieses Problem in den nächsten Jahren entwickeln wird.

Risiken: • Werthaltigkeit von immateriellen Vermögensgegenständen (erworbene Patente und selbsterstellte aktivierbare Entwicklungsergebnisse)
• Vollständigkeit und Genauigkeit der Aufwendungen aus Rechtsberatung

Die bisherige Nachfrage konnte mit den vorhandenen Produktionskapazitäten bedient werden. Entwickelt sich die Nachfrage in China jedoch weiter so rasant wie in der Vergangenheit, steht die Frage nach einer Kapazitätserweiterung im Raum.

Das Unternehmen zahlt wesentliche Beträge an variablen Gehaltsbestandteilen. Der Inhaber ist vom Leistungsprinzip überzeugt und zahlt gerne großzügige Boni zur Motivierung aus. Mit diesem Anreizsystem ist er auskunftsgemäß bislang gut gefahren. Die Geschäftsführung und die Vertriebsmitarbeiter werden mit einem umsatzabhängigen Bonussystem bedacht. Die Höhe des Umsatzes sagt jedoch nichts über die Vorteilhaftigkeit eines Geschäfts aus. Hier kann sich ein Anreizproblem ergeben.

Risiken:
- Bestand und Genauigkeit Umsatzerlöse/Forderungen
- Bewertung Bonusrückstellungen
- Vollständigkeit und Bewertung von Drohverlustrückstellungen

Wichtige Lieferanten sind vor Kurzem ausgefallen (Tsunami in Japan, Unwetter in Deutschland etc.), die Produktion steht dort still und die Auslieferung verzögert sich bis auf unbestimmte Zeit. Die Geschäftsstrategie sah bislang eine »one-supplier«-Strategie vor, das könnte sich jetzt rächen. Es zeichnet sich bereits ab, dass einzelne Maschinen nicht termingerecht ausgeliefert werden können bzw. nur mit einer von der Beauftragung abweichenden, einfacheren Maschinensteuerung. Bislang wurden bei Abschluss eines Verkaufsvertrages mit den Abnehmern auch Eigenschaften der Maschinen wie Durchsatz oder Anzahl der Teile pro Stunde vereinbart und auch garantiert. Bei Nichterreichung kann der Abnehmer den Kaufpreis mindern, Nachbesserung verlangen oder vom Vertrag zurücktreten. Weitet sich das Lieferantenproblem aus und wird kein Ersatzlieferant gefunden, erwartet die Geschäftsführung dadurch erhebliche Einbrüche im Ergebnis des Geschäftsjahres. Sie haben aus der Durchsicht der Protokolle der Geschäftsführerversammlungen erfahren, dass einzelne Mitglieder der Geschäftsführung bestimmte Maschinen trotzdem abrechnen möchten und den Umsatz realisieren wollen. Ob der entstehende Schaden (Nachbesserung, Reparatur, Mehrkosten für Ersatzlieferungen durch anderen Lieferanten etc.) durch eine Versicherung abgedeckt ist, ist noch in Klärung seitens der Geschäftsführung von der JWD GmbH.

Risiken:
- Bestand und Genauigkeit Umsatzerlöse/Forderungen (=Vollständigkeit Vorratsvermögen)
- Vollständigkeit und Bewertung von Rückstellungen für Schadensersatzleistungen
- Bewertung der bereits fertiggestellten Maschinen

Fassen wir die identifizierten Risiken zusammen und ordnen diese gleich einzelnen Jahresabschlussposten zu:

Ergebnis der Risikoanalyse

Risiko	Jahresabschlussposten	V	B	G	W	E	A
1 **Wechselkursrisiko:**							
Verkauf in Fremdwährung an die Töchter, Produktionskosten in Euro (ca. 90 % der Kosten)	Fremdwährungsforderungen				X		
	Sicherungsgeschäfte	X			X		
2 **Steigende Rohstoffpreise:**							
Keine Möglichkeit, steigende Einkaufspreise an Abnehmer weiterzugeben	Drohverlustrückstellungen	X			X		
3 **Steigende Gehälter:**							
Keine Möglichkeit, steigende Gehälter an Abnehmer weiterzugeben	Keine JA-Aussage direkt betroffen						
4 **Ideen-Klau:**							
Fortwährender Ideenklau, Verlust des technologischen Vorsprungs, notwendige Rechtsberatung	Rückstellungen/Verb.	X					
	Immaterielle Vermögensgegenstände				X		
5 **Umsatzabhängiger Bonus:**							
Fehlerhafte Anreizsetzung	Umsatzerlöse/Ford.				X	X	
	Bonusrückstellungen				X		
	Drohverlustrückstellungen	X					
6 **Ausfall von strategischen Lieferanten:**							
Keine Auslieferung möglich	Umsatzerlöse/Ford.				X	X	
	Rückstellungen Schadenersatz			X			
	Vorräte – unfertige Erzeugnisse				X		

Quick Review – Analyse der Geschäftstätigkeit
- Anhand der Analyse der Geschäftstätigkeit soll ein Verständnis für das Geschäft des Mandanten entwickelt werden, um potenzielle Risikofelder der Abschlussprüfung besser identifizieren zu können.
- Die Analyse der Geschäftstätigkeit wird durch die Nutzung von bekannten Frameworks unterstützt.
- Ein Ergebnis der Analyse der Geschäftstätigkeit stellt die Identifizierung von Risiken dar, die durch Prüfungshandlungen abgedeckt werden müssen.
- Die identifizierten Risiken werden Jahresabschlussposten und Jahresabschlussaussagen zugeordnet.

Mögliche Fragestellungen im Interview
- Erläutern Sie den Zweck der Analyse der Geschäftstätigkeit!
- Wie würden Sie an die Analyse der Geschäftstätigkeit herangehen?
- Beschreiben Sie die Eckpunkte der Geschäftstätigkeit der Branche XY und leiten Sie Risiken für die Abschlussprüfung ab. Ordnen Sie den Risiken Jahresabschlussposten und Jahresabschlussaussagen zu.

III. Risikoorientierter Prüfungsansatz

In dem Kapitel E »Fachliche Problemstellungen« wurde das Ziel einer Abschlussprüfung erläutert. Es soll eine Aussage darüber getroffen werden, ob der Jahresabschluss frei von wesentlichen Fehlern ist. Die Durchführung einer darauf zielenden Prüfung muss daher gut vorbereitet sein. Dies wollen wir Ihnen in diesem Kapitel erläutern.

Zwei wichtige Grundsätze, die Sie bereits kennen, liegen der Prüfungsdurchführung zugrunde: der Grundsatz der Wirtschaftlichkeit und der Grundsatz der Wesentlichkeit. Unter Berücksichtigung dieser Grundsätze wird eine Prüfungsplanung erstellt, welche die Schwerpunkte der Prüfung und die konkrete Durchführung festlegt. In der Prüfungsplanung bestimmen Sie, welche Systemprüfungen und welche aussagebezogenen Prüfungshandlungen durchgeführt werden sollen. Die Ergebnisse der Analyse der Geschäftstätigkeit und des Unternehmensumfeldes fließen als Grundlage in die Prüfungsplanung ein. Wir wollen Ihnen hier die zwei grundsätzlichen Phasen jeder Prüfung darstellen, die Systemprüfung und die aussagebezogenen Prüfungshandlungen. Abschließend zeigen wir Ihnen, wie die Planung für Ihre Prüfung der JWD GmbH aussieht.

1. Systemprüfungen
Analyse der Geschäftsprozesse

Systematik der Prüfungshandlungen

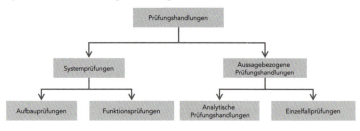

Quelle: IDW PS 300.

Die Überlegungen zur Analyse der Geschäftstätigkeit stellen eher eine Betrachtung der externen Einflussfaktoren dar. Nun wenden wir uns aber den unternehmensinternen Gegebenheiten zu. Vor Erstellung der Prüfungsplanung, muss sich der Abschlussprüfer ein Bild von den Geschäftsprozessen des Unternehmens machen. Dies trägt dem Umstand Rechnung, dass in einem Unternehmen viele Geschäftsvorfälle standardisiert, also nach einem einheitlichen Muster, ablaufen. Aufgabe des Abschlussprüfers ist es dabei, zunächst rechnungslegungsrelevante Geschäftsprozesse zu identifizieren und zu verstehen. In einem zweiten Schritt muss er beurteilen, ob der Geschäftsprozess (im Hinblick auf die Verhinderung einer wesentlichen Fehlaussage im Jahresabschluss) angemessen ist und wie die mit den Geschäftsvorfällen verbundenen Risiken kontrolliert werden.

An dieser Stelle mögen Sie sich fragen, warum der Abschlussprüfer überhaupt solche Geschäftsprozesse näher untersucht. Zur Beantwortung dieser Frage sollten Sie sich einmal den »Weg« eines Geschäftsvorfalls von der Entstehung bis zu dessen Abbildung in der Bilanz und/oder Gewinn- und Verlustrechnung bei der JWD GmbH vor Augen führen.

Unser Fall – JWD GmbH
Betrachten wir den (etwas vereinfachten) Vertriebsprozess der JWD GmbH. Am Anfang eines Verkaufs steht der Auftragseingang. Zunächst wird die Bonität des Bestellers geprüft. Hat der Besteller bereits in der Vergangenheit bei der JWD GmbH bestellt und wie waren die Erfahrungen? Die Entwicklungsabteilung klärt, ob die gewünschte Maschine (Laufzeiten, Ausstoßmengen etc.) überhaupt konstruiert werden kann. Dann erfolgen die Produktionsplanung und die Ermittlung eines möglichen Liefertermins. Sind alle wesentlichen technischen Details geklärt, folgt die kaufmännische Seite. Es werden die Zahlungsmodalitäten (Teilzahlungen bei Erreichung bestimmter Meilensteine, Sicherheitseinbehalte etc.) geklärt. Erfolgt das Geschäft in einer fremden Währung, muss über ein Währungssicherungsgeschäft entschieden werden. Und abschließend muss ein vertretungsberechtigter Mitarbeiter (hier die Prokuristen oder der Geschäftsführer) das Geschäft freigeben. Im Anschluss erfolgt die Anlage des finalen Auftrages in der ERP-Software. Bei Erstellung der ersten Anzahlungen erfolgt die Buchung durch die Buchhaltung. Wurde ein Währungssicherungsgeschäft abgeschlossen, ist zum Bilanzstichtag zu klären, wie dieses im Jahresabschluss abzubilden ist.

Schon diese vereinfachte beispielhafte Darstellung eines Geschäftsvorfalls macht deutlich, dass auf dem Weg eines Geschäftsvorfalls bis zur Abbildung im Jahresabschluss viele unterschiedliche Stationen durchlaufen werden. Dies erhöht die Fehleranfälligkeit der im Jahresabschluss getroffenen Aussagen und macht daher die Analyse der Geschäftsprozesse im Rahmen der Abschlussprüfung unerlässlich.

Das interne Kontrollsystem (IKS)

Als internes Kontrollsystem werden die von der Unternehmensleitung im Unternehmen eingeführten Grundsätze, Maßnahmen und Verfahren verstanden, die auf die organisatorische Umsetzung der Entscheidungen der Unternehmensleitung gerichtet sind (vgl. IDW EPS 261 n.F.):

- zur Sicherung der Wirksamkeit und Wirtschaftlichkeit der Geschäftstätigkeit,
- zur Sicherung der Ordnungsmäßigkeit und Verlässlichkeit der internen und externen Rechnungslegung sowie
- zur Einhaltung der für das Unternehmen wichtigen Vorschriften.

Unser Fall - JWD GmbH

Zum besseren Verständnis wollen wir die drei Aufgaben eines internen Kontrollsystems auf den Verkauf einer Maschine übertragen. Zur Sicherung der Wirtschaftlichkeit der Geschäftstätigkeit hat die JWD GmbH Regeln formuliert. Beispielsweise darf der Kaufvertrag nicht abgeschlossen werden, solange keine Prüfung der mit diesem Auftrag erzielbaren Marge erfolgt ist. Somit wird sichergestellt, dass keine Verlustgeschäfte abgeschlossen werden. Im Falle der Ordnungsmäßigkeit und Verlässlichkeit der Rechnungslegung hat das Unternehmen eine Weisung erlassen, dass die Prüfung einer Rechnung von verschiedenen Personen (z. B. inhaltlich durch den Projektleiter und formell durch das Rechnungswesen) ausgeführt werden muss. Zusätzlich besteht die Vorschrift, dass der Projektumsatz erst realisiert werden darf, wenn die Betriebsbereitschaft durch den Käufer bestätigt wurde. Zur Einhaltung der für das Unternehmen wichtigen Vorschriften dient die Regelung, dass die Rechtsabteilung bei Aufträgen aus bestimmten Ländern automatisch nach den Exportvorschriften befragt werden muss (z. B. bei Lieferungen nach Nordkorea).

Anhand dieser Beispiele erkennen Sie, dass die internen Kontrollen in die Geschäftsprozesse integrierte Überwachungsmaßnahmen darstellen. Das IKS soll daher u. a. die Zuverlässigkeit der Jahresabschlussaussagen sicherstellen. Der Abschlussprüfer muss aus diesem Grunde den Aufbau und die Funktion des vom Mandanten implementierten IKS prüfen. Die internen Kontrollsysteme sind regelmäßig bei Massengeschäftsvorfällen, wie z. B. in den Bereichen Anlagevermögen, Vorräte, Erlöse, Verbindlichkeiten und Löhne und Gehälter, zu erwarten. Im Gegensatz zu einem Einzelgeschäftsvorfall, bspw. einem Unternehmenskauf, sind gerade diese Bereiche häufig durch einen einheitlichen Ablauf gekennzeichnet. Die Existenz von solchen Massengeschäftsvorfällen hängt von der Branche des Unternehmens ab.

Zweck der Systemprüfungen

Durch die Systemprüfung gelangt der Abschlussprüfer zu einem Urteil, ob das Unternehmen vorhandene Kontrollen ausreichend auf die inhärenten Risiken ausgerichtet hat. Ist dies nicht der Fall, d. h. werden Schwachstellen im (Aufbauprüfung/Funktionsprüfung) internen Kontrollsystem entdeckt, so erhöht sich das Kontrollrisiko. Der Abschlussprüfer muss seine aussagebezogenen Prüfungshandlungen auf dem Gebiet verstärken, um ein hinreichend sicheres Prüfungsurteil abgeben zu können. Es gilt also der Grundsatz: Je mangelhafter die internen Kontrollen ausfallen, desto höher ist das Kontrollrisiko. Die Erkenntnisse aus den Systemprüfungen bilden daher auch die Grundlage für die weitere Prüfungsplanung, im Speziellen für die Bestimmung von Art und Umfang der aussagebezogenen Prüfungshandlungen.

Ferner sichern Systemprüfungen die Effizienz der Abschlussprüfung. Der alleinige Rückgriff auf aussagebezogene Prüfungshandlungen würde die Kosten und die Dauer der Abschlussprüfung immens erhöhen.

Aufbauprüfung
IKS-Aufbauprüfung

Ziele	Wirksamkeit und Wirtschaftlichkeit der Geschäftstätigkeit	Ordnungsmäßigkeit und Verlässlichkeit der Rechnungslegung	Einhaltung von sonstigen Gesetzen und Vorschriften	
Komponenten	Kontrollumfeld			Unternehmensfunktionen und -prozesse / Unternehmenseinheiten
	Risikobeurteilungen			
	Kontrollaktivitäten			
	Information und Kommunikation			
	Überwachung des internen Kontrollsystems			
				Unternehmen

Quelle: IDW EPS 261 n.F.

Ziel der Aufbauprüfung ist das Einholen von Prüfungsnachweisen über die Ausgestaltung des internen Kontrollsystems. Die Aufbauprüfung lässt sich durch die folgenden Elemente beschreiben:
- Zunächst muss der Abschlussprüfer das **Kontrollumfeld** im Unternehmen untersuchen. Zum Kontrollumfeld zählen die Unternehmenskultur und -philosophie, der Führungsstil der Unternehmensleitung, die Bedeutung ethischer Werte im Unternehmen sowie die Überwachungstätigkeit des Aufsichtsrates. Das Kontrollumfeld ist geprägt durch die Einstellungen, das Problembewusstsein und das Verhalten der mit der Überwachung des Unternehmens betrauten Personen im Hinblick auf das IKS.
- Bei der **Risikobeurteilung** ist zu untersuchen, wie das Unternehmen Risiken mit Auswirkung auf die Ordnungsmäßigkeit und Verlässlichkeit der Rechnungslegung identifiziert und analysiert.

> **IKS-Aufbauprüfung**
> Typischerweise setzen WP-Gesellschaften zur Systemerfassung Checklisten ein, die in den Vorjahren an die spezifischen Umstände des Mandanten angepasst wurden. Für einen Praktikanten bzw. jungen Prüfungsassistenten bilden diese Checklisten eine gute Orientierung.

- Die **Kontrollaktivitäten** des Unternehmens sind dahingehend zu beurteilen, ob sie geeignet sind, wesentliche Fehler in der Rechnungslegung zu verhindern bzw. aufzudecken. Zu den Kontrollaktivitäten zählen bspw. Genehmigungsverfahren für den Einkauf von Waren und Dienstleistungen ab einem bestimmten Betrag, die Prüfung der eingehenden Ware und Erfassung des Wareneingangs, die Prüfung der eingehenden Rechnung (Menge, Preis), die Einholung einer Bonitätsbeurteilung und Beurteilung der Kreditwürdigkeit für Neukunden des Unternehmens, die Festlegung eines Kreditlimits, bis zu welchem der Kunde ohne Genehmigung der Geschäftsleitung beliefert werden darf, die Abzeichnung des Lieferscheins durch den Empfänger der Ware sowie die wöchentliche Überwachung der Zahlungseingänge und Mahnung ausstehender Beträge.
- Bei der Prüfung der **Information und Kommunikation** muss der Abschlussprüfer feststellen, ob alle rechnungsrelevanten Informationen erfasst und verarbeitet werden.
- Abschließend müssen die durch das Unternehmen getroffenen Maßnahmen zur **Überwachung des internen Kontrollsystems** beurteilt werden. Überwachungsmaßnahmen können bspw. durch die interne Revision oder durch spontane Prüfungen der Unternehmensleitung durchgeführt werden.

Die Aufbauprüfung stellt somit die Erfassung und erste Einschätzung der internen Kontrollsysteme im Unternehmen dar. Als mögliche Prüfungshandlungen im Zuge der Aufbauprüfung kommen Befragungen von Mitarbeitern, die Durchsicht von Dokumenten, die Durchsicht von Unterlagen, welche durch das IKS generiert wurden, und die Beobachtung von Aktivitäten und Arbeitsabläufen in Frage.

Beurteilung des Kontrollrisikos

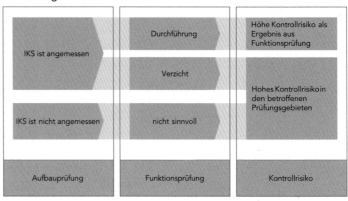

Funktionsprüfung

Nach der Beurteilung des Aufbaus des internen Kontrollsystems ist dessen Wirksamkeit zu testen. Dabei ist zu prüfen, ob das vom Unternehmen bzw. der Unternehmensleitung geplante interne Kontrollsystem von den Mitarbeitern entsprechend umgesetzt wird und ob diese Kontrollen auch tatsächlich funktionieren (sog. compliance tests). Die Funktionsprüfung wird in aller Regel in Form von Stichproben vorgenommen. Die Stichprobengröße hängt dabei von der Häufigkeit der Kontrollmaßnahme ab. Bei manuellen Kontrollmaßnahmen wäre z. B. mindestens der folgende Umfang an Stichproben durchzuführen:

Häufigkeit der Kontrolle	Quartalsweise	Monatlich	Wöchentlich	Täglich	Mehr als täglich
Stichprobengröße	2	2	5	15	30

Prüfungshandlungen im Rahmen der Funktionsprüfung sind
- die Befragung von Mitarbeitern, die Durchsicht von Nachweisen über die Durchführung der Maßnahmen,
- die Beobachtung der Durchführung von Maßnahmen,
- der Nachvollzug von Kontrollaktivitäten durch den Abschlussprüfer,
- die Auswertung von Ablaufdiagrammen, Checklisten und Fragebögen,
- die Einsichtnahme in die Berichte der internen Revision.

Bei der Funktionsprüfung reicht eine reine Befragung von Mitarbeitern nicht aus, da diese das interne Kontrollsystem lediglich beschreiben werden. Es ist auch nicht auszuschließen, dass bei der Befragung der Mitarbeiter dem Abschlussprüfer falsche Antworten gegeben werden oder veraltete Dokumente vorgelegt werden. Unverzichtbar ist daher die Beurteilung der Kontrollqualität anhand der aus dem Nachvollzug der Kontrollaktivitäten gewonnenen Erkenntnisse.

Vorgehensweise bei der Systemprüfung

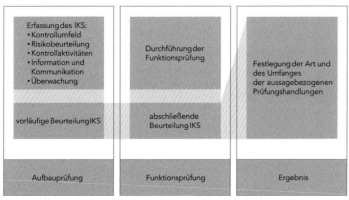

Quelle: Marten et al. (2007).

Unser Fall – JWD GmbH
Bei der JWD GmbH werden wir uns zunächst den Investitionsprozess genauer ansehen (Abschnitt F.IV.1. »Investitionsprozess«). Das Unternehmen investiert große Summen in den Maschinenpark sowie in die Forschung und Entwicklung. Weiterhin interessiert uns der Verkaufsprozess (Abschnitt F.IV.3. »Verkaufsprozess«), da aufgrund der Geschäftstätigkeit der Prozess der Auftragsabwicklung sehr komplex ist und neben den Umsatzerlösen auch das Vorratsvermögen berührt. Wir erhoffen uns dadurch bereits einen Teil der Bewertung der unfertigen Leistungen mit der Prüfung dieses Prozesses abdecken zu können. Weitere Prozesse werden wir hier – aus Gründen der Vereinfachung – nicht betrachten.

2. Aussagebezogene Prüfungshandlungen
Einführung
Allein mit der Durchführung von Systemprüfungen erreicht der Abschlussprüfer keine ausreichende Prüfungssicherheit. Systemprüfungen sind daher zwingend, um aussagebezogene Prüfungshandlungen zu ergänzen. Dies gilt auch für den Fall, dass das IKS vom Abschlussprüfer für wirksam befunden wurde. Der Umfang der aussagebezogenen Prüfungen bestimmt sich nach der Einschätzung des inhärenten Risikos (aus der Planungsphase) und des Kontrollrisikos (aus den Systemprüfungen). Dies verdeutlicht nochmals, wie wichtig es ist, den im Kapitel E.II.4. beschriebenen Prüfungsablauf einzuhalten. Aussagebezogene Prüfungshandlungen finden daher grundsätzlich in der letzten Phase einer Abschlussprüfung statt. Da die exakte Quantifizierung des inhärenten Risikos und des Kontrollrisikos in aller Regel nicht möglich ist, gestaltet es sich zweckmäßiger, Risikobeurteilungen von »niedrig« bis »hoch« abzugeben. Aus diesen Einschätzungen kann anschließend die Höhe des Entdeckungsrisikos und damit der Umfang der aussagebezogenen Prüfungshandlungen abgeleitet werden. Dies ist in der folgenden Matrix dargestellt:

Ableitung des Entdeckungsrisikos

	Einschätzung des Kontrollrisikos		
	Niedrig	Mittel	Hoch
Einschätzung des inhärenten Risikos Niedrig	Sehr gering	Gering	Mittel
Mittel	Gering	Mittel	Hoch
Hoch	Mittel	Hoch	Sehr hoch

Je höher das prüffeldbezogene Entdeckungsrisiko eingeschätzt wird, desto intensiver müssen die aussagebezogenen Prüfungshandlungen durchgeführt werden, um ausreichende und angemessene

Prüfungsnachweise zu erlangen. Als zukünftiger Praktikant oder Berufseinsteiger können Sie sich darauf einstellen, dass Sie in Ihrer Anfangszeit relativ stark mit den aussagebezogenen Prüfungshandlungen beschäftigt sein werden.

Die aussagebezogenen Prüfungshandlungen lassen sich in **analytische und einzelfallbezogene Prüfungen** aufteilen.

Analytische Prüfungshandlungen
Das IDW definiert analytische Prüfungshandlungen folgendermaßen (IDW PS 312):

*Analytische Prüfungshandlungen sind **Plausibilitätsbeurteilungen von Verhältniszahlen und Trends**, durch die Beziehungen von prüfungsrelevanten Daten eines Unternehmens zu anderen Daten aufgezeigt sowie auffällige Abweichungen festgestellt werden.*

Welche Erkenntnisse kann man aus dieser Definition ziehen? Zunächst einmal sehen analytische Prüfungen grundsätzlich immer einen Vergleich von zwei Datensätzen vor. Bei den in der Definition angesprochenen »prüfungsrelevanten Daten« handelt es sich meist um eine Angabe aus dem Jahresabschluss. Diese soll nun mit »anderen Daten« verglichen und auf Plausibilität untersucht werden. Unter »anderen Daten« sind bspw. bereits erstellte Arbeitspapiere, vom Unternehmen aufgestellte Prognosen, Ihre Erwartungen als Abschlussprüfer oder Informationen aus den Vorjahren zu verstehen.

Unser Fall – JWD GmbH
Ein Beispiel für eine analytische Prüfungshandlung wäre die Beurteilung, ob die Höhe der Lohn- und Gehaltsaufwendungen eines Geschäftsjahres in einem plausiblen Verhältnis zu der Anzahl der Arbeitnehmer der JWD GmbH steht. Zusätzlich könnten Sie diese Relation auch für die letzten Geschäftsjahre ermitteln und daraufhin untersuchen, ob sich auffällige Abweichungen ergeben. Stellen Sie bei einem solchen Vergleich von zwei Daten Inkonsistenzen bzw. auffällige Unterschiede fest, muss die Ursache hierfür gefunden werden. Diese kann mitunter schnell ermittelt werden (in unserem Fall wird bspw. eine Veränderung der Mitarbeiterzahl festgestellt). Häufig sind aber auch weitere, in aller Regel einzelfallbezogene Prüfungshandlungen durchzuführen.

Es ist festzuhalten, dass analytische Prüfungshandlungen zwar eine hohe Effektivität aufweisen, aber im gesamten Prüfungsprozess nicht die Bedeutung von Einzelfallprüfungen einnehmen. Analytische Prüfungen verfügen im Vergleich zu den Einzelfallprüfungen über eine geringere sog. Prüfungstiefe.

Einzelfallprüfungen

Einzelfallprüfungen dienen der direkten Überprüfung von einzelnen Geschäftsvorfällen und Kontensalden. Aufgrund der hohen Zeit- und Kostenintensität von Einzelfallprüfungen werden diese nur in Form von Stichprobenprüfungen vorgenommen. Dabei stellt sich natürlich unter Beachtung der Grundsätze der Wirtschaftlichkeit und Wesentlichkeit die Frage, welche Abschlussposten ausgewählt werden und in welcher Höhe der Stichprobenumfang zu bestimmen ist. Bei der Auswahl der Posten sind zunächst die Prüfungshandbücher der WP-Gesellschaften hilfreich. In diesen wird genau festgelegt, bei welchen Prüffeldern Einzelfallprüfungen durchzuführen sind. Zum anderen hat ein Abschlussprüfer auf dem Weg zu den Einzelfallprüfungen schon bei der Analyse der Geschäftstätigkeit wesentliche Risikofelder der Abschlussprüfung identifiziert. Die Auswahl der im Rahmen der Einzelfallprüfung zu prüfenden Posten ergibt sich daher bei der risikoorientierten Abschlussprüfung zwangsläufig aus den zuvor gewonnenen Erkenntnissen.

Unser Fall - JWD GmbH

Bei der JWD GmbH werden wir uns zunächst das Anlagevermögen (Abschnitt F.IV.2.) und die Forderungen aus Lieferungen aus Leistungen (Abschnitt F.IV.4.) genauer ansehen, als Ergänzung zu den entsprechenden Prozessen. Zudem werden wir in den Abschnitten F.IV.5. und F.IV.6. die Prüfung von Rückstellungen und Verbindlichkeiten diskutieren.

3. Prüfungsplanung

Das **Prüfungsobjekt** unserer Prüfung stellt der Einzelabschluss der JWD GmbH dar. Einen möglicherweise aufzustellenden Konzernabschluss wollen wir hier nicht weiter betrachten.

Die Jahresabschlussaussagen und die bestehenden Risikopunkte (**Risikoanalyse**) haben wir bereits anhand der Analyse der Geschäftstätigkeit im Abschnitt F.II. identifiziert.

Auf Basis von diesem Ergebnis haben Sie die folgende (grobe) **Prüfungsplanung** (in Ausschnitten) erstellen können:

Lfde. Nr	Abschlussposten	Referenz	Abschlussaussagen						IKS		aussagebezogene Prüfungshandlungen		Ergebnis	Prüfer/Datum
			V	B	G	W	E	A	Aufbau	Funktion	analytisch	Einzelfallprüfungen		
1	Anlagevermögen	IKS-1		X	X				X	X	n/a	n/a		
2	Anlagevermögen	AV-1			X	R4			n/a	n/a	n/a	X		
3	Vorratsvermögen	IKS-2	X	X	X	R6			X	X	n/a	n/a		
4	Vorratsvermögen	V-1			X	R6	X		n/a	n/a	n/a	X		
5	Forderungen/ Umsatzerlöse	IKS-3		R5 R6	X	R1 R5 R6			X	X	n/a	n/a		
6	Forderungen/ Umsatzerlöse	F-1		R5 R6		R1 R5 R6	X		n/a	n/a	X	X		
7	Rückstellungen	R-1	R2 R4 R5 R6	R5	X	R2			n/a	n/a	X	X		
...														

Quick Review - Risikoorientierter Prüfungsansatz

- Die Prüfungshandlungen gliedern sich in die Systemprüfung (Aufbau- und Funktionsprüfung der internen Kontrollsysteme) und aussagebezogene Prüfungshandlungen (analytische und einzelfallbezogene Prüfungshandlungen).
- Die Systemprüfungen setzen an der Entwicklungsgeschichte eines Geschäftsvorfalls an und prüfen die Kontrollstellen, die eine korrekte Abbildung des Geschäftsvorfalls gewährleisten sollen.
- Die aussagebezogenen Prüfungen dienen der Plausibilitätsprüfung und der direkten Überprüfung von einzelnen Geschäftsvorfällen.

Mögliche Fragestellungen im Interview

- In welcher Reihenfolge erfolgt die Planung eines risikoorientierten Prüfungsansatzes?
- Welches Wissen benötigen Sie für die Erstellung einer Prüfungsplanung?

IV. Prüfungsdurchführung

Wir haben jetzt die Vorbereitungsphase der Abschlussprüfung hinter uns gelassen und beginnen mit den ersten Prüfungshandlungen. In diesem Abschnitt werden wir erklären, wie die Prüfungshandlungen in bestimmten Prüfungsgebieten aussehen. Auf Basis der gewonnenen Prüfungsnachweise kann sich der Abschlussprüfer sein Prüfungsurteil bilden. Die Prüfungsnachweise müssen daher ausreichend und angemessen sein.

Wir wollen Ihnen zunächst den **Investitionsprozess** und die **aussagebezogenen Prüfungshandlungen zum Anlagevermögen** erläutern. Gerade dieses Prüfungsgebiet wird oft Berufsanfängern anvertraut, da es relativ wenig komplex ist und einen guten Einstieg in die Prüfungspraxis erlaubt. Anschließend wollen wir den Schwierigkeitsgrad erhöhen und erläutern Ihnen den **Einkaufsprozess** und die **aussagebezogenen Prüfungshandlungen zum Vorratsvermögen**. Abschließend wollen wir Ihnen ergänzend die **aussagebezogene Prüfung der Forderungen** sowie der **Rückstellungen** und **Verbindlichkeiten** erläutern. Wir begleiten Sie hierfür bei der Prüfung der JWD GmbH.

1. Investitionsprozess
Der Prozess und relevante Jahresabschlusspositionen

Die JWD GmbH stellt Maschinen für den industriellen Einsatz her. Der zur Produktion eingesetzte Maschinenpark umfasst eine große Anzahl unterschiedlicher Maschinen und Werkzeuge. Aufgrund des hohen technologischen Knowhows und der Vielzahl von Kundenwünschen werden immer wieder eine Vielzahl größerer und kleiner Maschinen, Standardwerkzeuge und Ersatzteile beschafft.

Die erste Bilanzposition, an die Sie denken müssen, ist natürlich das **Anlagevermögen**. Meist erfolgt durch die Beschaffung nicht nur der Einkauf von Produktionsmitteln sondern auch der Einkauf von Büro- und Geschäftsausstattung, Software und Büromaterialien. Im Folgenden wollen wir uns aber auf die Prüfung der Maschinen konzentrieren. Aktivierte Vermögensgegenstände werden meist auf Ziel gekauft, sodass eine Buchung gegen **Verbindlichkeiten** aus Lieferungen und Leistungen erfolgt. Anzahlungen auf Kaufteile werden als **geleistete Anzahlungen** im Anlagevermögen oder im Vorratsvermögen ausgewiesen. Der Ausweis hängt von der Art des Kaufteiles (Anlage- oder Umlaufvermögen) ab.

Auch könnten **aktivierte Eigenleistungen** erbracht worden sein, die zu aktivierungspflichtigen Vermögensgegenständen führen. Einen weiteren GuV-Posten stellen die planmäßigen und außerplanmäßigen **Abschreibungen** dar. Erfolgen Aufwendungen, die zur Reparatur oder Instandhaltung von Vermögensgegenständen dienen, ist der Posten **sonstiger betrieblicher Aufwand** in Form von »Aufwendungen für Reparaturen und Instandhaltung« betroffen.

Existiert eine Verpflichtung zum Rückbau des Anlagegutes, können auch die Rückstellungen in Form einer **Rückstellung für Rückbauverpflichtungen** betroffen sein. Ergibt sich von Zeit zu Zeit die Notwendigkeit zur Durchführung von **Großreparaturen**, kann auch hier die Bildung einer Rückstellung notwendig werden. Diese drei Posten sind bei der JWD GmbH annahmegemäß aber nicht relevant.

Nicht vergessen dürfen Sie den **Anlagespiegel** und die Angabepflichten, die sich für den HGB-**Anhang** ergeben. Auch müssen gewisse Angaben im HGB-**Lagebericht** gemacht werden, die das Anlagevermögen oder mit diesem im Zusammenhang stehende Abschlussposten betreffen. Sie sehen, das Anlagevermögen kann Folgewirkungen im gesamten Abschluss hinterlassen.

Grundsätzliche Einschätzung der kritischen Prüfungsziele im Anlagevermögen

Die **Genauigkeit** und **Bewertung** des Anlagevermögens gehen Hand in Hand. Es stellt sich bei Zugängen von Anlagegegenständen die Frage nach den Anschaffungs- oder Herstellungskosten. Wurden alle Anschaffungsnebenkosten aktiviert? Wurde die Bewertung selbst hergestellter Gegenstände richtig durchgeführt? Ein häufig vorkommendes Problem ist auch der Beginn des Abschreibungszeitraumes, das meist jedoch zu keinen wesentlichen Fehlaussagen führt. Im nächsten Schritt werden durch die Prüfung der Abschreibungsdauer und -art die Voraussetzungen für eine richtige Folgebewertung gewährleistet. Es stellt sich dann auch immer die Frage nach der Werthaltigkeit des Anlagevermögens. Insbesondere Anlässe für außerplanmäßige Abschreibungen müssen geprüft werden.

Als Prüfer interessieren Sie sich grundsätzlich für die wirtschaftliche Betrachtungsweise (**Eigentum**). Wirtschaftliches und juristisches Eigentum können auseinanderfallen, wenn Elemente der wirtschaftlichen Verwertungsmöglichkeit beim Veräußerer verbleiben. Dadurch dürfen juristische Eigentümer ihr Eigentum nicht bilanzieren, der wirtschaftliche Eigentümer muss es bilanzieren. In seltenen Konstellationen kann dies sogar dazu führen, dass derselbe Gegenstand doppelt zu bilanzieren ist (volkswirtschaftlich betrachtet ergibt dies natürlich keinen Sinn). Interessant wird die Frage nach dem Eigentum für Sie, wenn Sie feststellen, dass das juristische Eigentum übergegangen ist, das Unternehmen aber nach wirtschaftlicher Betrachtungsweise bilanziert. Dieses Auseinanderfallen ist immer kritisch, da das Unternehmen u. U. bestimmte Bilanzierungsziele verfolgt.

Die **Vollständigkeit** des Anlagevermögens ist meist weniger kritisch. Gründe für einen Nichtansatz von Anlagevermögen kann es viele geben. Ein Gegenstand wird z. B. geleast, aufgrund der vertraglichen Konstruktion führt dies zu wirtschaftlichem Eigentum des zu prüfenden Unternehmens. Überlegen Sie welches Interesse das Unternehmen an einem nicht vollständigen Anlagevermögen haben könnte. Es verändern sich Relationen und Ratios, es erhöht sich aber auch der absolute Wert des Anlagevermögens. Oft wird in der Praxis das Anlagevermögen als Sicherheit für Darlehen hergegeben, je höher der Sicherheitenwert, desto höher die mögliche Darlehenssumme, da die Darlehensgeber meist auf die Werte des testierten Jahresabschlusses vertrauen.

Der **Bestand** ist in der Praxis oft unkritisch. Größere Maschinen oder Anlagen sind augenscheinlich. Auch ist zu klären, ob aus dem Verständnis der Ziele und der Geschäftstätigkeit des Unternehmens heraus, ein Interesse an erhöhten Anlagenwerten bestehen könnte. Zugänge können mit Rechnungen und Lieferscheinen nachgewiesen werden. Abgänge von Gegenständen mit Restbuchwert resultieren meist aus Verlauf oder Verschrottung. Gehen Anlagegegenstände ohne Restbuchwert ab, ohne dass dies in der Anlagenbuchhaltung erfasst wird, so ist dies zunächst falsch, führt aber zu keiner wesentlichen Fehlaussage. Die Jahresabschlussaussage Bestand jedoch grundsätzlich als unkritisch zu bezeichnen, wäre sträflich. Die Vergangenheit hat bei »Flowtex« gezeigt, dass die Prüfung des Bestandes nicht zu unterschätzen ist. Dort wurden in der Mittagspause der Prüfer Plaketten mit Seriennummern ausgetauscht, die Geräte umgeparkt und diese unter den Augen der Abschlussprüfer dadurch unbemerkt doppelt gezählt!

Der **Ausweis** ist erfahrungsgemäß unproblematisch. Wirkliche Fehlaussagen wären nur denkbar, wenn Anlagevermögen als kurzfristige Vermögensgegenstände dargestellt werden.

Wenn Sie durch die Produktionsanlagen gehen und Teile des Anlagevermögens in Augenschein nehmen, dann können Sie das wirtschaftliche Eigentum nicht feststellen. Das juristische Eigentum ist jedoch vergleichsweise einfach zu bestimmen, da hier im Regelfall das Eigentum durch Auszüge im Grundbuch (Grundstücke), Kfz-Brief (Kfz) oder Kaufverträge/Rechnungen nachgewiesen werden kann.

Systemprüfung – Aufbauprüfung

Für die Aufbauprüfung des internen Kontrollsystems müssen wir zunächst verstehen, welche Stationen beim Investitionsprozess durchlaufen werden, bevor sich der Einkauf im Jahresabschluss niederschlägt. Hierzu betrachten wir nun den Investitionsprozess näher.

1) Auslösung des Einkaufsauftrages durch eine Bedarfsmeldung
Die Auslösung der Meldung wird im Bereich des Anlagevermögens manuell durch Erstellung eines Bedarfsscheines in der Produktion der JWD GmbH im Werk Passau erfolgen. Die Bestellung wird zusätzlich durch autorisierte Mitarbeiter genehmigt, um dem

Vier-Augen-Prinzip zu genügen. Aufgrund des meist hohen Wertes der bestellten Güter erfolgt im Vorfeld eine Investitionsplanung, die die Beschaffung bestimmter Anlagen vorsieht. Diese kann als zusätzliche Sicherheit gelten, dass die Beschaffung durch Geschäftsführungsentscheidung der JWD GmbH genehmigt ist. Ersatzteile und Werkzeuge sind weniger hochpreisig und daher auch durch niedrigere Hierarchiestufen wie z. B. dem Werkleiter in Passau freizugeben.

2) Eingang der Meldung und Bestellung bei Lieferanten
Nachdem die Meldung genehmigt wurde, erfolgt die Bestellung. Die Geschäftsführung hat vorgegeben, dass nur bei vorgegebenen Lieferanten eingekauft werden darf, weil Rahmenlieferverträge existieren. Muss nun von dieser Vorgabe abgewichen werden oder liegt keine Vorgabe vor für die zu beauftragende Maschine/ das Werkzeug/ die Dienstleistung ist eine zusätzliche Genehmigung erforderlich. Im Regelfall wird diese Genehmigung bereits im ersten Schritt abgefragt.

3) Anzahlungsrechnung
Im Kaufvertrag werden zu bestimmten Zeitpunkten/Meilensteinen Anzahlungen fällig. Diese sind durch die Fachabteilung freizugeben, nachdem eine sachliche Prüfung stattgefunden hat, ob der vereinbarte Projektfortschritt erreicht wurde.

4) Anlieferung/Erbringung der Dienstleistung
Die Bestellung wird an den Lieferort angeliefert und bezüglich der Menge, Qualität, Art etc. kontrolliert. Im diesem Zusammenhang wird natürlich auch nochmals durch einen Mitarbeiter der JWD GmbH geprüft, ob der gelieferte Gegenstand überhaupt bestellt wurde. Eine Maschine wird erst nach Inbetriebsetzung und Abnahme (Bestätigung der zugesicherten Betriebsbereitschaft) durch die JWD GmbH abgenommen. Oft werden zunächst Probeläufe durchgeführt, um den Durchsatz zu prüfen und mit dem vereinbarten Wert zu vergleichen. Der Erhalt einer vereinbarten Leistung wird durch Meldung der empfangenden Abteilung bestätigt.

5) Einbuchung der Maschine/des Werkzeuges in der Anlagenbuchhaltung (Auflösung der Bestellung)
Nach Abnahme wird die Maschine/das Werkzeug im System erfasst und der hinterlegten Bestellung zugeordnet. Dadurch wird die Bestellung aufgelöst und in den Bestand aufgenommen. Die Bestellung ist nicht mehr offen. Nach Erhalt der Leistung wird die Bestellung ebenfalls aufgelöst.

6) Rechnung geht bei der Finanzbuchhaltung in Berlin ein
Die Rechnung geht an das Rechnungswesen, wird dort im Rechnungseingangsbuch erfasst und einem Eingang zugeordnet. Zur fachlichen Prüfung der Rechnung wird diese an die betroffene Fachabteilung (z. B. Produktion) der JWD GmbH weitergeleitet. Die Rechnung wird inhaltlich geprüft und bei Fehlerfreiheit wieder an das Rechnungswesen zurückgegeben. Dieses prüft die formalen Gesichtspunkte, wie z. B. der Abzug der geleisteten Anzahlungen und die Richtigkeit des Umsatzsteuerausweises. Sofern alles ok ist, wird die Rechnung zur Zahlung freigegeben. Durch die Erfassung im Rechnungseingangsbuch werden die Vollständigkeit der Rechnungen gewährleistet und die Fristen und Termine überwacht. Bei hohen Investitionssummen und erhaltenen Garantieversprechen kommt es im Regelfall zu Sicherheitseinbehalten seitens des Käufers.

7) Führen einer Offene-Posten-Liste (OP-Liste)
Die OP-Liste führt alle zum Zeitpunkt der Auswertung offenen Beträge auf. Das Rechnungswesen kann sich einen schnellen Überblick über diese Beträge verschaffen und Auffälligkeiten (Überfälligkeit, falsche Zahlungen etc.) klären.

8) Übernahme der Daten in die Finanzbuchhaltung
Die Bestelldaten werden aus dem Bestellsystem über eine Schnittstelle in die Finanzbuchhaltung übertragen. Dort wird neben dem Hauptbuch auch das Kreditorennebenbuch geführt. Diese drei Datenbestände müssen übereinstimmen und dürfen sich nicht widersprechen. Dieses Problem tritt bei modernen ERP-Systemen nicht auf, da eine Datenbasis vorhanden ist. Redundante Datenbestände und eine Schnittstellen-Problematik existieren dort nicht. Die JWD GmbH verfügt über ein solches modernes ERP-System.

Investitionsprozess

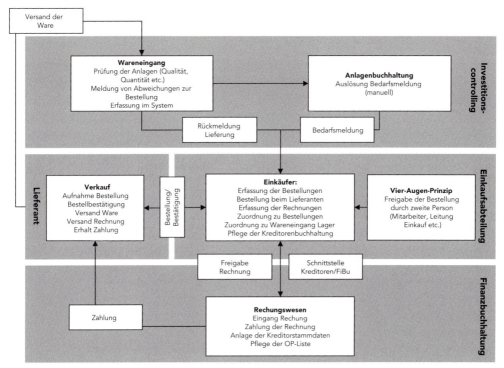

Systemprüfung - Funktionsprüfung
An welchen Stellen des Prozesses sollten Sie Funktionsprüfungen vornehmen?

1) Bestellung und Erfassung durch autorisierte Mitarbeiter:
Die Bestellung darf nur durch Mitarbeiter des Einkaufs erfolgen. Umfangreichere Bestellungen sollten darüber hinaus durch das Vier-Augen-Prinzip abgesichert werden. Durch die Kontrolle wird sichergestellt, dass auch wirklich im Namen des Unternehmens gehandelt wurde. Diese Kontrolle dient vor allem der Fraud-Problematik (Prüfungsziel: **Bestand** von Anlagevermögen und Verbindlichkeiten).

2) Vorgabe der Bilanzierung des bestellten Gegenstandes/der Dienstleistung
Hier wird durch Mitarbeiter des Mandanten entschieden, ob es sich um einen aktivierungspflichtigen, aktivierbaren oder nicht aktivierbaren Sachverhalt handelt. Diese Entscheidung kann weitreichende Folgen haben und ist besonders genau zu prüfen. (Prüfungsziele: **Vollständigkeit**, **Bestand**, **Genauigkeit** Anlagevermögen, sonstiger betrieblicher Aufwand)

3) Erfassung der Bestellung auf richtigen Kreditor
Hier wird sichergestellt, dass Rechnungen, die von verbundenen Unternehmen ausgestellt wurden, gesondert in der Bilanz ausgewiesen werden. Forderungen und Verbindlichkeiten gegenüber verbundenen Unternehmen sind nach Maßgabe des HGB gesondert auszuweisen (Prüfungsziel: **Ausweis** Verbindlichkeiten). Der Ausweis wird Ihnen in der Prüfungspraxis regelmäßig als wenig fehlerhafte Jahresabschlussaussage begegnen.

4) Prüfung des Eingangs und Zuordnung zur Bestellung
Die Anlieferung sollte durch Mitarbeiter im Produktionsbereich auf Menge und Qualität geprüft werden. Ergeben sich Mängel, könnten die Verbindlichkeiten geringer ausfallen oder die angelieferte Maschine bzw. das Werkzeug zurückgeschickt werden (Prüfungsziel: **Vollständigkeit**, **Bestand**, **Bewertung** Anlagevermögen; **Bestand**, **Genauigkeit** Verbindlichkeiten).

5) Prüfung, Erfassung der Rechnung und Zuordnung zur Bestellung
Nach Eingang der Rechnung wird diese geprüft, erfasst und beglichen. Die Rechnungsprüfung stellt sicher, dass nur bezogene Gegenstände und Dienstleistungen auch bezahlt werden. Ferner wird geprüft, ob z. B. die geleisteten Anzahlungen richtig in Abzug gebracht wurden. (Prüfungsziele: **Bewertung** Anlagevermögen; **Bestand**, **Genauigkeit** Verbindlichkeiten/geleistete Anzahlungen; **Genauigkeit** Abschreibungen).

6) Schnittstellenprotokolle Anlagenbuchhaltung – FiBu
Diese Kontrolle ist nur notwendig, wenn kein integriertes ERP-System (SAP, Navision, Oracle o. ä.) eingesetzt wird. Durch die Kontrolle wird sichergestellt, dass alle Daten korrekt übertragen werden. (Prüfungsziele: **Vollständigkeit**, **Genauigkeit** Anlagevermögen, Abschreibungen).

7) Schnittstellenprotokoll Kreditorenbuchhaltung – FiBu
Es gilt das Gleiche wie zur vorangegangenen Kontrolle (Prüfungsziele: **Vollständigkeit**, **Genauigkeit** Verbindlichkeiten).

Sie sehen: Es gibt eine Vielzahl von Kontrollen bei der JWD GmbH, die Sie prüfen können. Kontrolle 1 und 4 können sich überschneiden, sodass Sie sich die Prüfung der Kontrolle 4 ersparen könnten, eine sogenannte »redundante« Kontrolle. Die existierenden Kontrollen sind je nach Unternehmen unterschiedlich. Bedenken Sie auch, dass eine nicht dokumentierte Kontrolle nicht zwangsläufig dazu führt, dass diese auch nicht geprüft werden kann.

2. Anlagevermögen

Aussagebezogene Prüfungshandlungen – Analytische Prüfungen
Im Rahmen der analytischen Prüfungshandlungen werden Sie im Bereich des Anlagevermögens einzelne Kennzahlen wie Abschreibungsquote, durchschnittliche Restnutzungsdauer oder ähnliche Relationen berechnen. Die Werthaltigkeit könnte durch die Maschinenlaufzeit oder die Analyse der auf dieser Maschine produzierten Waren geprüft werden.

Aussagebezogene Prüfungshandlungen – Einzelfallprüfungen
Prüfung von Bestand/Vollständigkeit/Genauigkeit
Sie beginnen mit der Abstimmung des Hauptbuches mit dem Nebenbuch. Abweichungen (historische Anschaffungskosten, kumulierte Abschreibungsbeträge, Buchwerte etc.) dürfen sich hier nicht ergeben. Durch die Abstimmung der Eröffnungsbilanzwerte prüfen Sie, ob die Vergangenheitswerte richtig übernommen wurden und der Bilanzzusammenhang gewahrt ist.

Wesentliche Zugänge und Abgänge zum Anlagevermögen sollten Sie immer prüfen. Prüfungsnachweise können Rechnungen, Lieferscheine, Frachtpapiere, Betriebsbereitschaftsmeldungen etc. sein. Machen Sie sich Gedanken, ob auch die Anschaffungsnebenkosten aktiviert wurden. Prüfen Sie die Nutzungsdauer und die Abschreibungsart, da die Festlegung dieser Größen wesentlichen Einfluss auf die Folgebewertung hat. Die Nutzungsdauern im HGB sind oft steuerlich motiviert. Nutzungsdauern in IFRS-Abschlüssen sind daher erfahrungsgemäß tendenziell länger bemessen.

> **Stichwort: Hauptbuch/Nebenbuch**
> Die Buchungen erfolgen zunächst im Grundbuch nach einer zeitlichen Ordnung. Das Hauptbuch enthält sämtliche bebuchten Konten, nach sachlichen Gesichtspunkten geordnet. Ein Nebenbuch wiederum erläutert einzelne Konten des Hauptbuches (z. B. Forderungen, Verbindlichkeiten, Anlagevermögen etc.) weitergehend.

Prüfung der Bewertung
Aus der Analyse der Geschäftstätigkeit haben Sie Erkenntnisse über die Nutzung der Anlagegegenstände gewinnen können. Risikobereiche sehen Sie daher bei den immateriellen Vermögensgegenständen. Die JWD GmbH hat in der Vergangenheit im zulässigen Rahmen selbsterstellte und zugekaufte Patente und Lizenzen als immaterielle Vermögensgegenstände aktiviert. Eine fehlende Durchsetzbarkeit von Patenten in China kann zu einem potentiellen Abwertungsbedarf führen. Eine Abwertung des Sachanlagevermögens könnte die Folge sein. Hier nutzen Sie zum Beispiel die Möglichkeit einer Rechtsanwaltsbestätigung, um explizit anhängige Verfahren zu diesen Themen abzufragen.

Prüfung der Vollständigkeit/Eigentum
Fallen bei Ihrem Unternehmen wirtschaftliches und juristisches Eigentum auseinander, gilt es grundsätzlich wachsam zu sein. Überlegen Sie, ob das Unternehmen einen Anreiz haben könnte, in der vorliegenden Art zu bilanzieren. Gerade komplexe Fallgestaltungen

lassen auf kritische Bilanzierungen schließen. Die JWD GmbH weist nach Ihren Erkenntnissen keine entsprechenden Gestaltungen auf.

3. Verkaufsprozess
Der Prozess und relevante Jahresabschlusspositionen
Sie kennen nun die innerbetriebliche Organisation des Investitionsprozesses und die prüferischen Fragestellungen, die mit diesem einhergehen. Wie sieht jetzt aber die Verkaufsseite aus? Wie funktioniert und vor allem wie kontrolliert das Unternehmen den Verkauf seiner Waren?

Der Verkauf von Erzeugnissen führt zu **Umsätzen**. Diese werden erfolgswirksam realisiert und in der Gewinn- und Verlustrechnung ausgewiesen. Erfolgt der Verkauf auf Ziel, entsteht eine **Forderung** gegenüber dem Käufer. Der Betrag ist meist nicht sofort fällig. Forderungen aus Umsatzerlösen werden entweder als Forderungen aus Lieferungen und Leistungen oder als Forderungen gegenüber verbundenen Unternehmen (Umsätze mit verbundenen Unternehmen) ausgewiesen. Es wird ein Abgang des verkauften Gutes aus dem Umlaufvermögen (z. B. unfertige Erzeugnisse) gebucht und durch die Umsatzlegung die Marge realisiert.

Grundsätzliche Einschätzung der kritischen Prüfungsziele bei Umsatzerlösen und Forderungen
Stellt die **Vollständigkeit** der Forderungen eine kritische Aussage des Jahresabschlusses dar? Normalerweise liegt es im Interesse der JWD GmbH, sich möglichst gut zu präsentieren. Das führt dazu, dass eher das Gegenteil der Fall sein könnte. Es werden also bspw. Umsätze zum Stichtag realisiert, die keinen Bestand haben (**Bestand**).

Ein weiterer wesentlicher Punkt, der dem Prüfer regelmäßig zu schaffen macht, ist die Werthaltigkeit (**Bewertung**) der Forderungen. Sind diese treffend bewertet oder vielleicht doch ausfallgefährdet? Es liegt regelmäßig im Interesse des Unternehmens, Abwertungen eher hinauszuzögern statt offen anzugehen.

Aus der Analyse der Geschäftstätigkeit haben Sie erfahren, dass die JWD GmbH aktuell Probleme mit Zulieferteilen hat. Dadurch stehen fast fertige Maschinen auf Halde und können nicht ausgeliefert werden. Infolgedessen kann auch der Restbetrag nicht in Rechnung gestellt werden. Um mögliche Finanzierungsengpässe zu überbrücken, könnten Forderungen verkauft worden sein, sodass kein wirtschaftliches Eigentum mehr besteht. Die Frage des Eigentums wäre jetzt nicht mehr einfach zu beantworten (**Eigentum**).

Der **Ausweis** der Forderungen kann ebenfalls ein Problem darstellen. Forderungen gegenüber verbundenen Unternehmen (z. B. hier die Vertriebstöchter der JWD GmbH) sind gesondert auszuweisen. Aufgrund der umfangreichen Geschäftsbeziehungen mit den

Tochterunternehmen erwarten Sie fast ausschließlich Forderungen gegenüber verbundenen Unternehmen.

Systemprüfung – Aufbauprüfung

Für eine Aufbauprüfung müssen Sie den Verkaufsprozess verstehen. Daher wollen wir uns diesen näher ansehen:

1) Eingang der Bestellung durch den Kunden
Die Bestellung geht bei der Vertriebstochter ein und wird zur Weiterverarbeitung an einen Mitarbeiter der JWD GmbH weitergeleitet. Ist der Kunde bereits im System vorhanden, können die hinterlegten Daten verwendet werden. Hier sind Rechnungs- und Lieferadresse, Bankverbindung, Zahlungskonditionen, Kreditlimit etc. hinterlegt. Handelt es sich um einen Neukunden, so sind zunächst die Stammdaten mit Kundennummer und allen Angaben anzulegen und freizugeben.

Die restlichen Verkaufsaktivitäten (Betreuung, Rechnungsstellung etc.) werden grundsätzlich durch die Vetriebstöchter abgewickelt. Der Verkaufsprozess beschränkt sich daher im Wesentlichen auf den Bestelleingang seitens der Töchter. Ferner werden Kunden direkt durch die JWD GmbH betreut, die in Ländern sitzen, in denen keine Vertriebstochter existiert.

2) Pflege der Kundenstammdaten
Die Kundenstammdaten erfordern eine besondere Pflege. Die Erfassung der Stammdaten sowie der Bewegungsdaten erfolgt meist durch unterschiedliche Abteilungen (Rechnungswesen für Bankverbindung, Treasury für Kreditlimit und Verkauf die Kontaktdaten) um Betrugsversuche erst gar nicht zuzulassen.

So wird z. B. sichergestellt, dass der gleiche Kunden nicht mehrere Kundennummern besitzt und dadurch die vorgegebene Kreditlinie umgehen kann (Kreditlinie: 50.000 Euro, bei fünf Kundennummern würde sich der Betrag verfünffachen).

3) Angebotserstellung durch Mitarbeiter des Verkaufs bei der JWD GmbH
Es wird ein Angebot erstellt mit genauer Beschreibung der bestellten Maschine, Liefertermin, Preis und weiteren notwendigen Informationen. Auch hier gilt wieder das Vier-Augen-Prinzip. Das Angebot muss durch den Geschäftsführer oder zwei Prokuristen freigegeben werden. Das erstellte Angebot wird dann an die Vertriebstochter weitergeben und ggf. werden Besonderheiten des jeweiligen Marktes eingearbeitet.

Bei standardisierter Ware wäre ein solches Angebot entbehrlich. Die Preise werden im Vorhinein für bestimmte Bestellmengen festgelegt, sodass später nur noch Abrufe zu den vereinbarten Konditionen stattfinden.

4) Erfassung der Bestellung in der Warenwirtschaft
Durch die Erfassung der Bestellung werden Bestellmenge, Produkt-ID, Produktpreis und vor allem die Stückliste für beauftragte Maschinen manuell erfasst. Daten zu Ersatzteilen werden jedoch aus der Produktdatenbank übernommen. Auch diese Datenbanken müssen gepflegt werden. Hier ist sicherzustellen, dass die durch die Geschäftsführung festgelegten Preise (Stundensatz, Aufschläge bei Zukaufteilen, Kalkulationssätze) richtig erfasst wurden. Auch sollte es nur in Ausnahmefällen möglich sein, von dieser Preisdatei abweichende Preise in die Bestellung einfließen zu lassen.

5) Verbuchung der verbrauchten Produktionsfaktoren auf dem Auftrag (unfertige Erzeugnisse)
Der Fortschritt beim Bau der beauftragten Maschine erfordert den bekannten »Werteverzehr«. Rohstoffe, Zukaufteile und auch die eingesetzten Arbeitsstunden werden dem Auftrag zugebucht. Die Maschine erscheint als unfertiges Erzeugnis in der Buchhaltung.

Die Verbuchung hat einheitlich nach den Bilanzierungsrichtlinien des Unternehmens zu erfolgen. Diese Verbuchung erfolgt bei der JWD GmbH durch im ERP-System hinterlegte Prozessschritte. Arbeitsstunden werden einzeln dem Auftrag zugebucht. Material- und Fertigungseinzelkosten werden ebenfalls in individueller Höhe dem Fertigungsauftrag zu geschlagen. Gemeinkosten gehen z. B. in Form von Zuschlagssätzen in den Auftrag ein. Die Geschäftsführung hat somit den Fortschritt und die Höhe der aufgelaufenen Kosten im Blick. Überlaufende Kosten und damit Verlustaufträge kann die JWD GmbH frühzeitig erkennen und gegensteuern. Gegebenenfalls kann durch Nachverhandlungen ein Teil auf den Kunden überwälzt werden.

6) Stellung von Anzahlungsrechnungen an den Kunden
Aufgrund der hohen Bindung von »Working Capital« durch unfertige Aufträge hat die JWD GmbH bei Erreichen bestimmter Meilensteine Anzahlungen mit den Kunden verhandelt. Meistens werden bei Abschluss des Vertrages 20 Prozent der Auftragssumme und dann in drei Tranchen 2 x 30 Prozent, 1 x 10 Prozent und bei erfolgreicher Abnahme die restlichen 10 Prozent inklusive der Schlussrechnung fällig.

7) Auslieferung der Ware an den Kunden
Kurz vor Auslieferung erfolgt die Kommissionierung der Ware im Lager. Im Anschluss daran wird ein Lieferschein erstellt, der die auszuliefernde Ware auflistet. Aufgrund der Größe der Maschinen werden diese beim Kunden vor Ort zusammengesetzt und in Betrieb genommen. Erst nach Bestätigung der Abnahme durch den Kunden gilt die Maschine als ausgeliefert, die Realisation des Umsatzerlöses kann erfolgen. Die

Mutter verbucht den Abgang eines Fertigerzeugnisses durch Lieferung an die Tochter, diese weist kurzfristig eine eingekaufte Maschine aus.

8) Rechnungsstellung durch die JWD GmbH
Die JWD GmbH hat mit ihren Töchtern die Vereinbarung getroffen, dass mit Abnahme der Maschine durch den Kunden der lokalen Tochter auch die Mutter das Projekt gegenüber der Tochter schlussrechnen darf. Zunächst stellt die Tochter gegenüber dem Kunden die Schlussrechnung. Im Anschluss stellt die Mutter (JWD GmbH) eine Schlussrechnung gegenüber der Tochter in gleicher Höhe, abzüglich eines angemessenen Abschlages für die Tätigkeit der Tochter.

9) Pflege der »Offene-Posten« (OP)-Liste durch das Forderungsmanagement
Ist die Maschine ausgeliefert und die Rechnung erstellt, wird die Zahlung verfolgt. Die JWD GmbH hat auch hier mit der Tochtergesellschaft eine Vereinbarung getroffen, dass die Intercompany erst nach Eingang des Geldes bei der Tochter fällig wird. Überfällige Beträge schlagen sich dadurch direkt auch bis zur Muttergesellschaft durch.

Verkaufsprozess

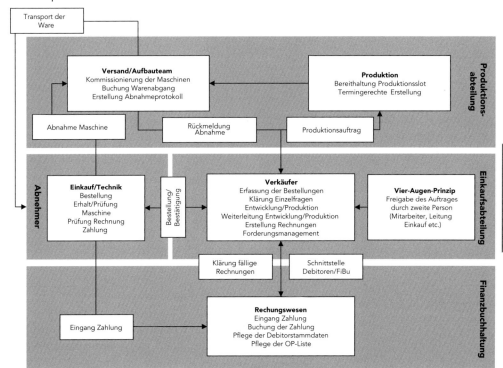

Systemprüfung – Funktionsprüfung
Am welchen Stellen sollten Funktionsprüfungen durchgeführt werden?

1) Erfassung der Stammdaten durch verkaufsfremde Mitarbeiter
Die Stammdaten werden nur durch verkaufsfremde Mitarbeiter erfasst. Diese Aufteilung erfolgt durch Vergabe von entsprechenden Rechten (Rollen) im ERP-System der JWD GmbH. Die Einhaltung dieser Funktionstrennung vermeidet die Übervorteilung einzelner Kunden durch Einräumung von hohen Warenkrediten oder Ähnlichem (Prüfungsziele: **Genauigkeit**, **Bewertung** der Forderungen/Umsätze).

2) Kalkulation eines Angebotspreises
Fragt ein Interessent eine Maschine an, wird nach Maßgabe der gewünschten Spezifikation ein Angebotspreis kalkuliert. Der Angebotspreis kann strategische (Markteintritt), kundenspezifische (traditionell hohe Umsätze, die besonders hohe Nachlässe rechtfertigen) oder andere Eigenheiten berücksichtigen. Um dem Vier-Augen-Prinzip zu genügen, ist die Freigabe des Angebotspreises durch den Geschäftsführer Hrn. Müller oder einen Prokuristen (je nach Höhe des Auftrages) notwendig. Dadurch kann sichergestellt werden, dass das Angebot im Sinne des Unternehmens erstellt wurde, z. B. im Hinblick auf Einhaltung von internen Grundsätzen der Angebotserstellung, Beachtung einer Mindestmarge etc... (Prüfungsziele: **Bestand**, **Genauigkeit** der Forderungen/Umsätze).

3) Identifizierung von Verlustgeschäften
Regelmäßig werden die offenen Aufträge durch das Controlling hinsichtlich der aufgelaufenen Kosten und der erwarteten Umsätze überwacht. Verlustgeschäfte können so schnell identifiziert werden. In Folge sind die Auftrag durch eine verlustfreie Bewertung abzuwerten oder sogar Drohverlustrückstellungen zu bilden. (Prüfungsziele: **Bewertung** Vorräte, **Vollständigkeit** Drohverlustrückstellungen)

4) Auslieferung
Nach Fertigstellung der Maschinenteile werden diese zum Kunden transportiert und dort durch die JWD GmbH zusammengebaut. Erst nach Abnahme durch den Kunden darf die Realisation der Umsatzerlöse erfolgen. Durch Unterschrift des Abnahmeprotokolls durch einen Vertreter des Abnehmers bestätigt dieser, dass die Leistung vollständig ausgeführt wurde. Die Finanzbuchhaltung ist daher angewiesen, den Auftrag erst bei Vorlage der Originalabnahmebestätigung gegenüber dem Tochterunternehmen als Umsatzerlös zu buchen. Die Tochter hat analog zu buchen. (Prüfungsziele: **Bestand/ Genauigkeit** Forderungen/Umsatzerlöse)

5) Rechnungsstellung
Die Rechnungsstellung darf erst nach Abnahme der Maschine erfolgen (Realisierung des Umsatzerlöses). Nach Vorlage des Originalabnahmeprotokolls erstellt der Vertriebsmitarbeiter die Schlussrechnung. Die bereits erhaltenen Anzahlungen werden zum Abzug gebracht. (Prüfungsziel: **Bestand/Genauigkeit** Forderungen/Umsatzerlöse)

Grundsätzlich darf nur Ware ausgeliefert werden, die auch bestellt wurde. Es ist daher wichtig, dass die Kette Bestellung-Abnahmeprotokoll-Rechnung-Buchung-Abgang-Lagerbestand bei der JWD GmbH immer vollständig vorliegt. Fehlt die Bestellung, könnte es sich um Fraud handeln. Fehlt das Abnahmeprotokoll, liegt kein Nachweis vor, dass die Maschine auch tatsächlich ausgeliefert wurde. Durch eine fehlende Rechnung wäre die Maschine nicht abgerechnet worden. Fehlt die Warenbuchung, könnte dies ein Hinweis auf eine Luftbuchung sein. (Prüfungsziele: **Vollständigkeit**, **Bestand**, **Genauigkeit** der Forderungen/Umsätze)

4. Forderungen aus Lieferungen und Leistungen
Aussagebezogene Prüfungshandlungen – Analytische Prüfungen
Analytische Prüfungshandlungen können Sie hier auf der Basis von Kennzahlenvergleichen durchführen. Sie könnten die Umschlagshäufigkeit der Forderungen oder die Altersstruktur analysieren. Anbieten würde sich auch die Analyse der Umsätze nach Kunden, um die Abhängigkeit von einzelnen Großkunden besser einschätzen zu können.

Aussagebezogene Prüfungshandlungen – Einzelfallprüfungen
Prüfung von Bestand/Vollständigkeit/Genauigkeit
Zunächst stellt sich die Frage, wie der **Bestand** der Forderungen sichergestellt werden kann. In diesem Zusammenhang stellen Bestätigungen Dritter ausgesprochen effiziente Prüfungsnachweise dar. Diese haben kein Interesse daran, zu hohe Verbindlichkeiten ihrerseits zu bestätigen (die bei Ihrem Mandanten Forderungen darstellen). Die Anforderung von Saldenbestätigungen stellt eine Pflichtprüfungshandlung dar.

Weiterhin ziehen Sie Stichproben der zum Stichtag offenen Forderungen und prüfen diese mit Hilfe von Lieferscheinen, Abnahmeprotokollen, Buchung Warenwirtschaft und der Rechnung. Durch diese Prüfungshandlungen können Sie auch die Prüfungsziele **Vollständigkeit** und **Genauigkeit** prüfen.

Sie werden ferner eine sog. Cut-Off-Prüfung durchführen. Hier werden die letzten Rechnungen vor dem Stichtag und die ersten Rechnungen nach dem Stichtag auf den Zeitpunkt der Umsatzrealisation geprüft. Dadurch erhalten Sie eine Aussage über die richtige zeitliche Abgrenzung der Umsatzerlöse. Sie sollten besonders achtsam sein und eine aussagekräftige Stichprobe auswählen, da es sein könnte, dass die Umsatzabgrenzung zugunsten der JWD GmbH ausgelegt wurde. Sie sollten zusätzlich prüfen, ob es nach dem Stichtag auffällige Stornobuchungen oder Korrekturen der Forderungen gab. Hintergrund dieser Buchungen könnten Luftbuchungen sein, um das Jahresergebnis zu »tunen«.

Sie werden ferner eine sog. Cut-Off-Prüfung durchführen. Hier werden die letzten Rechnungen vor dem Stichtag und die ersten Rechnungen nach dem Stichtag auf den Zeitpunkt der Umsatzrealisation geprüft. Dadurch erhalten Sie eine Aussage über die richtige zeitliche Abgrenzung der Umsatzerlöse. Auch hier sind Sie besonders achtsam und wählen eine umfangreiche Stichprobe, da es sein könnte, dass sie auch die Umsatzabgrenzung zu ihren Gunsten ausgelegt haben. Sie sollten zusätzlich prüfen, ob es nach dem Stichtag auffällige Stornobuchungen oder Korrekturen der Forderungen gab. Hintergrund dieser Buchungen könnten Luftbuchungen sein, um das Jahresergebnis zu »tunen«.

Prüfung der Bewertung

Stichwort: Going Concern
Bei jeder Abschlussprüfung wird geprüft, ob von der Fortführung der Unternehmenstätigkeit ausgegangen werden kann. Diese kann bspw. bei einer nachhaltigen Gefährdung des finanziellen Gleichgewichtes bedroht sein, was Konsequenzen für die Bewertung hat. So werden z. B. Vermögensgegenstände mit Liquidationswerten angesetzt.

Forderungen, deren Ausgleich durch den Schuldner nicht erwartet werden kann, stellen keine Werte mehr dar und müssen daher abgewertet werden. Altersstrukturlisten geben erste Hinweise auf fällige und überfällige Forderungen. Forderungen, die über das normale Zahlungsziel hinaus offen sind, begründen dadurch einen »Anfangsverdacht«. Die JWD GmbH beliefert immer wieder Kunden, deren Zahlungsmoral zu wünschen lässt. Aufgrund der Praxis, regelmäßige Anzahlungsrechnungen zu stellen, hält sich hier das Risiko jedoch in Grenzen, da nur der offene, nicht erhaltene Betrag, ausfallgefährdet ist. Ist Ihr Mandant stark von einzelnen Abnehmern abhängig, so wird regelmäßig zusätzlich die Solvenz dieses Schuldners geprüft. Dadurch kann eine generelle Aussage über die **Werthaltigkeit** der offenen Forderungen getroffen werden.

Die JWD GmbH beliefert eine Vielzahl von ausländischen Kunden, die Rechnungen werden meist in ausländischer Währung an die Tochtergesellschaft gestellt. Hier ergibt sich ein grundsätzliches Fremdwährungsrisiko. Die JWD GmbH hat für einzelne Aufträge Währungssicherungsgeschäfte abgeschlossen, hier sollten Sie schauen, ob diese effektiv sind und ob sich ggf. aufgrund der Konstruktion ein rückstellungspflichtiger Sachverhalt ergibt.

Durch Anforderung einer Rechtsanwaltsbestätigung (siehe nachfolgenden Abschnitt »Rückstellungen«) wird das Vorliegen von Rechtsstreitigkeiten überprüft, die im Zusammenhang mit der Leistungserbringung stehen. Dadurch können sich Auswirkungen auf die Werthaltigkeit einzelner Forderungen ergeben.

Möglicherweise werden alte Rechnungen storniert und neue stattdessen eingebucht. Dadurch erscheint die Rechnung auf den ersten Blick nicht als überfällig, obwohl sie es aber tatsächlich ist. Erfolgt dieses »Tuning« der Altersstruktur systematisch, sollten Sie diesem Sachverhalt nachgehen.

Auch sollten Sie hellhörig werden, wenn Kunden ungewöhnliche Zahlungsziele eingeräumt werden. Es könnte sich dadurch die Notwendigkeit zur Abzinsung der Forderung ergeben.

Prüfung des Ausweises
Den **Ausweis** der Forderungen können Sie meist relativ einfach aussagebezogen prüfen. Die Forderungssalden der verbundenen Unternehmen müssen als Forderungen gegenüber verbundenen Unternehmen ausgewiesen werden. Die JWD GmbH weist fast nur Forderungen gegenüber verbundenen Unternehmen aus. Werden noch andere Vermögensgegenstände (z. B. gewährte Kredite, Mitarbeiterdarlehen, Reisekostenvorschüsse etc.) in der Debitorenbuchhaltung geführt, sollten Sie auf die Prüfung des Ausweises größeren Wert legen.

Prüfung des Eigentums
Gesellschaften, die sich gezwungen sehen, Sicherheiten abzugeben, treten meist auch ihre Forderungen ab. Daraus ergibt sich eine Angabepflicht im Anhang. Gesellschaften, die sich gezwungen sehen, Sicherheiten abzugeben, werden meist ihre Forderungen als Sicherheiten abtreten. Daraus ergibt sich eine Angabepflicht im Anhang. Auch stellt sich die Frage, ob echtes oder unechtes Factoring vorliegt.

5. Rückstellungen
Grundsätzliche Einschätzung der kritischen Prüfungsziele
Im Zusammenhang mit der Prüfung der Rückstellungen stellt sich die Frage nach der vollständigen Abbildung der rückstellungspflichtigen Sachverhalte (**Vollständigkeit**). Dieses Problem erweist sich auch als das am schwierigsten zu beantwortende. Wie soll etwas geprüft werden, was nicht existiert? Doch gerade die Rückstellungen berücksichtigen mehr oder weniger nur ungenau definierbare Risiken, die dem Unternehmen in der Zukunft entstehen.

Die **Genauigkeit** ist im Rahmen der Rückstellungsprüfung schwer zu fassen, da es sich hier um nicht genau zu beziffernde Sachverhalte handelt. Die Rückstellung sollte so bemessen sein, dass der Sachverhalt richtig abgebildet wird. Die kaufmännische Vorsicht im HGB gebietet dabei z. B., sie eher ein wenig zu hoch als zu niedrig ausfallen zu lassen.

Der **Bestand** der Rückstellungen ist meist nicht fraglich. Der Kaufmann hat meist kein Interesse daran, Rückstellungen freiwillig auszuweisen, die nicht bestehen. Ausnahmen ergeben sich jedoch aus Zwecken der Ergebnisglättung bzw. der Reservenbildung.

Die **Bewertung** der Rückstellungsbeträge erfolgt meist durch Erfahrungswerte der Vergangenheit oder finanzmathematische Berechnungsmethoden. Das Bewertungsschema kann sehr detailliert sein und viele Faktoren berücksichtigen. Meist liegen auch hier ein Mengen- und ein Wertgerüst vor, die Sie zu prüfen haben.

Der **Ausweis** von Rückstellungen ist generell als unkritisch zu beurteilen. Mögliche Fragestellungen ergeben sich aus der Abgrenzung von Verbindlichkeiten und Rückstellungen. Die Unterteilung der Rückstellungen in Steuer-, Pensions- und sonstige Rückstellungen ist kein Problem in der Praxis. Vielmehr werden vereinzelt Wertberichtigungen von Aktivpositionen als Rückstellungen ausgewiesen.

Selten stellt sich die Frage nach dem **Eigentum** der Rückstellung. Denkbar wäre dies im Rahmen der freiwilligen Übernahme einer Verpflichtung von einem anderen Unternehmen. Liegt die Übernahme vor, so muss auch die Rückstellung passiviert werden. Es liegt nicht im Interesse des Kaufmanns, Rückstellungen auszuweisen, die ihm nicht gehören.

Aussagebezogene Prüfungshandlungen – Analytische Prüfungen
Im Zuge der analytischen Prüfungen können Sie die Rückstellungsbeträge des vorangegangenen Geschäftsjahres durchsehen und Abweichungen der eingehenden Daten und des Betrages der Rückstellungen zum aktuellen Abschluss klären.

Aussagebezogene Prüfungshandlungen – Einzelfallprüfungen
Prüfung von Bestand und Vollständigkeit
Prüfungshandlungen zur Vollständigkeit der Rückstellungen erweisen sich meist als ausgesprochen schwierig. Während der Analyse der Geschäftstätigkeit des Mandanten können Sie bereits Sachverhalte identifizieren, die zu potenziell abbildungspflichtigen Sachverhalten führen.

Schauen Sie einmal in die Übersicht der identifizierten Risiken im Jahresabschluss der JWD GmbH. Zunächst einmal werden Sie die bereits erwähnten Rechtsanwaltsbestätigungen anfordern. Laufende Rechtsverfahren werden hier aufgelistet und durch einen Dritten bestätigt. Sie prüfen, ob die rückstellungspflichtigen Sachverhalte vollständig und richtig abgebildet wurden. Gerade im Hinblick auf die laufenden Verfahren im Zusammenhang mit dem oben beschriebenen Ideenklau können größere Verfahren anstehen. Sie können durch die Auswertung einerseits die Höhe der zu bilanzierenden Schuld (für die Rechtsanwaltsrechnung und weitere Nebenkosten) sowie andererseits die Bewertung der immateriellen Vermögensgegenstände prüfen.

Potenzielle Drohverluste werden Sie auf Basis von Daten aus dem Verkauf prüfen. Sie werden eine Stichprobe an Aufträgen ziehen und die vereinbarten Verkaufspreise (ggf. korrigiert um Margen- und Zinsabschläge etc.) mit dem Ansatz in der Bilanz (Bewertung als unfertige Erzeugnisse) vergleichen. Kann der Preis nicht mehr erreicht werden, erfolgt zunächst eine Abwertung des Umlaufvermögens (verlustfreie Bewertung). Ist die notwendige Abwertung höher als der Wert des entsprechenden Vorratsvermögens, erfolgt der Ausweis als Drohverlustrückstellung.

Drohverluste können sich bei der JWD GmbH aus zwei Gründen ergeben: Einerseits könnten steigende Rohstoffpreise nicht an die Kunden weitergegeben werden und somit einzelne Aufträge im Nachhinein unrentabel machen. Andererseits könnten durch die fehlerhafte Anreizsetzung im Verkauf vermehrt unrentable, aber großvolumige Aufträge angenommen worden sein (Stichwort: Masse statt Klasse). Sie stellen als Ergebnis Ihrer Prüfung fest, dass Drohverluste in wesentlicher Höhe fälschlicherweise nicht im Jahresabschluss berücksichtigt wurden.

Die JWD GmbH hat jedoch auch mit dem Ausfall eines strategischen Lieferanten zu kämpfen und kann dies kaum ausgleichen. Die Folge ist, dass Maschinen nicht oder nicht wie vereinbart ausgeliefert werden können. Hier schauen Sie sich wiederum die Auftragsliste durch und suchen nach überfälligen Aufträgen (Auslieferungsdatum überschritten oder vereinbarter Projektfortschritt nicht eingehalten). Ein Indiz könnten auch ausstehende Anzahlungsbeträge sein. Hier fragen Sie nach den genauen Details und ob ggf. aus der vertraglichen Vereinbarung oder dem gesetzlichen Wortlaut eine Rückstellung für Schadensersatzansprüche zu bilden wäre.

Immer werden Sie auch eine Stichprobe der Rechnungen nach dem Stichtag ziehen und prüfen, ob diese richtig abgegrenzt wurden und durch eine Verbindlichkeit oder Rückstellung berücksichtigt wurden. In die gleiche Richtung geht die Durchsicht einzelner Aufwandskonten, die zusätzliche Anhaltspunkte liefern könnten. Aufwendungen für Rechtsanwälte und Steuerberatung könnten Hinweise auf Rechtsberater bringen, die aus unbekannten Gründen nicht angefordert wurden. Beratungsleistungen könnten Dienstleistungen beinhalten, die zum Stichtag erbracht wurden, aber noch nicht abgerechnet wurden. Gewährleistungsaufwendungen könnten wesentlich höher sein als der durch die Rückstellung berücksichtigte Betrag.

Hierbei müssen Sie systematisch vorgehen. In der Praxis existieren Checklisten, die alle Pflichtrückstellungen abprüfen, sodass fehlende Sachverhalte auffallen würden.

Prüfung der Genauigkeit
Die Genauigkeit ist, wie bereits angesprochen, im Rückstellungsbereich ein wenig »relativ«. Sie können den Betrag durch Ihre Prüfungshandlungen eingrenzen und müssen sich dann auf Ihr prüferisches Gespür verlassen.

Relativ genau können Sie den Rückstellungsbetrag für ausstehende Rechnungen ermitteln. Schwieriger wird bspw. die Beantwortung der Frage nach der Höhe der Schadensersatz- oder Gewährleistungsrückstellung bei der JWD GmbH werden. Sie werden die Vergangenheitswerte (oder einen Durchschnitt derer) als Basis nehmen, diese ggf. um Sondereffekte korrigieren und eine qualifizierte Schätzung abgeben.

Prüfung der Bewertung
Die Bewertung der Rückstellung können Sie meist problemloser prüfen. Personalrückstellungen basieren zum großen Teil auf dem Verdienst, den offenen Urlaubstagen, den Überstunden etc. Es handelt sich um klar definierbare Größen, die in die Berechnung eingehen. Diese stimmen Sie mit der Lohnbuchhaltung ab. Ein kritischer Punkt sind hingegen die Gehaltsbestandteile, die in den zugrunde gelegten Verdienst eingehen. Einmal- und Sonderzahlungen gehören mit in diese Basis, was oft zu einer Erhöhung des Rückstellungsbetrages führt, da diese vom Mandanten nicht berücksichtigt wurden.

Am schwierigsten gestaltet sich die Bewertung von Drohverlustrückstellungen bei der JWD GmbH. Zunächst stellt sich die Frage, ob es sich überhaupt um ein Verlustprojekt handelt, und im zweiten Schritt, wie hoch dieser Verlust sein wird. Alle zukünftig noch anfallenden Aufwendungen und Erträge sind zu berücksichtigen. Diese erhalten Sie aus der Controlling- oder Verkaufsabteilung. Diese Werte müssen Sie anschließend auf Plausibilität prüfen. Als Ergebnis erhalten Sie den vermutlichen Drohverlust.

Prüfung des Ausweises
Wie Sie bereits wissen, ist der Ausweis der Rückstellungen regelmäßig kein kritisches Prüfungsziel. Durch die Prüfung der Einzelbeträge, die in die Rückstellungsposition eingehen, können Sie bereits einschätzen, ob diese als Rückstellung auszuweisen sind.

Prüfung des Eigentums
Auch das Eigentum stellt selten ein kritisches Prüfungsziel dar. Prüfungshandlungen werden nur im Einzelfall danach auszurichten sein, ob Ihr Mandant den Anspruchsgegner darstellt oder freiwillig eine Verpflichtung übernommen hat.

6. Verbindlichkeiten

Grundsätzliche Einschätzung der kritischen Prüfungsziele

Die **Vollständigkeit** der Verbindlichkeiten erweist sich erfahrungsgemäß als ein schwierig abzudeckendes ermittelndes Prüfungsziel. Bezüglich des **Bestandes** und der **Genauigkeit** gilt das Gleiche wie bei den Rückstellungen.

Die **Bewertung** der Verbindlichkeiten erfolgt oft im Zuge der Erstellung des Jahresabschlusses. Fremdwährungsverbindlichkeiten werden unterjährig systemintern meist unter Anschaffungskosten geführt. Änderungen des Wechselkurses würden aber unter Umständen zu einer Zuschreibung führen, da auf der Passivseite das Höchstwertprinzip gilt.

Zum **Ausweis** der Verbindlichkeiten gilt das bereits bei den Forderungen Gesagte. Zusätzlich können sich davon-Vermerke in der Bilanz oder Anhangsangaben ergeben, die Details zur Bilanzaussage ergänzen. Verbindlichkeiten aus Steuern und Sozialversicherung bedürfen eines davon-Ausweises. Verbindlichkeiten mit einer Laufzeit zwischen einem und fünf sowie mehr als fünf Jahren müssen erläutert werden. Die Darstellung kann in Form eines Verbindlichkeitenspiegels erfolgen. Prüfen Sie eine GmbH oder GmbH & Co. KG, müssen Verbindlichkeiten gegenüber den Gesellschaftern im Anhang erläutert werden.

Das **Eigentum** der Verbindlichkeiten ist selten als kritisch anzusehen.

Aussagebezogene Prüfungshandlungen – Analytische Prüfungen

In Ergänzung zu den Einzelfallprüfungen sollten Sie auch bei der Position der Verbindlichkeiten wieder Kennzahlen berechnen und analysieren. Die Materialaufwandsquote könnte Ihnen bspw. helfen, fehlende Aufwendungen zu identifizieren. Entwickelt sich diese Quote bei einer monatsgenauen Berechnung zum Abschlussstichtag hin ungewöhnlich deutlich in eine Richtung, kann das verschiedene Ursachen haben. Beispielsweise wurden Aufwendungen nicht gebucht, es wurden Aufwandsbuchungen in das alte Jahr vorgezogen oder die Rückstellungsbuchungen verzerren das Bild. Diesen Sachverhalt sollten Sie klären!

Aussagebezogene Prüfungshandlungen – Einzelfallprüfungen

Wesentliche Risiken auf Ebene der Verbindlichkeiten haben Sie bei der JWD GmbH nicht identifiziert, daher beschränken Sie sich auf die Standardprüfungshandlungen für diesen Jahresabschlussposten.

Prüfung von Bestand/Vollständigkeit/Genauigkeit
Zur Prüfung des **Bestandes** werden Sie eine Saldenbestätigungsaktion durchführen und deren Ergebnis auswerten.

Die **Vollständigkeit** können Sie nur prüfen, wenn Sie alle Sachverhalte identifizieren, die potenziell zu einer Verbindlichkeit führen könnten. Hier gilt generell das bereits zu den Rückstellungen Gesagte.

Ferner ist die Durchführung einer Cut-Off-Prüfung denkbar. Sie prüfen hierdurch die Abgrenzung der Verbindlichkeiten zum Stichtag. Zur Einschätzung, ob ein Geschäftsvorfall im abgelaufenen oder im neuen Geschäftsjahr abzubilden ist, nehmen Sie Einsicht in Rechnungen, Lieferbedingungen, Lieferscheine, Frachtpapiere, Verbuchungen der Warenwirtschaft und der Finanzbuchhaltung. Dadurch können Sie zusätzliche Prüfungssicherheit für die Ziele der **Genauigkeit** und **des Bestandes** erlangen.

Prüfung der Bewertung
Die **Bewertung** der Verbindlichkeiten scheint eindeutig zu sein. Verbindlichkeiten sind mit dem Rückzahlungsbetrag anzusetzen. Prüfen Sie, ob Fremdwährungsverbindlichkeiten eingegangen wurden. Diese wären mit dem Umrechnungskurs zum Datum der Anschaffung mit den Anschaffungskosten in Euro anzusetzen. Zum Stichtag sollten Sie weiter einen Höchstwerttest durchführen. Zusätzlich müssen Sie die richtige Darstellung der sich daraus ergebenden Währungsverluste und -gewinne prüfen.

Prüfen Sie, ob Rückstellungen und Verbindlichkeiten richtig unterschieden werden. Diese Prüfungshandlung werden Sie nicht explizit durchführen. Vielmehr werden Sie jede Rückstellung und Verbindlichkeit, die Sie prüfen, auch auf die richtige Abgrenzung hin prüfen.

Prüfung des Ausweises
Sie sollten auch darauf achten, dass Mitarbeiterzahlungen in Form von Reisekostenvorschüssen oder Darlehen gesondert ausgewiesen sind. Dies können Sie im ersten Schritt durch Befragung und im zweiten durch eine Durchsicht der Kreditorenliste prüfen.

Prüfung des Eigentums
Wie Sie bereits gelesen haben, dürfte die Frage nach dem Eigentum bei dieser Bilanzposition ein selten zu adressierendes Prüfungsziel Wie Sie bereits gelesen haben, dürfte die Frage nach dem Eigentum bei dieser Bilanzposition eine selten gestellte Frage sein.

V. Feststellungen und Folgen
Wesentlichkeit
Sie haben bei der Prüfung der vollständigen Berücksichtigung von Drohverlusten entweder durch verlustfreie Bewertung oder als Drohverlustrückstellung festgestellt, dass hier Sachverhalte in wesentlicher Höhe nicht berücksichtigt wurden. Das Jahresergebnis ist deutlich zu positiv.

Berichterstattung
Ihr Partner wird die von Ihnen festgestellte fehlerhafte Berücksichtigung von Verlustgeschäften mit der Geschäftsführung besprechen. Durch das Gespräch gibt der Wirtschaftsprüfer dem Unternehmen nochmals die Möglichkeit, hierzu Stellung zu nehmen und ggf. eine Nachbuchung durchzuführen. Die verantwortlichen Mitglieder der Geschäftsführung zeigen sich einsichtig – wenn auch zähneknirschend – und veranlassen die Nachbuchung des Betrages. Ihre Feststellung bei der JWD GmbH wird jedoch nicht im Prüfungsbericht bzw. Bestätigungsvermerk aufgeführt werden, da der Mandant noch rechtzeitig eine Nachbuchung veranlasst hat.

Folgen
Der Geschäftsführer und alleiniger Anteilseigner der JWD GmbH war sehr dankbar für Ihre Feststellung und hat gleich nach der Besprechung mit Ihrem Partner einen der Geschäftsführer beurlaubt und beabsichtigt, das Anreizsystem umzustellen. Ab sofort erfolgt eine Vergütung nach Rendite-Gesichtspunkten, mit der Ausgestaltung wird er ein auf diesem Gebiet erfahrenes Beratungsunternehmen beauftragen.

VI. Problemstellungen aus der Praxis

Die folgenden Fragestellungen stammen direkt aus Bewerbungsgesprächen bei WP-Gesellschaften. Es wird die mögliche Herangehensweise erläutert, welche kritischen Prüfungsziele vorliegen können und wie diese durch Prüfungshandlungen abgedeckt werden können. Die dargestellten Lösungswege folgen dem vorgestellten Prüfungsablauf:

1. **Analysephase**: Analyse der Geschäftstätigkeit und des Unternehmensumfeldes
2. **Planungsphase**: risikoorientierte Prüfungsplanung
3. **Durchführungsphase**: Vorprüfung und Hauptprüfung bzw. Prozessprüfung und aussagebezogene Prüfungshandlungen
4. **Berichterstattung**: Management Report, Berichterstattung an den Aufsichtsrat, Prüfungsbericht, Bestätigungsvermerk

Sofern sich Unterschiede zwischen HGB und IFRS ergeben, werden wir Sie darauf hinweisen.

Frage 1: Neumandat
Sie übernehmen ein neues Mandat. Die Abschlüsse der Vergangenheit wurden bislang nicht geprüft. Der Mandant hat beträchtliche Summen in Grundstücke investiert. Sie wissen, dass die Liquiditätssituation angespannt ist. Wie gehen Sie vor?

Mögliche Herangehensweise
Die Abschlüsse der Vergangenheit wurden bislang nicht geprüft. Sie können jetzt die Eröffnungsbilanzwerte mit dem Vorjahr abstimmen, aber wissen Sie, ob der Vorjahresabschluss frei von wesentlichen Falschaussagen war? Sie können es nicht wissen. Sie müssen die Eröffnungsbilanz prüfen und können dann darauf aufbauend den aktuellen Jahresabschluss prüfen. Die Prüfung erfolgt analog einer normalen Jahresabschlussprüfung.

Prüfungsziel: **Bewertung** Anlagevermögen
Haben Sie sich schon gefragt, warum das Unternehmen in Liquiditätsproblemen steckt? Es handelt sich um ein Immobilienunternehmen, das seine Einnahmen aus der Vermietung von Wohn- und Geschäftsräumen erzielt. Der Grund für die schlechte Lage könnten Leerstand von Wohnungen und Büros sein. Und warum stehen diese leer? Es kann sein, dass sich ein ehemals gefragtes Wohnviertel in ein wenig gefragtes und schlecht zu vermietendes Viertel gewandelt hat. Dadurch könnte ein Grund für eine dauernde Wertminderung der betroffenen Immobilien vorliegen. Der ehemalige Kaufpreis ist nicht mehr zu erzielen. Die Abwertung auf den niedrigeren Wert wäre unter Umständen notwendig.

Prüfungsziel: **Going Concern**
Es schließt sich hier gleich die nächste Frage an: Der Jahresabschluss wurde unter der Going Concern-Prämisse aufgestellt. Ist das Fortbestehen des Unternehmens für mindestens ein Jahr nach Bilanzstichtag gewährleistet? Sie werden Planungen des Unternehmens anfordern und prüfen. Bilden Sie sich ein Gesamtbild. Längere Reihen von negativen Ergebnissen machen den kurzfristigen Turnaround trotz aller positiven Planung eher unwahrscheinlich. Prüfen Sie die Verlässlichkeit der vergangenen Planung und vergleichen Sie diese mit den tatsächlichen Zahlen. Vielleicht wurde ein Schnitt gemacht und die gesamte Geschäftsführung gegen erfahrene Sanierer oder Immobilienkenner ausgetauscht. Kann die Going Concern-Prämisse nicht aufrechterhalten werden, werden Sie hier zunächst einmal die Prüfung abbrechen.

Prüfungsziel: **Vollständigkeit** Aufwendungen, Rückstellungen, Verbindlichkeiten
Die schlechte Liquiditätssituation führt Sie zu der Überlegung, dass der Mandant vielleicht versuchen wird, sich besser darzustellen. Dadurch verbessert er zwar nicht die Liquiditätssituation, doch kann er ein besseres Ergebnis ausweisen. In der Folge könnten ihm Vorteile bei der Liquiditätsbeschaffung entstehen. Der Gläubigerschutz wäre nicht mehr gegeben. Erreichen könnte er dies durch eine falsche

Abgrenzung von Mieteinnahmen (möglichst im Geschäftsjahr realisieren) oder Aufwendungen (möglichst im folgenden Geschäftsjahr berücksichtigen). Daraus folgt für Sie, dass Sie im Aufwands- und Rückstellungs-/Verbindlichkeitenbereich verstärkt auf die Vollständigkeit achten müssen und die Prüfungshandlungen über das normale Maß im Rahmen des prüferischen Ermessens ausweiten müssen.

Prüfungsziel: **Bestand** Mieteinnahmen
Andererseits könnte der Mandant dazu tendieren, Erträge zu früh zu vereinnahmen und sich dadurch besser darzustellen. Hier sollten Sie verstärkt auf den Bestand achten. Mieteinnahmen fließen aufgrund ihrer Art monatlich in gleichen Beträgen zu. Ändert sich die Summe der Einnahmen im letzten Monat des Geschäftsjahres signifikant, könnte dies auf die falsche Abgrenzung hinweisen.

Prüfungsziel: **Vollständigkeit** Anhangsangaben
Kommen wir zur Liquiditätsseite: Der Mandant war gezwungen, Kredite aufzunehmen. Diese wurden besichert durch die Belastung einiger Grundstücke und Gebäude mit Grundschulden zugunsten der Banken. Diese Besicherung wird im Rahmen von Saldenbestätigungen bei den Banken angefragt. Sie sollten darauf achten, dass die Bankbestätigungen im Original zu Ihren Händen geschickt werden. Faxe von Originalen haben den Prüfern von Parmalat ehemals das Genick gebrochen! Die Besicherung zugunsten der Banken ist im HGB-Anhang anzugeben. Die Unterlassung könnte im Interesse des Mandanten liegen, da er dadurch einen Vorteil bei der Liquiditätsbeschaffung haben könnte. Stimmen Sie daher die bestätigten Besicherungen mit dem Anhang ab.

Kommen wir zur Liquiditätsseite. Der Mandant war gezwungen, Kredite aufzunehmen. Diese wurden besichert durch die Sicherungsübereignung einiger Gebäude an die Bank. Diese Besicherung wird im Rahmen von Saldenbestätigungen bei den Banken angefragt. Sie sollten darauf achten, dass die Bankbestätigungen im Original zu Ihren Händen geschickt werden. Faxe von Originalen haben den Prüfern von Parmalat das Genick gebrochen! Die Sicherungsübereignung zugunsten der Banken ist im HGB-Anhang anzugeben. Die Unterlassung könnte im Interesse des Mandanten liegen, da er dadurch einen Vorteil bei der Liquiditätsbeschaffung haben könnte. Stimmen Sie daher die bestätigten Sicherungsübereignungen mit dem Anhang ab.

Die Angaben in den IFRS-Notes (dem Anhang) sind tendenziell umfangreicher als nach HGB, sodass Sie hier ein noch größeres Augenmerk auf diesen Jahresabschlussteil legen sollten.

Frage 2: Verschiebungen in der Bilanz
Die Verbindlichkeiten sind stark angestiegen, die Forderungen gesunken. Welche Folgen hat dies für Sie und den Prüfungsansatz?

Mögliche Herangehensweise
Verschaffen Sie sich ein Gesamtbild des Unternehmens. Welche Gründe könnte es für diese asymmetrische Entwicklung der Forderungen und Verbindlichkeiten geben? Machen Sie als ersten Schritt eine grobe Analyse, wie sich die Gewinn- und Verlustrechnung (Ergebnisseite) und auch wie sich der Cash Flow des Jahres entwickelt hat (Liquiditätsseite).

Die Forderungen
Betrachten wir zunächst die Forderungsseite: Den Forderungsbestand müssen Sie immer im Zusammenhang mit den Umsatzerlösen betrachten. Haben sich signifikante Änderungen in der Zusammensetzung der Umsatzerlöse ergeben? Vielleicht wurde das Geschäftsmodell geändert und die Kunden erhalten eine Jahresrechnung, die zu Beginn des Folgejahrs gestellt wird und dadurch bis zum Ende des Geschäftsjahres beglichen ist. Es könnte aber auch sein, dass die Umsatzerlöse als Ursache der Entwicklung stark zurückgegangen sind. Vielleicht wurden auch Zahlungskonditionen geändert und Zahlungsziele eingeschränkt, sodass sich eine Verringerung des Forderungsbestandes ergeben könnte. Es ist auch möglich, dass die Kunden einfach eine bessere Zahlungsmoral aufweisen und schneller zahlen als im vergangenen Jahr. Es könnte aber auch sein, dass Ihr Mandant überfällige Rechnungen schneller anmahnt.

Der Grund für verkürzte Zahlungsfristen und ein schnelleres Anmahnen von Forderungen könnte eine angespannte Liquiditätslage sein. Prüfen Sie dies durch die o. g. Aufstellung einer groben Cash Flow-Rechnung. Die Ursache kann aber auch bei den schlechten Erfahrungen mit der Zahlungsmoral der Kunden in der Vergangenheit liegen. Als Folge wurden Zahlungsfristen verkürzt oder das Debitorenmanagement verschärft.

Die Verbindlichkeiten
Betrachten wir die Verbindlichkeitenseite. Hier gilt das eben Gesagte in umgekehrter Richtung. Ein Grund für den Anstieg der Verbindlichkeiten könnte auch hier eine angespannte Liquiditätslage sein. Eingangsrechnungen werden unter voller Ausnutzung des gewährten Zahlungsziels beglichen. Beide Effekte könnten auf eine angespannte Liquiditätssituation hinweisen.

Gehen wir davon aus, dass die angespannte Liquiditätslage die Ursache für die Verschiebungen in der Bilanz ist. Jetzt sollten Sie noch weitere Gesichtspunkte berücksichtigen. Handelt es sich um ein in der Vergangenheit gesundes Unternehmen, das in diesem Jahr einige Schwierigkeiten durchgemacht hat? Oder handelt es sich um ein in der Vergangenheit bereits angeschlagenes Unternehmen, das jetzt endgültig Schlagseite bekommen hat? Wie wir bereits mehrfach angesprochen haben, müssen Sie das Unternehmen aus der Vogelperspektive beurteilen, die Zusammenhänge und Gründe für Entwicklungen verstanden haben, um die Prüfung richtig durchzuführen. Die Vogelperspektive beinhaltet auch die wirtschaftliche Entwicklung der letzten Jahre!

Als Folge werden Sie Ihre Prüfungshandlungen entsprechend darauf ausrichten müssen. Es kann sein, dass Sie intensiver die Umsatzrealisierung und die Abgrenzung zum Stichtag prüfen. Auch werden Sie den »search for unrecorded liabilities« ausweiten. Unter diesen Bedingungen stellt sich Ihnen die Frage nach der Unternehmensfortführung (Prüfungsziel: Going Concern).

Frage 3: Der Markt für Getränkedosen
Sie erfahren zufällig aus der Zeitung, dass der Markt für Getränkedosen staatlich reguliert wurde und Experten hier von einem drastischen Rückgang ausgehen. Identifizieren Sie mögliche Folgen auf die Jahresabschlussprüfung Ihres Mandanten:
1. Aus Sicht eines Getränkedosenfabrikanten
2. Aus Sicht eines Getränkeherstellers
3. Ein Getränkedosenfabrikant
4. Ein Getränkefabrikant

Mögliche Herangehensweise
Beginnen Sie Ihre Überlegungen mit der Betrachtung des Absatzmarktes für Getränkedosen. Der Absatzmarkt wird mehr oder weniger zusammenbrechen, da Getränke in Dosen nunmehr schwer zu verkaufen sein werden. Getränkehersteller müssen aufgrund der nachgebenden Nachfrage auf andere Verpackungen wie Glas- oder Kunststoffflaschen umstellen. Das Produkt »Getränkedose« wird nicht mehr in dem Umfang nachgefragt, wie es in der Vergangenheit der Fall war. Die Hersteller von Getränkedosen müssen ihre Produktion umstellen oder sich neue Absatzmärkte (Ausland, andere zu verpackende Produkte etc.) suchen.

Welche Folgen entstehen nun für die Jahresabschlüsse der beiden Unternehmen? Betrachten wir zunächst den Getränkedosenfabrikanten. Dieser verfügt über Anlagen und Maschinen, die diese Dosen produzieren. Durch den Einbruch der Nachfrage nach diesen Dosen wird die Auslastung dieser Maschinen zurückgegangen sein, er wird einen wichtigen Teil seines Absatzmarktes verloren haben.

Prüfungsziel: **Going Concern**
Prüfen Sie daher zunächst, wie stark dieser Produzent von diesem Absatzmarkt abhängig war. Stellt der Einbruch eine existenzbedrohende Krise für ihn dar? Ein leidlich erfolgreiches Unternehmen, das sich stark auf die Produktion von Getränkedosen spezialisiert hat, ist stärker betroffen als ein breit aufgestelltes diversifiziertes Unternehmen. Ist das Unternehmen in der Lage, den Wegfall seines Stamm-Marktes durch die Erschließung anderer Märkte für Verpackungen oder anderer Länder zu kompensieren? Fordern Sie eine Unternehmensplanung für die nächsten Jahre und klären Sie die Frage grundlegend, wie das Unternehmen der Krise begegnen will.

Prüfungsziel: **Bewertung** des Anlagevermögens
Die nächste Frage, die sich stellt, ist die nach der zukünftigen Nutzung der Spezialmaschinen. Werden diese Maschinen weiterhin genutzt, können Sie von der Werthaltigkeit dieser ausgehen. Es kann beabsichtigt sein, neue Ländermärkte zu erschließen, sodass unverändert weiterproduziert werden kann. Ist dies nicht der Fall, stellt sich die Frage, ob die Maschinen umgerüstet und anderweitig genutzt werden können. Vielleicht kann durch Umbau und Anpassung ein anderes Produkt hergestellt werden. Werden alle diese Fragen mit nein beantwortet, könnten die Maschinen vielleicht noch verkauft werden, sodass auf diesen Wert abzuwerten wäre.

Prüfungsziele: **Bewertung** des Vorratsvermögens, **Vollständigkeit** der Rückstellungen
Was passiert mit den produzierten Getränkedosen? Können diese noch verkauft werden, stellen diese noch einen Wert für das Unternehmen dar? Bleiben sie liegen, da sie nicht mehr nachgefragt werden, sind die Dosen praktisch wertlos. Umarbeitung oder Kosten der Verschrottung sind vom Wert des Rohmaterials (sprich Aluminium oder Weißblech) abzuziehen und auf diesen Wert abzuwerten. Übersteigen die Kosten den Wert der Dosen, wäre im HGB-Abschluss sogar eine Rückstellung für Drohverluste zu bilden. Nach IAS 37 ist dieser Betrag erst zurückzustellen, wenn sich das Unternehmen der Verpflichtung nicht mehr entziehen kann, sodass die Voraussetzungen enger gefasst sind als nach HGB. Betrachten wir jetzt den Getränkehersteller.

Prüfungsziel: **Bewertung** des Anlagevermögens
Beim Getränkehersteller stellen sich ähnliche Probleme. Maschinen, die nur zum Dosenabfüllen geeignet sind, müssten umgebaut oder verschrottet werden. Die prüferischen Gedankengänge entsprechen hier den Überlegungen beim Dosenfabrikanten.

Prüfungsziele: **Bewertung** des Vorratsvermögens, **Vollständigkeit** der Rückstellungen

Die im Lager liegenden (eingekauften) Dosen können nicht mehr in dem Ausmaß verarbeitet werden, wie dies ursprünglich einmal gedacht war. Dadurch reicht der Bestand für einen wesentlich längeren Zeitraum als notwendig. Aus kaufmännischer Vorsicht wäre im HGB-Abschluss zum Beispiel eine Gängigkeitsabschreibung angeraten. Das gleiche Problem stellt sich für die bereits abgefüllten Getränkedosen. Diese können auch nicht mehr im geplanten Umfang verkauft werden. Zusätzlich zu berücksichtigen wäre hier noch das Verfallsdatum, da es sich um Lebensmittel handelt. Im Übrigen ergeben sich die gleichen Gedankengänge wie zum Vorratsvermögen des Dosenfabrikanten.

Frage 4: Bilanzielle Risiken der Brauereiwirtschaft
Stellen Sie sich eine Brauerei vor. Was glauben Sie, worin das Risiko in der Bilanz liegt und wie Sie diesem begegnen können?

Mögliche Herangehensweise
Sie müssen zunächst das Geschäftsmodell der Brauereien verstehen, bevor Sie die Risiken in diesen Bilanzen identifizieren können. Brauereien verkaufen zunächst einmal ihr Produkt an Großhändler und Gaststätten. Die Ware wird je nach Biersorte über einen Zeitraum von mehreren Wochen hinweg produziert, abgefüllt und steht dann für die Auslieferung bereit. Auch die Rohstoffe, die das Bierbrauen erfordert, werden gelagert und verarbeitet, bevor diese in den Brauprozess eingehen.

Das Geschäftsmodell vieler Brauereien beinhaltet aber oftmals auch, den Gaststätten als Abnehmer Kredite zu günstigen Konditionen zu gewähren. Diese Kreditverträge sind meist an Mengen gekoppelt, zu deren Abnahme der Pächter sich verpflichtet. Werden diese Mengen nicht erreicht, sind Mindermengenabschläge fällig, die an die Brauereien zu entrichten sind. Die Brauerei finanziert also dem Abnehmer z. B. die Einrichtung der Gaststätte.

Prüfungsziel: **Bewertung** der Forderungen
Die Vielzahl dieser Kleinkredite und der hohe Anteil an der Bilanzsumme kann dazu führen, dass diese Jahresabschlussposition »Forderungen« kritisch für die Prüfung wird. Wie sollen Sie diese Vielzahl von Einzelkrediten auf ihre Werthaltigkeit hin effizient prüfen? Ihr Ziel ist die Ermittlung der wirtschaftlichen Leistungsfähigkeit des Schuldners und daraus eine Abschätzung des Wertrisikos abzuleiten. Sie werden im ersten Schritt Größen und Indikatoren ermitteln, die Ihnen Hinweise hierzu geben und die Ihnen auch vorliegen.

Hier ist Ihre Kreativität gefragt. Sie könnten die tatsächliche Abnahmemenge mit der vereinbarten in Relation setzen und so eine Abweichung ermitteln. Eine hohe Mindermenge könnte ein Hinweis auf schlecht laufende Geschäfte sein. Sie werden auch Tilgungs- und Zinszahlungen prüfen und die Kredite genauer unter die Lupe nehmen, für die diese Zahlungen ausbleiben. Zahlungsschwierigkeiten können Hinweise auf mangelnde Liquidität sein. Sie werden auch Einzelfälle prüfen und anhand der wirtschaftlichen Daten dieser Kunden die Werthaltigkeit einschätzen. Dies wird aber nur für große Einzelbeträge und große Kunden möglich sein. Aus Erfahrungswerten der Vergangenheit können Sie schlussendlich auch eine Ausfallrate ermitteln und dadurch eine Abschätzung darüber treffen, wie hoch der vermutliche Ausfall zum Stichtag sein könnte.

Frage 5: Abwertungsgründe
Welche möglichen Gründe für Einzelabwertungen können Sie sich vorstellen?

Mögliche Herangehensweise
Abwertungen resultieren nach HGB immer aus Gründen, die dazu führen, dass aus kaufmännischer Sicht ein Vermögensgegenstand nicht mehr den Wert hat, der im Jahresabschluss ausgewiesen wird. Die IFRS sind Abwertungen gegenüber verhaltener und setzen z. T. andere Bedingungen voraus. Gehen wir systematisch vor und betrachten wir nacheinander die einzelnen Positionen der Aktivseite im Hinblick auf potenzielle Abwertungsgründe.

Prüfungsziel: **Bewertung** Anlagevermögen
Warum hat das Anlagevermögen nicht mehr den Wert, der ausgewiesen wird? Die Anschaffungskosten werden zunächst über die vorgegebene Nutzungsdauer verteilt und damit eine Bewertung vorgenommen. Die Gründe, die einen weitergehenden Abwertungsbedarf verursachen können, wollen wir kurz betrachten.

Technischer Verschleiß oder Alterung können dazu führen, dass Maschinen und Anlagen nicht mehr in dem Maße genutzt werden, wie ursprünglich geplant. Die Ursache hierfür könnte bei der Umstellung des Produktportfolios und der Absatzmärkte, die andere Produkteigenschaften verlangen, liegen. Der Alterung wird bereits durch die jährliche Abschreibung Rechnung getragen, doch vielleicht reicht diese nicht aus, um diese Ursache richtig zu berücksichtigen. Eine Anpassung der Nutzungsdauer oder eine außerplanmäßige Abschreibung könnten notwendig sein.

Auch Zerstörung oder schwere Beschädigung von Anlagevermögen könnten zu einer außerplanmäßigen Abschreibung führen. Die Maschinen dürften in diesem Fall nicht mehr reparabel sein.

Verunreinigungen und Belastungen von Grundstücken führen meistens auch zu einem Abwertungsbedarf, sofern die Nutzung eingeschränkt wird und der Wiederverkaufswert sinkt.

Wurden Grundstücke mit Rohstofflagerstätten gekauft, ist zunächst der Kaufbetrag auf den Grund und Boden sowie die Rohstoffe aufzuteilen. Stellt sich später heraus, dass die geschätzten Vorkommen wesentlich geringer ausfallen als ursprünglich vorgesehen, könnte auch hier eine außerplanmäßige Abschreibung notwendig sein.

Lizenzen und Patente könnten durch technischen Fortschritt oder Änderung des Produktportfolios wertlos werden. Vielleicht ist auch einfach die Laufzeit des Patents abgelaufen und dieses dadurch nicht mehr nutzbar. Stellen Sie sich immer die Frage, warum das Unternehmen den Gegenstand nicht mehr nutzen kann und dadurch kein Wert mehr vorliegen könnte. Nach IFRS stellt sich die Frage, ob die Gegenstände abnutzbar sind oder nicht. Ist keine Abnutzung durch Zeitablauf o. ä. gegeben, ist ein regelmäßiger Impairment Test durchzuführen und ggf. außerplanmäßig abzuschreiben.

Prüfungsziel: **Bewertung** Umlaufvermögen
Rohstoffe könnten durch Lagerung im Freien an Wert verlieren. Im Freien gelagerter Sand z. B. unterliegt einem geringen bzw. keinem Wertverlust, wohingegen nässeempfindliche Güter wie Kalk oder Kohle durchaus an Wert verlieren könnten. Durch einen Preisverfall an den Beschaffungsmärkten könnten die Wiederbeschaffungskosten sinken und dadurch ein Abwertungsbedarf entstehen.

Fertigprodukte können im Wert sinken, wenn die Ware verdirbt oder die Nachfrage und der Preis sinken. Eine verlustfreie Bewertung wäre vorzunehmen. Gerade im Zusammenhang mit der Bewertung langfristiger Auftragsfertigung kann dies ein Thema in der Prüfung werden. Durch die Einschätzung des weiteren Projektverlaufes und der noch entstehenden Aufwendungen ergibt sich der Wert nach der verlustfreien Bewertung. Durch den Eingang mehrerer Zukunftsgrößen kann sich die Prüfung der Bewertung als schwierig erweisen.

Forderungen und geleistete Anzahlungen könnten ihren Wert verlieren, wenn diese nicht mehr ausgeglichen werden. Zahlungsunfähigkeit und Insolvenz des Kunden könnten hier die Gründe sein. Auch könnten die Forderungen durch einen Rechtsstreit in der ausgewiesenen Höhe strittig sein. Die Abwertung könnte um diesen strittigen Teil erfolgen. Eine weitere Gefahr droht bei Fremdwährungsforderungen durch Änderungen des Umrechnungskurses. Hier gilt das Niederstwertprinzip, sodass ein Sinken des Umrechnungskurses zu einer Wertberichtigung führen würde.

Wenig problematisch erscheinen die Bank- und Kassensalden. Im Fall von Fremdwährungsguthaben sollten Sie auf Währungsumrechnung achten. Hier wird zum Stichtagskurs umgerechnet.

Fehlende Werthaltigkeit (zumindest eines Teils der flüssigen Mittel) wäre durch die Insolvenz der Bank oder Führung des Kontos in der Währung eines Hochinflationslandes denkbar. Beides stellen selten anzutreffende Fälle dar.

Der aktive Rechnungsabgrenzungsposten wird »ausgewiesen«, es erfolgt daher keine Bewertung und auch Gründe für Abwertungen kann es daher nicht geben. Lesen Sie sich kurz § 250 HGB durch.

Frage 6: Grundlagen des Vorratsvermögens
Welche Rolle spielt das Vorratsvermögen und welche Überlegungen stellen Sie grundsätzlich an? Was spielt für das Vorratsvermögen ein Rolle und wie können Sie diese Größen prüfen?

Mögliche Herangehensweise
Das Vorratsvermögen setzt sich aus einer Vielzahl von einzelnen Gegenständen zusammen. Stellen Sie sich zum Beispiel einen Supermarkt vor. Alle Artikel, die dort gelagert werden, sind in der Bilanz als Vorratsvermögen ausgewiesen. Sie werden auch mit ihrer bewerteten Menge zum Stichtag im Jahresabschluss ausgewiesen. Daraus ergeben sich die zwei für Sie kritischen Datenmengen, die Sie prüfen werden: das Mengen- und das Wertgerüst.

Prüfungsziel: **Vollständigkeit**, **Bestand**, **Genauigkeit** Vorratsvermögen Sehen wir uns zunächst das Mengengerüst an. Die Anzahl der einzelnen Artikel in der Jahresabschlussaussage muss den tatsächlichen Verhältnissen entsprechen. Der Kaufmann muss zum Abschlussstichtag verpflichtend eine Inventur durchführen. Durch diese Inventur ermittelt er sein Inventar. Sie werden daher als Pflichtprüfungshandlung diese Inventur beobachten und Probezählungen durchführen. Diese Probezählungen führen Sie in beide Richtungen durch: von der Zählliste und vom Bestand ausgehend entscheiden Sie sich für Ihre Stichproben und lassen erneut zählen. Ergeben sich Abweichungen, kann dies unter Umständen zum »worst case« führen: dem Verwerfen der Inventur. Die Inventur müsste wiederholt werden, da diese nicht ordnungsgemäß durchgeführt wurde.

Zu Ihrer Beobachtung gehören die Beobachtung des Ablaufs der Inventur (Zählteams, Zähllisten etc.) sowie die Auswertung des Ergebnisses. Die gezählten Bestände werden im System erfasst und mit den hinterlegten Sollbeständen abgeglichen. Große Abweichungen sollten Sie immer klären lassen (wenn dies nicht bereits geschehen ist). Abweichungen können zum Beispiel Hinweise auf falsche Zählungen, Schwund durch Diebstahl, natürliche Ursachen sowie auf eine nicht funktionierende Warenwirtschaft sein.

Im Anschluss daran stimmen Sie Ihre Stichproben mit den Beständen ab, die sich im System nach der Inventur ergeben. Nur dadurch haben Sie die Sicherheit, dass die richtigen Bestände in den Jahresabschluss eingehen. Denken Sie prozessorientiert. Welche Daten gehen in welchem Moment in den Jahresabschluss ein und wie können Sie diese Datenbasis prüfen?

Prüfungsziel: **Bewertung** Vorratsvermögen
Kommen wir jetzt zum Wertgerüst, das sich aus den einzelnen Bewertungspreisen zum Stichtag zusammensetzt. Wo kommen diese her und wie können Sie diese prüfen? Die Bewertungspreise stellen die handelsrechtlich zulässigen Werte dar, mit denen das Vorratsvermögen in der Bilanz bewertet wird. Diese können sich aus verschiedenen Quellen ergeben. Zunächst können es Einkaufspreise zuzüglich der Anschaffungsnebenkosten sein. Für selbsterstellte Gegenstände gilt das Bewertungsschema mit den handelsrechtlichen Pflicht- und Wahlbestandteilen.

Die Einkaufspreise können durch die letzte Eingangsrechnung belegt werden. Achten Sie darauf, dass diese keinen überhöhten Preis ausweist und unterjährig zu anderen Preisen eingekauft wurde. Auch sollten Sie darauf achten, wie sich der Preis im Folgejahr entwickelt. Abwertungen könnten die Folge sein.

Selbsterstellte Gegenstände erfordern von Ihnen die Prüfung der angewandten Bewertungsmethode und der zugrundegelegten Daten aus der Kostenrechnung. Diese liefert meist die Grundlage für die Zuschlagssätze für Gemeinkosten. Die Zuschläge können je nach Branche und Produkt wesentlicher Bestandteil des Bewertungspreises sein.

Es gilt im HGB das Gebot der kaufmännischen Vorsicht und dadurch des Niederstwertprinzips. Daraus folgt, dass die Gegenstände zum niedrigeren Wert aus Anschaffungskosten und »Zeitwert« anzusetzen sind. Die Anschaffungskosten haben Sie bereits mit Ihren Prüfungshandlungen abgedeckt. Prüfen Sie jetzt den »Zeitwert«.

Es könnte sein, dass der Marktdruck zu ständig sinkenden Produktpreisen führt. Die von Ihnen geprüften Anschaffungskosten könnten so nicht mehr erreicht werden. Prüfen Sie die am Markt erzielbaren Preise durch Verkaufsrechnungen und führen Sie Abschläge für Marge und andere nicht aktivierungsfähige (Leerkosten, Vertrieb etc.) und nicht aktivierte Anteile (z. B. Gemeinkosten) durch. Liegt der ermittelte Wert unter den Anschaffungskosten, wäre eine Abwertung durchzuführen.

Auch könnten die Produkte beschädigt oder überaltert sein. Eine Abwertung wäre hier aus Vorsichtsgründen notwendig. Pauschal berechnete Gängigkeitsabwertungen werden oft auf Basis des Verbrauchs im Verhältnis zum Bestand berechnet. Hier wird ein Abschlag vorgenommen, da die Bestände für eine übermäßig lange Zeit (z. B. mehr als ein oder zwei Jahre) die Nachfrage decken können.

> Abwertungen sind grundsätzlich immer dann notwendig, wenn der Bestand an Wert für das Unternehmen verliert. Dadurch ist eine Vielzahl von Gründen denkbar, die oft unternehmensspezifisch sind und einzelfallbezogen geprüft werden müssen.

Kapitel G: Erfahrungsberichte

Die Erfahrungsberichte dieses Kapitels beziehen sich auf
- Das Vorstellungsgespräch
- Die ersten Wochen als Prüfer
- Den typischen Tagesablauf/Wochenablauf eines Wirtschaftsprüfers
- Die Vorbereitung auf die Berufsexamina
- Die Promotion
- Den Ausstieg aus der WP-Branche

Die Erfahrungsberichte stammen von Studenten, Absolventen und Berufstätigen, die den Schritt in die bzw. aus der WP-Branche versucht respektive vollzogen haben. Allen Erfahrungsberichten ist gemein, dass sie von der subjektiven Sicht des Erzählers geprägt sind. Die geschilderten Erlebnisse sind daher nicht zwangsläufig zu verallgemeinern. Die Zusammenschau der Berichte sollte Ihnen aber dennoch einen guten Eindruck vermitteln, wie die WP-Branche tickt.

Auf squeaker.net finden Sie weitere Erfahrungsberichte zu Vorstellungsgesprächen und Bewerbertagen sowie allgemeine Erfahrungsberichte zu einzelnen WP-Gesellschaften.

I. Vorstellungsgespräch
1. Deloitte
Bewerbungsprozess
Auf die offene Stelle bei Deloitte bin ich durch eine Anzeige bei StepStone aufmerksam geworden. Meine Bewerbungsunterlagen habe ich dann per E-Mail an die in der Anzeige angegebene Adresse geschickt. Nach ungefähr zehn Tagen bekam ich von der Personalabteilung von Deloitte eine Einladung zum Vorstellungsgespräch. Das Gespräch fand weitere zehn Tage später in der Niederlassung von Deloitte statt.

Bei meinem Interview waren ein Partner sowie ein Senior Manager aus dem Bereich Assurance Financial Services anwesend. Das Interview dauerte insgesamt eineinhalb Stunden. Vier Tage nach dem Interview erhielt ich einen Anruf von der Personalabteilung mit der Zusage.

Interviewfragen
Der Beginn des Bewerbungsgesprächs war klassisch. Der Partner und der Senior Manager haben zunächst sich und dann ihre Projekte bzw.

> **Tobias, Diplom-Absolvent,** berichtet von einem Vorstellungsgespräch aus dem Jahr 2011 für die Position eines Prüfungsassistenten (Financial Services) bei Deloitte.

ihre Mandate bei Deloitte vorgestellt. Danach wurde in allgemeiner Form auf Deloitte als Unternehmen eingegangen.

Im Anschluss folgte meine Selbstpräsentation. Neben den üblichen Punkten im Lebenslauf bin ich stark auf die von mir bereits absolvierten Praktika eingegangen. Dabei habe ich ganz konkret erzählt, was meine Aufgaben als Praktikant waren, was mir gefallen und auch was mir nicht gefallen hat. Da meine bisherigen Praktika eher im Bereich Banken und Versicherungen angesiedelt waren, versuchte ich besonders die Berührungspunkte zum Bereich der Wirtschaftsprüfung Financial Services herauszustellen. Bezüglich des Lebenslaufes kamen Rückfragen zu einem längeren Aufenthalt in Indien nach dem Abi sowie zu meiner Arbeit im sozialen Bereich, die ich neben dem Studium absolviert hatte. Zudem hatte ich während des Studiums die Universität gewechselt, da wurde auch nach den Gründen gefragt.

Allen Beteiligten war klar, dass ich eher ein Quereinsteiger in die WP-Branche bin und kein Wirtschaftsprüfungsspezialist von Haus aus. Daher kamen dann auch keine WP-spezifischen Fachfragen dran. Vielmehr wurde meine Motivation für den Beruf des Wirtschaftsprüfers stark abgeklopft. Zudem wurden sehr gezielte Nachfragen zu meinen Praktika im Bereich des Asset Management gestellt. Generell hatte ich das Gefühl, dass der Partner und der Senior Manager stärker an meinem Lebenslauf und meiner Persönlichkeit interessiert waren als an konkretem Prüfungswissen.

Atmosphäre

Die Atmosphäre war sehr entspannt. Ich bin in das Besprechungszimmer reingekommen und habe mich gleich wohlgefühlt. Meine Gesprächspartner haben zu keinem Zeitpunkt des Interviews versucht, eine Drucksituation aufzubauen. Das Gespräch verlief immer konstruktiv.

Empfehlungen

Die Selbstpräsentation sollte auf jeden Fall eingeübt werden. Wenn die gut klappt und man sich als interessante Person verkaufen kann, hat man einen guten Einstieg in das Gespräch. Damit ist schon die »halbe Miete« eingefahren. Ansonsten sollte jeder Bewerber natürlich vor dem Gespräch Informationen über die Firma einholen. Generell gilt, dass man ruhig bleiben sollte!

2. Ernst & Young
Bewerbungsprozess

Kontakt zu Ernst & Young bekam ich über einen ehemaligen Kommilitonen der bei Ernst & Young als Prüfungsassistent eingestiegen war. Auf Nachfrage meinte er, dass die ihm zugeordnete Partnerin neue Mandate gewinnen konnte und Berufseinsteiger gesucht werden. Daraufhin habe ich mich mit meinen relevanten Unterlagen direkt über das Jobportal beworben und innerhalb weniger Stunden eine Einladung zum Vorstellungsgespräch erhalten. Den genauen Termin habe ich dann mit der Human Resource-Abteilung abgestimmt. Das Gespräch fand in der Niederlassung von Ernst & Young statt und dauerte ungefähr eine Stunde. Meine Gesprächspartner waren die besagte Partnerin und eine Mitarbeiterin der Human Resources.

> **Max, Master-Absolvent,** berichtet von einem Vorstellungsgespräch aus dem Jahr 2011 für die Position eines Prüfungsassistenten bei Ernst & Young GmbH.

Interviewfragen

Den Auftakt des Interviews übernahmen meine Gesprächspartner. Die Partnerin stellte sich, ihre Projekte, Einsatzmöglichkeiten für Berufsanfänger bei den Projekten sowie die Firma Ernst & Young vor. Nachdem sich auch die Mitarbeiterin der Human Resources kurz vorgestellt hatte, war es an mir, meinen Lebenslauf zu erläutern. Das lief auch ganz glatt. Allerdings hatte ich vor dem BWL-Studium einen naturwissenschaftlichen Studiengang abgebrochen. Hier kamen natürlich Nachfragen. Wie ich ursprünglich auf diesen Studiengang gekommen bin und warum ich dann gewechselt habe, war Thema. Diese Frage hatte ich jedoch erwartet und mich entsprechend vorbereitet.

Im fachlichen Teil des Vorstellungsgesprächs wurde ich zunächst gefragt, welche Vorlesungen ich im Bereich Rechnungswesen und Wirtschaftsprüfung besucht habe. Ich hatte einige Vorlesungen dieser Art an der Uni gehört, somit konnte ich hier auch viel erzählen. Auf das Thema Leasing bin ich dabei besonders eingegangen, da ich aus meinen Vorrecherchen schon wusste, dass die Partnerin auch in diesem Themenbereich viel tätig ist. Konkret habe ich in Grundzügen von den neuen Entwicklungen in der Bilanzierung von Leasinggeschäften berichtet. Im Anschluss haben wir darüber diskutiert.

Zudem wurde ich auf meine HiWi-Tätigkeit an einem Lehrstuhl für Wirtschaftsprüfung an meiner Universität angesprochen. Die Partnerin wollte wissen, an welchen Projekten ich da mitgearbeitet habe. Hier konnte ich gut zeigen, dass ich mich für Themen in der Rechnungslegung interessiere.

Zum Schluss kam das Thema Gehalt dran und ich wurde gefragt, was ich denn gerne verdienen würde. Im Vorfeld des Gesprächs hatte ich mich über Gehälter in der WP-Branche informiert und für mich einen Zielbetrag festgelegt. Diesen nannte ich und erhielt eine positive Reaktion.

Ein paar Stunden nach dem Interview wurde mir per Telefonanruf mitgeteilt, dass Ernst & Young mich gerne einstellen würde.

Atmosphäre
Die Atmosphäre ist sehr konstruktiv. Die Leute von Ernst & Young sind sehr freundlich.

Tipps/Empfehlungen
Zur Vorbereitung auf das Gespräch empfehle ich den Hintergrund der Gesprächspartner und der Abteilung, für die man sich bewirbt, zu recherchieren. Ich habe zum Beispiel den Namen meiner Gesprächspartnerin gegoogelt und ihre Publikationen zum Themenbereich Leasing gefunden. Außerdem habe ich mich auf den Seiten von Ernst & Young über die Firma, ihre Leitmotive sowie die Abteilung informiert. Auf den Karriereseiten gibt es sogar Filme in denen man viel über Ernst & Young erfahren kann. Mit solchen Informationen gewappnet, geht man einfach lockerer ins Vorstellungsgespräch.

Bezüglich der Gehaltsverhandlungen sollte man vor dem Gespräch auch Informationen über die Gehälter in der WP-Branche einholen. Es ist einfach wichtig zu wissen, was man verlangen kann. Unrealistische Vorstellungen erwecken den Eindruck, dass man sich zu wenig über die Branche informiert hat.

Weiterhin sollte man seinen Lebenslauf genau kennen und sich auf Rückfragen bei eventuellen Brüchen oder Ungereimtheiten einstellen. Es wirkt nicht sehr professionell, wenn man von Fragen zu seinem Werdegang überrascht wird.

Generell meine ich, dass man sich nicht verrückt machen sollte. Man sollte sich auf das besinnen, was man im Studium gelernt hat und es entsprechend im Gespräch rüberbringen können.

3. PwC
Bewerbungsprozess

Sebastian, Bachelor-Student, berichtet von einem Vorstellungsgespräch aus dem Jahr 2011 für ein Praktikum im Bereich Wirtschaftsprüfung bei PwC.

Erste Kontakte zu PwC konnte ich über einen Partner von PwC knüpfen, der an meiner Uni eine Vorlesung hielt. Eine der Vorlesungen fand dann auch in den Büroräumen von PwC statt. Dort hatte man die Gelegenheit, sich mit Mitarbeitern zu unterhalten und über Praktikumsmöglichkeiten zu informieren. Die Studenten mit den besten Noten aus dieser Vorlesung wurden dann nochmals zu einem Vortrag zu PwC eingeladen. Zu diesem Treffen hatte ich dann auch schon meine kompletten Bewerbungsunterlagen mitgenommen und diese am Rande einer Mitarbeiterin übergeben. Nach ein bis zwei Wochen bekam ich dann eine Rückmeldung von PwC und wurde zu einem Vorstellungsgespräch eingeladen.

Das Gespräch fand in der Niederlassung von PwC statt. Im Foyer angekommen wurde ich von einem Senior Manager abgeholt. Auf dem Weg in den Besprechungsraum hatten wir einen lockeren

Smalltalk über meine Anreise etc. Das Interview fand nur mit dem Senior Manager statt und dauerte ungefähr 60 Minuten. Nach dem Gespräch meinte er, dass er sich in ein bis zwei Tagen melden würde. Zwei Stunden später erhielt ich von ihm schon einen Anruf mit der Nachricht, dass PwC mich gerne für ein Praktikum gewinnen würde.

Interviewfragen

In dem Gespräch hat der Senior Manager zunächst seinen Werdegang, seine Position und seine Projekte vorgestellt. Auch das Unternehmen PwC hat er näher erläutert. Danach war ich an der Reihe mit der eigenen Selbstvorstellung. Anschließend hat der Senior Manager ein paar persönliche Fragen an mich gestellt, zum Beispiel zu meiner Motivation in Bereich der Wirtschaftsprüfung arbeiten zu wollen. Dieser erste Teil des Gesprächs ging ungefähr 15 Minuten.

Im zweiten Teil des Gesprächs waren die Fachfragen dran. Der Senior Manager schickte hier voraus, dass wir uns über ein paar Themengebiete unterhalten wollen. Wenn er allerdings merke, dass ich da von der Universität noch nicht so viel wisse, dann könne man das Thema auch gerne wechseln. Das empfand ich als fair. Die ersten Fragen gingen in Richtung »Was ist die Aufgabe eines Wirtschaftsprüfers?«. Weiterhin sollte ich den Aufbau, den Ablauf einer Abschlussprüfung sowie den Zweck des internen Kontrollsystems (IKS) erläutern. Für das Anlage- und Umlaufvermögen wollte er wissen, wo da prüferische Risiken liegen und was der Prüfer machen könne, um diese zu reduzieren. Konkret nannte er hier das Beispiel einer Maschine. Bei diesen Fragen konnte ich gut punkten. Ich hatte mir im Vorfeld des Gesprächs das squeaker.net-Insider Dossier zur Bewerbung in der Wirtschaftsprüfung gekauft und alle fachlichen Problemstellungen durchgearbeitet. In den nächsten Fragen ging es um latente Steuern. Hier hatte ich allerdings nur Grundkenntnisse, sodass wir zum letzten Fragenbereich, nämlich der Konzernrechnungslegung, kamen. Hier wollte der Senior Manager nur testen, ob mir die Begriffe Kapital- und Schuldenkonsolidierung etwas sagen.

Atmosphäre

Die Atmosphäre würde ich als angenehm bezeichnen. Der Senior Manager war freundlich. Bei den Fragen hat er mich nie unter Druck gesetzt oder alleine gelassen. Wir haben eher eine Diskussion geführt, sodass ich nicht das Gefühl hatte, »abgefragt« zu werden.

Tipps/Empfehlungen

Zur Vorbereitung auf das Interview empfehle ich dieses Buch. An der Uni habe ich zwar einiges über die Grundlagen der Bilanzierung nach HGB und IFRS gehört, wie aber in der Praxis konkret eine Prüfung abläuft, kam da zu kurz. Das Buch hat mir sehr geholfen, den

Prüfungsprozess sowie die Prüfungshandlungen zu verstehen. Insbesondere den Teil zur Prüfung in der Praxis empfand ich als sehr nützlich.

Weiterhin würde ich bei einem Praktikum empfehlen, sich für die Prüfung von kleinen oder mittleren Unternehmen zu bewerben. Wie ich von einigen Freunden gehört habe, sind da die Teams kleiner. Entsprechend hat man vielfältigere Positionen zu prüfen, hat mehr Verantwortung und eher einen Blick für das große Ganze. Ich habe diesen Wunsch explizit im Bewerbungsgespräch genannt und mir wurde versprochen, ihn zu berücksichtigen.

4. KPMG

Bewerbungsprozess

> **Joachim, Diplom-Absolvent,** berichtet von einem Vorstellungsgespräch aus dem Jahr 2011 für eine Festanstellung als Associate im Bereich Audit Financial Services bei KPMG.

KPMG kannte ich schon von einem Praktikum. Meine Kollegen und Vorgesetzten waren da mit meiner Arbeit als Praktikant sehr zufrieden gewesen. So wurde ich im Anschluss an das Praktikum von dem zuständigen Partner gefragt, ob ich nicht meine Diplomarbeit in Kooperation mit KPMG schreiben möchte. Die Abstimmung zwischen einem Lehrstuhl an meiner Heimatuni und KPMG hat dann auch gut geklappt, sodass ich dieses Angebot gerne angenommen habe. Die Diplomarbeit verlief erfolgreich. Daraufhin hat der Partner bei mir angefragt, ob ich mir vorstellen könnte, als Prüfungsassistent bei KPMG einzusteigen. Dies war bei mir der Fall. So habe ich auf Vermittlung des Partners per E-Mail meine Unterlagen an die Personalabteilung geschickt. Daraufhin wurde ich zum Einstellungsgespräch eingeladen.

Interviewfragen

Das Gespräch dauerte insgesamt eine Stunde. Es waren ein für den Bereich »Personal« verantwortlicher Partner sowie eine Personalreferentin anwesend. »Mein« Partner, den ich schon vom Praktikum kannte, war nicht dabei. Er hatte wohl schon sein OK gegeben. Zu Beginn des Interviews haben sich meine Gesprächspartner selbst sowie das Unternehmen KPMG vorgestellt. Danach sollte ich meine Person und meinen Werdegang vorstellen. Ich habe da fünf Minuten referiert. Das fing an mit dem Abitur und ging dann weiter mit dem Studium sowie den Studienschwerpunkten bis hin zum meinen Praktika. Außerdem habe ich von meinen persönlichen Interessen und Hobbys berichtet.

Rückfragen kamen zu meiner Diplomarbeit. Da wurde nachgehakt, wo denn genau die Problembereiche bei meinem Thema liegen, welche Lösungen es gibt und wie denn meine persönliche Meinung zu dem Thema aussieht. Weiterhin wurden allgemeine Fragen gestellt. Zum einen wurde ich gefragt, wo ich mich in fünf Jahren sehe. Hier habe ich geantwortet, dass ich dann gerne die Berufsexamina schon in der Tasche hätte. An der Reaktion meiner Gesprächspartner konnte ich ablesen, dass diese Antwort gerne gesehen wird. Zudem wurde ich nach meinen Stärken und Schwächen befragt. Bei den Stärken meinte ich, dass ich sehr gut organisiert bin, akribisch arbeite, eine schnelle Auffassungsgabe besitze und Transfers zu anderen Themen gut hinbekomme. Ehrlich war ich auch bei der Beschreibung meiner Schwächen. Hier meinte ich, dass ich es nur schwer verdauen kann, wenn etwas schief läuft und es bei mir länger dauert, bis ich nach einem Rückschlag wieder in der Spur bin. Ich hatte das Gefühl, dass diese Ehrlichkeit honoriert wurde. Fachfragen kamen keine dran. Wie beschrieben, der Grund hierfür war wohl, dass der »Fachpartner« schon sein OK gegeben hatte.

Nach diesen Fragen wurde mir erläutert, was in den ersten Wochen als Prüfer bei KPMG auf mich wartet. Es wurde von organisatorischen Dingen, Überstundenregelungen und Schulungen berichtet. Danach hatte ich noch die Gelegenheit, eigene Fragen zu stellen. Ich habe mich nach Dingen wie der Altersversorgung und vermögenswirksamen Leistungen erkundigt.

Zu guter Letzt wurde das Thema Gehalt angesprochen. Ich durfte den ersten Schritt machen und meine Gehaltsvorstellung unterbreiten. Da ich zwei andere Angebote aus der Finanzbranche schon in der Tasche hatte, bin ich relativ hoch eingestiegen. Die Antwort war, dass meine Vorstellungen klar über denen von KPMG liegen und dass bei Berufseinsteigern der Spielraum begrenzt ist. Während des Interviews sind wir dann auch auf keinen Konsens gekommen. Der Partner meinte daraufhin, dass sie sich das noch mal überlegen werden und dann bei mir melden. Das Gespräch war damit beendet.

Zwei Tage später hat der Partner bei mir angerufen und gesagt, dass sie mit den anderen Angeboten für mich nicht mithalten können. Daraufhin habe ich die Stelle nicht angenommen.

Atmosphäre
Die Atmosphäre in dem Gespräch war sehr gut und meine Gesprächspartner waren sehr nett. Bei dem Thema Gehalt hat sich die Stimmung allerdings etwas geändert. Insbesondere als klar wurde, dass ich meine Position nicht so einfach aufgebe und tough verhandle.

Tipps/Empfehlungen
Ehrlich und authentisch bleiben! Man sollte zu Lücken im Lebenslauf oder zu den eigenen Schwächen stehen. Wenn man auf diese angesprochen wird, dann sollte man zeigen, was man daraus gelernt hat bzw. unternommen hat, um an den Schwächen zu arbeiten.

5. Mittelständische WP-Kanzlei

Bewerbungsprozess

Da ich nicht zu einer der Big-Four-Gesellschaften wollte, habe ich nach einer Stelle bei einer kleineren WP-Kanzlei gesucht. Der große Unterschied zu einer Big-Four-WP-Gesellschaft ist der generalistische Ansatz. Es gibt bei diesen Kanzleien keine Trennung zwischen Prüfung, Steuerberatung und sonstiger Beratung. Der Schwerpunkt der Tätigkeit liegt daher meist im Bereich der Steuerberatung mit einem Anteil von locker über 80 Prozent an der täglichen Arbeit. Das ist nicht jedermanns Sache, meine war es jedoch schon.

Bernd, Diplom-Absolvent, berichtet von einem Vorstellungsgespräch aus dem Jahr 2011 für die Position eines Prüfungsassistenten bei einer mittelständischen WP-Kanzlei.

Erfahrungsgemäß verhalten sich kleinere Kanzleien etwas konservativer bei der Suche nach neuem Personal. Die offenen Stellen werden normalerweise nicht in den bekannten Jobbörsen eingestellt. Oft wird nur eine Zeitungsanzeige geschaltet, die in einer großen regionalen Zeitung erscheint.

Durch einige gezielte Suchanfragen bei Google bzw. der Lektüre einer großen regionalen Tageszeitung konnte ich dann doch einige interessante Stellenanzeigen finden. Bei einer WP-Kanzlei habe ich meine Unterlagen per E-Mail an die angegebene Adresse geschickt. Ein Bewerbungsportal auf der Internetseite bzw. eine eigenständige Personalabteilung gab es aufgrund der geringen Größe hier nicht.

Nach einiger Zeit habe ich einen Anruf erhalten und wurde zu einem persönlichen Gespräch eingeladen. Ich habe gerne zugesagt.

Interviewfragen

Zunächst haben sich die beiden Partner der Kanzlei vorgestellt. Sie haben mich gleich zu Beginn des Gesprächs gebeten, sie ruhig zu unterbrechen, wenn ich Fragen habe. Von diesem Angebot habe ich im Anschluss auch gründlich Gebrauch gemacht. Sie haben mir die bisherige Entwicklung und die hauptsächlichen Tätigkeitsbereiche der Kanzlei geschildert. Danach war ich dran.

Meinen Lebenslauf musste ich sehr detailliert erläutern. Einzelne Schritte, wie in meinem Fall die Entscheidung zunächst eine Ausbildung zu durchlaufen und dann das Studium zu beginnen, wurden dabei sehr genau durchleuchtet. Es war deutlich zu merken, dass mir zwei verschiedene Typen von Chef gegenüber sitzen. Der eine schien mir ein sehr akribischer und genauer Arbeiter, der mit hoher Präzision jedes meiner Worte aufnimmt. Der andere lehnte sich eher zurück und wartete ab, was ich so erzähle.

Fachfragen wurden mir auch gestellt. Zunächst wurde ich über den aktiven Rechnungsabgrenzungsposten ausgefragt. Im nächsten Schritt wurde ich zu steuerlichen Themen befragt. Vor allem aber wurde ich nach der Versteuerung (Ertragssteuern und Umsatzsteuer) von dem Mitarbeiter zur Verfügung gestellten Dienstwagen befragt. Ein Thema, das mir nicht unbedingt lag.

Atmosphäre

Die Atmosphäre in dem Interview war sehr entspannt. Meine Gegenüber waren keine Personaler, sondern die Inhaber der Kanzlei. Das machte sich bemerkbar. Sie waren bemüht, eine ruhige angenehme Atmosphäre zu schaffen und haben immer wieder Anekdoten aus der Praxis erzählt. Sie waren wie gesagt sehr an meinem Lebenslauf interessiert, sodass ich sehr detailliert die verschiedenen Stationen erläutern musste. Bei der Lösung der Fachfragen, die mir gestellt wurden, wurde mir immer wieder geholfen, wenn ich nicht weiter wusste oder in einer Sackgasse steckte. Es gab kein »in die Ecke drängen« oder »auseinandernehmen«.

Tipps/Empfehlungen

WP-Kanzleien dieser Größe sind zu klein, um sich einen Ausfall auf Mitarbeiterebene leisten zu können. Es muss daher passen, sowohl menschlich als auch fachlich. Aufgrund des angebotenen Dienstleistungsspektrums sind auf jeden Fall sattelfeste Grundkenntnisse im Bereich des Steuerrechts notwendig.

6. Rödl & Partner

Bewerbungsprozess

Für die Bewerbung bei Rödl & Partner hatte ich zuerst deren Homepage besucht. Dort sind alle aktuellen Stellenzeigen aufgelistet. Ich habe mich konkret auf die Stelle eines Prüfungsassistenten im Bereich Banken/Versicherungen beworben. In der Stellenanzeige war der Ansprechpartner für die Stelle genannt. An diesen habe ich dann direkt meine Bewerbung geschickt – in Papierform. Ein paar Tage danach erhielt ich eine Antwort per E-Mail, dass die Bewerbung eingetroffen war. Wiederum zwei Wochen später wurde ich von dem Partner angerufen, an den ich die Bewerbung geschickt hatte: Ich möge doch bitte zu einem Vorstellungsgespräch kommen. Das Gespräch hatte ich mit dem Partner, es war niemand von der Personalabteilung dabei. Die Einstellungsentscheidung wurde mir wenige Tage später mitgeteilt.

Thomas, FH-Absolvent, berichtet von einem Vorstellungsgespräch aus dem Jahr 2011 für die Position eines Prüfungsassistenten bei Rödl & Partner.

Interviewfragen

Am Anfang des Gesprächs lag der Fokus auf meinem Lebenslauf. Der Partner hatte meinen Lebenslauf vor sich liegen und ich sollte diesen erläutern. Dabei habe ich immer auch versucht, zu begründen, warum ich die jeweilige Station absolviert habe. Er hat trotzdem immer Zwischenfragen gestellt, wie »Warum haben Sie sich für ein BWL-Studium entschieden?«, »Warum wollen Sie denn in die Wirtschaftsprüfung?« Dieser Teil dauerte ungefähr 15 bis 20 Minuten. Danach waren ein paar allgemeine Fragen an der Reihe. Der Partner wollte wissen, wo ich mich in fünf Jahren sehe, welche Stärken und

Schwächen ich habe, eben typische Interviewfragen. Außerdem wurde ich gefragt, was ich mir unter Teamarbeit vorstelle und was ich schon über Rödl & Partner weiß. Bei der letzten Frage konnte ich Informationen loswerden, die ich zuvor auf der Homepage von Rödl & Partner sammeln konnte.

Die Fachfragen starteten damit, dass der Partner von mir wissen wollte, wie man eine Inventurprüfung plant und worauf man dabei als Prüfer ein Auge werfen würde. Ich bin in meiner Antwort darauf eingegangen, dass man die Planung der Inventurprüfung mit dem Unternehmen absprechen und auch die WP-Gesellschaft ihre zeitliche und personelle Planung vornehmen müsse. Bezüglich der Durchführung meinte ich, dass man unter Gesichtspunkten der Wesentlichkeit eine gewisse Stichprobe zur Überprüfung heraussucht. Auch sei darauf zu achten, dass neben dem Lagerleiter noch eine andere Person zählt, da der Lagerleiter nie die möglicherweise selbstverschuldeten Differenzen zwischen Soll- und Ist-Bestand offenlegen will. Anschließend wurde ich noch gefragt, wie ich bei der Prüfung von Forderungen vorgehen würde. Hier wollte der Interviewer auf die Prüfung von Bestand, Bewertung und Ausweis der Forderungen hinaus. Zur internationalen Rechnungslegung wurde ich gar nicht befragt.

Nach den Fachfragen hat der Partner ein bisschen über sich und das Aufgabengebiet eines Prüfungsassistenten erzählt. Auch über das Gehalt haben wir geredet. Ich nannte ein Wunschgehalt von 40.000 Euro pro Jahr, woraufhin er meinte, dass das für einen Prüfungsassistenten hinkommt.

Atmosphäre

Bei der Begrüßung und den Fragen zum Lebenslauf war die Stimmung sehr freundlich und entspannt. Als es zu den fachlichen Fragen kam, wurde es ein bisschen härter. Der Interviewer hat doch einige Male nachgefragt, unfair wurde es aber nie.

Tipps/Empfehlungen

Ich hatte den Eindruck, dass meine Papierbewerbung gut angekommen ist. Mittelständische WP-Gesellschaften verwenden mehr Zeit, um eine Bewerbung zu prüfen. Da kann es von Vorteil sein, eine Papierbewerbung abzugeben. Man sollte seinen Lebenslauf gut kennen und diesen vor allem auch wiedergeben können. Wichtig ist auch die Vorbereitung auf die üblichen Interviewfragen wie Stärken/Schwächen usw. Auf jeden Fall sollte man vor dem Interview Informationen über die WP-Gesellschaft, wie Standorte, Zahl der Mitarbeiter oder ggf. Branchenschwerpunkte, sammeln. Wichtig auch: besonders bei den mittelständischen WP-Gesellschaften keinen überheblichen Eindruck machen.

Zur Bewältigung des fachlichen Teils empfiehlt es sich, zu wiederholen, wie einzelne Bilanzpositionen, insbesondere Anlagevermögen, Vorräte, Forderungen und Rückstellungen geprüft werden. Generell sollte man sich bei den Fachfragen nicht verunsichern lassen. Die Fragen müssen nicht perfekt beantwortet werden.

7. Warth & Klein
Bewerbungsprozess
Bei Warth & Klein sind die Stellenanzeigen auf der Homepage zu finden. Auf eine dieser Anzeigen habe ich mich dann beworben. Da der Ansprechpartner in der Anzeige genannt war, habe ich meine Bewerbungsunterlagen per E-Mail direkt an diesen gesendet. Nach etwa einer Woche wurde ich vom Ansprechpartner angerufen, und wir haben einen Termin für ein Interview ausgemacht. Dieses fand drei bis vier Wochen später in der Niederlassung von Warth & Klein statt. Das Interview selbst wurde dann von dem Ansprechpartner geführt, welcher sich als Partner bei Warth & Klein herausstellte. Von der Personalabteilung war niemand dabei. Insgesamt dauerte das Interview ungefähr eineinhalb Stunden. Die Entscheidung wurde mir zügig nach drei Tagen telefonisch mitgeteilt.

> **Roman, Uni-Absolvent,** berichtet von einem Vorstellungsgespräch aus dem Jahr 2011 für die Stelle eines Prüfungsassistenten bei Warth & Klein.

Interviewfragen
Der Beginn des Interviews war von dem üblichen Smalltalk geprägt: »Hatten Sie eine gute Fahrt, haben Sie es gut gefunden?«. Danach stellte der Partner erstmal Warth & Klein vor. Die Darstellungen des Partners waren sehr ausführlich, er ist auf alle möglichen Aspekte wie Größe, Mandate, einzelne Tätigkeitsbereiche eingegangen. Im Anschluss daran habe ich meinen Lebenslauf vorgestellt. Nachdem ich damit fertig war, hat der Interviewer mir ein paar Fragen zu einzelnen Stationen meines Lebenslaufes gestellt. Konkret wollte er wissen, warum ich mich während des Studiums für den Schwerpunkt Rechnungswesen entschieden habe, was mich an dem Bereich der Wirtschaftsprüfung interessiert und welche Erfahrungen aus meinen vergangenen Praktika wichtig für die Wirtschaftsprüfung sind. Außerdem wollte er wissen, ob ich mobil bin. Ein wichtiger Punkt für ihn schien zudem zu sein, warum ich mich bei einer mittelständischen WP-Gesellschaft und nicht bei den Big Four beworben habe. Ich antwortete, dass ich das Gefühl habe, bei einer mittelständischen WP-Gesellschaft nicht nur eine Nummer zu sein, die in der Masse der Mitarbeiter untergeht, sondern wirklich was bewegen kann. An dieser Stelle hat er auch nachgehakt. Es wurde auch gefragt, ob ich mich mit den Programmen Word und Excel auskenne.

Die Fachfragen waren relativ allgemein gehalten. Er wollte von mir wissen, wie denn eine Abschlussprüfung so abläuft. Hier habe ich etwas über die verschiedenen Phasen einer Prüfung erzählt. Da ich bei diesem Punkt gut vorbereitet war, konnte ich hier punkten. Auch wurde ich gefragt, wie Rückstellungen nach dem HGB zu bilanzieren sind und wie dies bei den IAS aussieht.

Das Gehalt wurde von dem Partner angesprochen. Er meinte, dass alle Prüfungsassistenten 13 Monatsgehälter erhalten, also 43.000 Euro pro Jahr. Da ich mir vor dem Gespräch 38.000 Euro als Untergrenze gesetzt hatte, war ich mit dieser Zahl zufrieden. Weiteres Verhandeln meinerseits war somit nicht mehr angebracht.

Am Ende des Gesprächs durfte ich Fragen stellen. Dabei ging es in erster Linie um die konkreten Fördermaßnahmen von Warth & Klein für die einschlägigen Berufsexamina.

Atmosphäre
Ich wurde herzlich empfangen. Während des Gesprächs war die Stimmung auch gut, es wurden keine Stressfragen gestellt.

Tipps/Empfehlungen
Es wird nicht nur auf das Wirtschaftsprüfungs-Know-how geachtet, sondern sehr stark auf die menschliche Seite. Außerdem empfiehlt es sich, immer den Fokus auf die Teamarbeit zu legen, d. h. sich als Teamplayer darzustellen. Am Ende des Interviews ist es ratsam, selbst Fragen zu stellen, die im Gespräch zuvor noch nicht geklärt werden konnten.

II. Die ersten Wochen
1. Der erste Tag

Alexander, Uni-Absolvent, berichtet von seinen ersten Wochen als Prüfungsassistent bei einer Big-Four-WP-Gesellschaft.

Der erste Tag als Einsteiger bei meiner WP-Gesellschaft kam mir vor, als ob ich noch mal eingeschult würde. Es haben nur die Eltern und Tanten gefehlt. Aber der Reihe nach. Als ich in der Niederlassung ankam, habe ich mich zuerst bei der Dame am Empfang gemeldet. Die wusste natürlich sofort Bescheid und hatte auch gleich ein Namensschildchen für mich vorbereitet. Und siehe da, ich habe sofort einige neue Kollegen getroffen, die ich noch aus den Uni-Vorlesungen kannte. Meine WP-Gesellschaft schien einige Leute von meiner Uni rekrutiert zu haben.

Die Willkommensveranstaltung wurde in dem größten Besprechungssaal durchgeführt. Dies war auch nötig, da insgesamt 80 weitere neue Kollegen an diesem Tag begrüßt wurden.

Nachdem uns die Dame aus der Personalabteilung willkommen geheißen und die Grundlagen der Zeiterfassung und Reisekostenabrechnung vermittelt hatte, fing schon die Erledigung der ersten organisatorischen Dinge an. Zunächst wurde ein Bild für die Zutrittskarte von uns gemacht. Leider hatte ich es vorher nicht mehr zum Friseur geschafft und sah noch etwas fertig aus von meiner Erkältung. Das Bild ist auch nach über einem halben Jahr immer noch das gleiche.

Später wurden die Laptops ausgeteilt und die verschiedenen Möglichkeiten erklärt, sich mit dem Firmennetzwerk zu verbinden. Nachdem wir unsere Laptops in Besitz genommen hatten, wurden uns weit schwerere Dinge zugemutet. Jeder erhielt einen Piloten- (bzw. Prüfer-)Koffer, den wir auch gleich füllen konnten. Neben einer Gesetzessammlung und dem WP-Handbuch wurden uns auch noch verschiedene Broschüren ausgehändigt, die Informationen zum Prüfungsansatz meines neuen Arbeitgebers enthielten (wie ich später festgestellt habe).

In der Mittagspause bin ich mit meinen neuen Kollegen zu den für uns zuständigen Managern gegangen, um uns kurz vorzustellen. Bei dieser Gelegenheit erfuhren wir, dass für uns bereits Flüge für den kommenden Sonntag gebucht waren, da wir zur Einführungsschulung mussten. Diese dauert zwei Wochen – ohne am Wochenende nach Hause fliegen zu können. Darüber war ich etwas überrascht. Aber so ist wohl die neue Arbeitswelt, dachte ich mir. Am späten Nachmittag war der erste Arbeitstag für uns beendet.

2. Die ersten beiden Wochen

Am nächsten Tag kam ich etwas zu spät. Ich hatte ganz vergessen, dass in meiner Abteilung Arbeitsbeginn gegen 9 Uhr und nicht erst um 10 Uhr war. Ich hatte zwei Kollegen, die mit mir angefangen hatten. Wir saßen gemeinsam in einem Büro und mussten kleinere Aufgaben erledigen: Informationen im Internet sammeln, Auswertungen machen, Präsentationen vorbereiten etc. So zog sich die erste Woche hin.

Am Wochenende ging es dann zur Schulung. Um es gleich vorweg zu sagen: Keiner der Teilnehmer hatte das Gefühl, jetzt im Berufsleben zu stehen. Die Stimmung war ausgelassen, fast wie auf einer Klassenreise. Der Unterschied lag nur darin, dass ich ein Einzelzimmer mit Telefon und Internet hatte und am nächsten Morgen ein guter Geist mein Zimmer aufräumte. Im Keller des Tagungszentrums gab es auch eine firmeneigene Kneipe. Jeder bei unserer WP-Gesellschaft kennt diese. Dort hängen Bilder der letzten zehn Jahre an den Wänden, die jeden zeigen, der bei uns in dieser Zeit angefangen hat. In diesen zwei Wochen habe ich mir immer wieder gesagt, ich habe wohl die richtige Entscheidung getroffen.

Die Schulung beinhaltete vor allem fachliche Themen. Am Abend war jeder müde und erschöpft, da es doch eine Vielzahl von neuen Eindrücken war, die da auf uns niederprasselte. Auch jetzt noch nach mehr als einem halben Jahr denke ich immer noch gern an diese ersten Wochen zurück. Ich habe viele nette Kollegen kennengelernt, die zwar aus verschiedenen Niederlassungen stammen, zu denen aber immer noch regelmäßiger Kontakt besteht. Wir versuchen immer noch, unsere Schulungstermine zu koordinieren, um ein wenig an die damalige Zeit anknüpfen zu können.

Nach der Rückkehr dachte ich eigentlich, ich würde sofort auf die Mandanten losgelassen werden. Ich wusste, es gibt da etwas, das sich Busy Season nennt. Wie diese aber genau aussieht, wusste ich natürlich nicht. Erst einmal kam aber ein wenig Ernüchterung auf. Ich saß einige Zeit arbeitslos in der Niederlassung herum und beschäftigte mich mit eher unwichtigen Dingen. Ich probierte verschiedene Strategien aus: Meinen Vorgesetzten direkt ansprechen, mich bei Kollegen umhören und mich unserem Disponenten mitteilen. Heraus kam wenig. Schließlich ereilte mich das Schicksal eines jeden Neuanfängers: Mein erster fachlicher Einstieg bedeutete, dass ich Inventuren beobachten durfte.

III. Typischer Tagesablauf
1. Beratend unterwegs

Mark, Senior Associate bei einer Big-Four-WP-Gesellschaft, berichtet von einem typischen Tagesablauf in der Beratungseinheit innerhalb des Audit-Bereichs.

Überraschenderweise komme ich heute gut durch den morgendlichen Berufsverkehr. Die Fahrt zum Mandanten dauert nur 20 Minuten und ich stehe pünktlich um 8.15 Uhr in der Eingangstür. Unsere Aufgabe bei diesem Mandanten, einem Automobilzulieferer, besteht nicht in einer Abschlussprüfung, sondern in der Beratung bei der Umstellung der Rechnungslegung von HGB nach IFRS. Heute ist für 9.15 Uhr eine Präsentation angesetzt, in der meine Kollegen und ich die ersten Ergebnisse unserer Arbeit der letzten zwei Wochen präsentieren sollen. Der Mandant will insbesondere wissen, auf welchen Gebieten die wesentlichen Anpassungen bei dem Wechsel auf die IFRS vorzunehmen sind.

Kurz vor halb neun kommen dann auch meine Kollegin Astrid und der für das Projekt zuständige Partner, Herr Kastner, sodass uns noch ein bisschen Zeit bleibt, die letzten Details unserer Präsentation mit dem Partner durchzusprechen. Man will ja schließlich gut vorbereitet in ein solches Meeting gehen.

Um 9.15 Uhr holt uns ein Mitarbeiter aus der Rechnungswesenabteilung ab und führt uns zum Besprechungszimmer, wo auch schon der CFO und der Leiter Rechnungswesen auf uns warten. Die Präsentation verläuft ziemlich reibungslos, der Mandant ist mit der Arbeit sichtlich zufrieden. Unser unterschwelliges Ziel, den lukrativen Folgeauftrag – die Betreuung der Umstellungsphase – zu ergattern, klappt auch, sodass wir alle drei ziemlich happy aus dem Meeting gehen.

Zurück im Büro gehen Astrid und ich erstmal was in der Kantine essen. Nach einem erfolgreichen Meeting schmeckt auch gleich alles besser. Bianca, eine Kollegin kommt ebenfalls an unseren Tisch. Nach ein bisschen Smalltalk (»Wie war euer Meeting? Ach echt, das ist ja klasse!«) merke ich schnell, dass sie vielmehr wegen eines fachlichen Problems Kontakt mit uns aufnimmt. Es geht um die Bilanzierung von Pensionsrückstellungen bei einem Prüfungsmandat. Dort sind ein paar größere Probleme aufgetreten. Astrid und ich können zwar schon weiterhelfen, aber bei Pensionsrückstellungen denke ich sowieso immer an Susanne. Susanne und ich haben uns auf einem Prüfungsmandat kennengelernt. Sie gehört jetzt einer Expertengruppe in unserer Gesellschaft an, die sich genau mit diesem Thema auseinandersetzt. Ich empfehle Bianca, doch bei ihr mal anzurufen, um das Ganze abzuklären.

Nach der Mittagspause treffe ich mich mit meinem zuständigen Partner, Herrn Krause, in seinem Büro. Einer unserer Mandanten, bei dem wir die Abschlussprüfung durchführen, hat ein Konkurrenzunternehmen in Polen übernommen. Jetzt stellen sich einige Fragen bei der Bilanzierung des Unternehmenserwerbs nach IFRS 3. Um diese klären zu können, setzen sich Herr Krause, der für die Konzernrechnungslegung dieses Mandats zuständige Senior Manager Thorsten, ein Experte für die Bilanzierung von Unternehmenserwerben und ich zusammen, um die Parameter des Erwerbs zu diskutieren.

Nach dem Meeting ist es meine Aufgabe, ein Memo zu dem Besprochenen zu erstellen. Währenddessen bekomme ich einen Anruf von Martin. Er sitzt gerade an einer Präsentation für seinen Partner. Inhaltlich geht es um ein Angebot an einen potenziellen Mandanten, diesen bei der IFRS-Umstellung zu beraten. Unser Erfolg vom Vormittag scheint sich schnell herumgesprochen zu haben. Das Unternehmen ist ein Immobilienunternehmen, eine Branche, mit der ich selbst nicht allzu viel Erfahrung habe. Daher frage ich kurz rum, wer sich damit besser auskennt. Astrid nennt mir zwei Kollegen aus einer anderen Niederlassung, an die ich Martin verweise. Auf jeden Fall habe ich jetzt bei Martin einen Gefallen gut.

Um halb sechs gehe ich mit Thorsten zusammen noch mal das Memo durch. Nach ein paar kleinen Änderungen ist dann Feierabend.

2. Ein MDAX-Mandat
Morgens

Wie seit zwei Wochen fahre ich auch an diesem Morgen eine halbe Stunde zum Mandanten. Das Bürogebäude des Mandanten ist außen sehr modern und innen schick eingerichtet. Man merkt eben sofort, dass ein börsennotiertes Unternehmen was hermachen muss.

Durch einen Ausweis, der mir extra für diese Zeit ausgehändigt wurde, verschaffe ich mir Zutritt zum Aufzug und anschließend zu den Büroräumen des Mandanten. Unser Prüferzimmer liegt im 4. Stock, in dem auch sonst das Controlling und Rechnungswesen des Mandanten untergebracht sind. Das Prüferzimmer gehört definitiv zu den angenehmeren seiner Art: Es ist sauber, hell, man hat einen guten Blick, genug Platz für vier bis fünf Prüfer und nicht zuletzt zwei Internet-Kabel. Außerdem liegt gegenüber ein Aufenthaltsraum für

Andreas, Associate bei einer Big-Four-WP-Gesellschaft, berichtet von einem typischen Tagesablauf während der Hauptprüfung bei einem MDAX-Mandat.

die Mitarbeiter des Unternehmens, den wir auch benutzen dürfen. Solch gute Umstände heben die Stimmung bei einer Prüfung.

Nachdem ich nun 8.30 Uhr angekommen bin und meine Kollegen begrüßt habe, ziehe ich mir erstmal einen Kaffee im Aufenthaltsraum. Als Nächstes baue ich meinen Laptop auf. Die Arbeit kann beginnen! Momentan prüfe ich das Anlagevermögen im HGB-Einzelabschluss eines der Tochterunternehmen. Wie bei jedem Mandat sind in der Prüfungssoftware die notwendigen Prüfungsschritte für dieses Gebiet hinterlegt. Meine Vorgänger, also die Prüfer dieser Position der letzten Jahre, haben die Prüfungsschritte schon auf die Besonderheiten dieses Unternehmens zugeschnitten.

Als Erstes rufe ich Frau Adalbert aus der Anlagenbuchhaltung an. Ich hatte ihr schon die letzten Tage angekündigt, welche Unterlagen ich benötige, sie sollte also vorgewarnt sein. Nach dem Telefonat gehe ich im Büro von Frau Adalbert vorbei und besorge mir dort das Anlagenregister. Dieses dient mir als Basis für die Prüfung der Bestände, Zu- und Abgänge sowie der Bewertung. Heute Morgen fange ich zunächst mit den Zugängen an. Hierzu drucke ich mir die Zugangsliste aus dem elektronischen Buchführungssystem des Mandanten aus und vergleiche diese stichprobenartig mit den Zugängen im Anlagengitter.

Gegen 10.30 Uhr suche ich mir die Anlagenzugänge mit einem Wert von über einer Mio. Euro raus und bitte Frau Adalbert, mir zu diesen Geschäftsvorfällen die entsprechenden Belege, wie Rechnungen und Abnahmenachweise, herauszusuchen und mir zukommen zu lassen. Außerdem fordere ich auch die gleichen Unterlagen für ein paar Zugänge von unter 250.000 Euro an, um sicherzugehen, dass auch bei diesen Zugängen alles in Ordnung ist. Nachdem ich mit Frau Adalbert gesprochen habe, gehe ich erstmal mit meinem Kollegen Rolf ins Aufenthaltszimmer eine rauchen.

Zum Mittagessen gehen wir geschlossen als Team. Bei diesem Mandat freut sich eigentlich jeder auf das Essen, da die Kantine des Mandanten wirklich gut ist. Den ausgedruckten Essensplan haben wir auch im Prüferzimmer aufgehängt, sodass man schon ein bisschen Vorfreude entwickeln kann.

Nachmittags

Nach dem Essen warte ich auf die Unterlagen von Frau Adalbert. In der Zwischenzeit beantworte ich unserem Praktikanten Nicolas ein paar Fragen, der das Anlagevermögen bei einer anderen Tochtergesellschaft unseres Mandanten prüft. Gegen 14.30 Uhr erhalte ich einen Anruf von Frau Adalbert, dass ich die Unterlagen abholen kann. Endlich geht es weiter voran. Primäres Ziel ist es, im Rahmen einer Stichprobe herauszufinden, wann der Zugang der Anlagen gebucht wurde. Entscheidend ist hier nicht das Rechnungsdatum, sondern das

Datum der Abnahme, da hier der Gefahrenübergang stattfindet. Von den Unterlagen mache ich Kopien und hefte sie in die Prüfungsordner, sodass jederzeit nachvollzogen werden kann, was ich da gemacht habe. Außerdem dokumentiere ich meine Prüfungsergebnisse in unserem elektronischen Prüfungsprogramm. Das funktioniert prinzipiell nach dem Motto »Was geprüft? Wie geprüft? Ergebnis?«. Um 19.30 Uhr gehen wir alle nach Hause.

3. Prüfung einer Bank
Morgens

Mein Tag beginnt früh am Morgen direkt beim Mandanten. Wir befinden uns seit drei Wochen in der Vorprüfung einer nach US-GAAP bilanzierenden ausländischen Bank. Mein erster Weg führt mich an der Kaffeemaschine vorbei direkt in das Prüferzimmer. Ich arbeite zusammen mit insgesamt acht Mitarbeitern unserer WP-Gesellschaft vor Ort. Zwei davon, ein Prüfungsassistent und ich, sind dabei verantwortlich für die Prüfung des Kreditgeschäftes. Meine anderen Kollegen sind mein Prüfungsleiter, welcher die Verantwortung für die Durchführung der Prüfung trägt, einige weitere Prüfungsassistenten sowie unsere IT-Spezialisten, die gerade die IT-Systeme unseres Mandanten prüfen.

> **Philipp, Senior Audit Assistant einer Big-Four-WP-Gesellschaft,** berichtet von einem typischen Tagesablauf während der Vorprüfung bei einer ausländischen Bank.

Nachdem ich meinen Laptop hochgefahren habe, melden sich in Outlook die Aufgaben, die ich mir für heute vorgemerkt habe. An erster Stelle steht, dass wir heute von Frau Schneider die Unterlagen zu einem bestimmten Kreditengagement erwarten. Mit meinem Prüfungsassistenten Alex vereinbare ich, dass er Frau Schneider nochmals anruft, sich nach dem Stand der Unterlagen erkundigt und einen festen Termin für deren Lieferung festlegt, sollten diese nicht vorliegen. Alex führt die Prüfung dieses Kreditengagements selbst durch. Alex prüft selbstständig die Unterlagen des Kredites auf Vollständigkeit, z. B. ob alle erforderlichen und relevanten Dokumente zur Erfüllung von § 18 KWG vorliegen. Er beurteilt die Validität der Risikoeinstufung, d. h. ob die Bank das Risiko des Engagements angemessen berücksichtigt. Über das Ergebnis seiner Prüfung verfasst Alex für jedes Engagement einen separaten Bericht. Nach der Fertigstellung gehe ich mit ihm seinen Bericht zu dieser Prüfung und die Vollständigkeit seiner Checkliste durch, um sicherzustellen, dass alles korrekt geprüft wurde.

Meine eigene Aufgabe für die nächsten Tage besteht darin, einen Walk-through für die SOX-Prüfung durchzuführen. Konkret bedeutet dies, dass ich mir auf Ebene der Prozesse des Kreditgeschäfts der Bank einen Überblick darüber verschaffe, wo Kontrollen im Kreditprozess implementiert sind und ob diese korrekt funktionieren. Heute steht für mich das Testwork zur Prüfung der Zinsabgrenzung an, d. h. ich prüfe, ob die Zinsen richtig berechnet und zeitlich korrekt abgegrenzt werden. Schließlich dürfen nur die Zinsen vereinnahmt werden, die auch tatsächlich in der entsprechenden Periode angefallen sind. Die Bank hat mir hierzu die notwendigen Unterlagen oder »Proofs« geliefert, die ich auf Basis einer Stichprobe von 15 Kreditengagements mit einem mindestens zweistelligen Millionenbetrag angefordert habe. Anhand dieser Stichprobe überprüfe ich, ob die Berechnung und die Abgrenzung der Zinsen systemseitig korrekt erfolgen. Das Ganze kann nur funktionieren, wenn vorher wichtige Fragen geklärt sind, wie z. B.: »Ist der Kreditbetrag korrekt erfasst? Ist der korrekte Zinssatz eingegeben? Waren bei den Krediten Zinsanpassungen vereinbart, werden diese korrekt erfasst? Wird die Anzahl der Tage richtig angegeben? Laufen die Zinsen in die richtigen Unterkonten?« Um diese Fragen zu klären, prüfe ich, ob die im Walk-through identifizierten Kontrollschritte der Bank auch in der Praxis gelebt werden und die notwendigen Kontrollzeichen auf den Dokumenten vorhanden sind. Anschließend rechne ich noch die vorgenommene Zinsabgrenzung nach, um sicherzugehen, dass alles passt. Damit ist man schon mal eine ganze Zeit beschäftigt.

Zwischendurch schaut Michael, mein Senior Manager, vorbei, der für dieses Mandat verantwortlich ist. Da ich für das Kreditgeschäft sein direkter Ansprechpartner im Prüfungsteam bin, gibt es immer eine Menge zu besprechen, wenn er vorbeikommt. Michael erkundigt sich nach dem Stand der Prüfung. Er will wissen, wie es mit den SOX-Prüfungen aussieht, wie viele Kreditengagements wir schon geprüft haben und ob wir irgendwelche wesentlichen Risiken identifiziert haben. Ich muss ihm also mehr oder weniger einen kompletten Statusbericht liefern, sodass er sich schnell ein Bild über den Stand der Vorprüfung verschaffen kann. Nebenbei kann ich mit ihm auch meine Fragen klären. Frau Schneider hat sich in der Zwischenzeit bei Alex gemeldet und mitgeteilt, dass sie noch weitere Zeit benötigt, um die von uns geforderten Unterlagen zu besorgen, weil ihre Ansprechpartner nicht liefern. Da es sich bei dem Kreditengagement um eines der kritischsten dieser Prüfung handelt, halten wir fest, einen Termin mit dem verantwortlichen Abteilungsleiter zu vereinbaren, um mit ihm die Lage zu besprechen und die Dringlichkeit unseres Anliegens zu verdeutlichen.

Inzwischen ist über die Tests und die vielen Gespräche bereits der gesamte Vormittag vergangen. Michael trommelt das gesamte Prüfungsteam zusammen und wir gehen alle gemeinsam in der Kantine des Mandanten essen. Anschließend setze ich mich mit dem Senior Manager und dem Prüfungsleiter zusammen. Wir diskutieren, ob die von mir gewählte Vorgehensweise für die Prüfung der internen Kontrollsysteme angemessen ist. Wichtig ist insbesondere, ob ich die richtigen Kontrollen identifiziert habe und entsprechend teste, um einen möglichst hohen Grad an Prüfungssicherheit zu gewinnen. Das Ganze muss schließlich noch ordnungsgemäß dokumentiert werden. Außerdem besprechen wir, ob sich die Systeme im Vergleich zum letzten Jahr geändert haben und welche Auswirkungen dies auf unsere weiteren Prüfungsschritte haben wird.

Nachmittags
Am späten Nachmittag gehe ich die Planungen für die Reise in zwei Tagen nach Paris durch. Dort sitzt die Konzerngesellschaft unseres Mandanten. Für den Walk-through und das Testwork ist es wichtig, die Prozesse über den gesamten Konzern hinweg zu verstehen. Daher nehmen wir auch die Teilprozesse auf und schauen uns vor Ort die weiteren Tests an, die direkt in der Konzerngesellschaft angesiedelt sind. Für meine Reise checke ich, ob Flug und Hotel gebucht sind, wann ich mit meinen Ansprechpartnern in Paris Termine vereinbart habe, welche Dokumente ich mitnehmen muss und welche Dokumente ich schon vorab von meinen Ansprechpartnern in Paris anfordern kann. Am frühen Abend verlasse ich unser Prüferzimmer und mache mich auf den Weg nach Hause.

4. Meine erste Inventurbeobachtung

Vor einigen Wochen wurde ich dazu auserkoren, eine Inventurbeobachtung durchzuführen. Da dies meine erste dieser Art darstellen sollte, war ich zunächst einigermaßen unsicher und wusste überhaupt nicht, was meine Aufgabe dort ist. Deswegen habe ich mich dann erstmal bei meinen Kollegen umgehört und gefragt, was man dort von mir verlangt und erwartet: »Schaust halt ein bisschen, wie alles abläuft und wie gezählt wird.

Achte auf alles, was dir auffällig vorkommt und halte dich an die Checkliste, da steht eh alles drin.« Zur Vorbereitung bin ich dann auch diese Checkliste durchgegangen und habe versucht, mich weitergehend zu informieren. Ich habe alles gelesen, was mir irgendwie interessant und notwendig erschien. Zu guter Letzt habe ich den Prüfungsleiter des Mandates angerufen und nachgefragt, wie er sich die Beobachtung vorstellt und ob es besondere Themen zu beachten gibt.

Für den Tag der Inventur war ich somit bestens vorbereitet. Ich hatte alle Unterlagen ausgedruckt, mir einen kleinen Merkzettel geschrieben, die Adresse des Mandanten und den Namen des Ansprechpartners herausgeschrieben. Zu dem Mandanten, eine Baufirma mitten auf dem Land, musste ich zwei Stunden fahren. Es war der letzte Arbeitstag vor Weihnachten, an dem die Inventur stattfand. Es hieß, »das wird nicht lange dauern, einen halben Tag, mit anschließender Dokumentation einen ganzen Tag, mehr wirst du nicht brauchen«.

Ich kam pünktlich an und stellte mich gleich dem Verantwortlichen vor. Die Inventur lief noch, sodass ich erst einmal ein paar organisatorische Dinge klären konnte: Wer führt die Inventur durch, wie wird sie durchgeführt, wer erfasst die gezählten Bestände etc.

Elena, Associate bei einer mittelständischen WP-Gesellschaft, berichtet vom Ablauf ihrer ersten Inventurbeobachtung bei einem großen mittelständischen, nicht kapitalmarktorientierten Unternehmen.

Im Anschluss daran schaute ich mir an, wie die Inventur tatsächlich durchgeführt wurde. Es gab immer zwei Personen pro Team, einer zählte und einer schrieb, wie es sein musste.

Leider wurden vor allem Stahlträger und Baustoffe gezählt. Für mich bedeutete dies Arbeit unter freiem Himmel, wobei es schneite und sehr kalt war. Ich erinnerte mich nun daran, dass man mich vorher schon informiert hatte, dass das ein Freilandabenteuer werden würde und ich mich dick und wasserdicht anziehen solle. Ich ließ die Mitarbeiter des Mandanten in Stichproben erneut nachzählen und rechnete innerlich mit. Mein Ziel war es, Bestände, die ich vor mir sah, auf den Zähllisten wiederzufinden und umgekehrt. Es gab keine Abweichungen. Die Mitarbeiter hatten richtig gezählt. Nur bei Schrauben und ähnlichen Materialien gab es immer wieder Abweichungen, die aber darauf zurückzuführen waren, dass sie gewogen wurden und sich dadurch immer geringfügige, unwesentliche Abweichungen ergeben.

Am späten Nachmittag war ich mit der Inventur fertig und durfte durchgefroren die Heimreise antreten. Im Büro habe ich die Inventurbeobachtung noch dokumentiert und die Checklisten ausgefüllt. Die Dateien habe ich dann meinem Ansprechpartner via E-Mail zugeschickt. Dann fing für mich endlich der Weihnachtsurlaub an – mit einer Erkältung.

5. Beim Mittelständler
Morgens

Philippa, Prüfungsassistentin bei einer mittelständischen WP-Gesellschaft, berichtet vom Ablauf einer Prüfung bei einem mittelständischen Unternehmen.

Um 8 Uhr morgens bin ich mit meinen Prüferkollegen in unserer Niederlassung verabredet. An diesem Montag wollen wir gemeinsam zum Mandanten fahren. Zusätzlich zu unserer Standardausrüstung nehmen wir heute noch die Vorjahresakten mit. Der Transport in die Tiefgarage ist immer etwas umständlich, da wir den Fahrstuhl wechseln und mit einer vollen Aktenkarre durch mehrere Sicherheitsschleusen im Gebäude laufen müssen. Der Kofferraum des Golf IV reicht dieses Mal nur knapp aus.

Schnell haben wir uns noch unser Frühstück in der Kantine geholt, dann geht es auch schon auf die Autobahn stadtauswärts. Zum Glück fahren wir dem Verkehr entgegen, der Stau findet nämlich in die entgegengesetzte Richtung statt. Die Fahrt dauert ungefähr eine Stunde, bis wir auf dem Betriebsgelände des Mandanten sind. Wir packen erst einmal die Akten aus und begrüßen unsere Kollegen im Prüferzimmer. Das Prüferzimmer ist ein kleiner Besprechungsraum, der wohl nur selten genutzt wird. Ausgelegt für maximal vier Personen, sitzen hier nun drei Prüfer mit ihren Arbeitsutensilien und ungefähr dreißig Aktenordnern. Ich bin froh, dass uns in der ersten Etage ein weiteres Zimmer zur Verfügung steht, in das ich mich mit drei weiteren Kollegen begebe.

Dort baue ich mein transportables Büro auf, d. h. der Laptop wird gestartet und der Drucker angeschlossen. Als Nächstes wird die Netzwerkverbindung mit meinen Kollegen über einen Hub eingerichtet. Ein Laptop dient dabei als Server. Um auf diesen zugreifen zu können, muss zunächst eine Freigabedatei ausgetauscht werden. Nach der Eingabe des Passworts kann ich mich mit dem Kollegen verbinden. Es ist jetzt 9.30 Uhr und ich habe Zeit für einen Kaffee und mein Frühstück. Für 10 Uhr ist das Kick-Off-Meeting anberaumt, zu dem wir uns alle sieben in dem kleinen Raum im Erdgeschoss treffen.

Der Manager hat es terminlich leider nicht geschafft, unserem Meeting beizuwohnen. Doch hat er im Vorfeld der Prüfung bereits alles mit dem Prüfungsleiter besprochen, sodass diesem nun die Aufgabe zufällt, uns die wichtigsten Punkte mitzuteilen. Jetzt werden auch die Prüfungsgebiete verteilt. Ich bin noch relativ frisch dabei und erhalte die einfachen Positionen, wie sonstige Vermögensgegenstände / sonstige Verbindlichkeiten und das Anlagevermögen, als Prüfgebiete. Das eingesetzte System ist SAP, also auch keine Überraschung.

Wir haben keinen eigenen Systemzugriff, sodass alles über den zuständigen Mitarbeiter des Mandanten laufen muss. Wie sich später herausstellt, ist dieser regelmäßig ab 16.30 Uhr nicht mehr anwesend. Das macht die Prüfungsdurchführung nicht unbedingt einfacher. Die Terminplanung ist ambitioniert: Wir haben zwei Wochen für die komplette Prüfung.

Der Vormittag ist durch viele Gespräche mit Mitarbeitern des Mandanten geprägt. In diesen Gesprächen versuche ich einige Sachverhalte zu klären und fordere Unterlagen an. Somit sitze ich kaum an meinem Platz und laufe von einer Besprechung zur nächsten. Die interessantesten Gespräche ergeben sich dabei mit den rechnungswesensfremden Mitarbeitern. Diese können oft den Hintergrund unserer Fragen nicht einschätzen und antworten sehr offen und freizügig. Heute begleitet mich ein Mitarbeiter aus dem Rechnungswesen des Mandanten. Ich kann aus dem Augenwinkel sehen, dass ihm die Antworten meines Gesprächspartners nicht gefallen, seine Gesichtszüge verfinstern sich. Auswirkungen haben die Äußerungen aber in diesem Fall nicht, sie sind eher unwesentlich. Am liebsten unterhalte ich mich jedoch allein mit diesen Mitarbeitern, da ist immer eine Menge zu erfahren!

Mittags gehen wir als Prüfungsteam gemeinsam in die Kantine zum Essen. Wir müssen täglich bis 11 Uhr unser Essen vorbestellen, sonst bleiben uns nur noch belegte Brötchen. Die Essensausgabe erfolgt durch nette ältere Damen. Oft werden wir vom Mandanten zum Essen in die Kantine eingeladen, hier allerdings nicht, sodass wir das Essen selbst zahlen müssen.

Nachmittags

Der Nachmittag ist etwas ruhiger. Angeforderte Unterlagen und Informationen trudeln langsam ein. Ich habe Zeit für Auswertungen, Analysen und meine Dokumentation. Zum Abend hin schwindet allmählich die Motivation und der Kaffeekonsum nimmt stark zu. Um 19 Uhr ist es dann soweit. Wir packen zusammen und fahren nach Hause. Die Putzkolonne schließt um 19.30 Uhr das Gebäude ab, danach kommen wir nicht mehr raus. Die Mitarbeiter auf Mandantenseite sind schon seit 17 Uhr vollständig in den Feierabend gestartet. Jetzt fahren wir wieder eine Stunde in die Stadt zurück. Um 20.30 Uhr bin ich endlich zu Hause. Dort lege mich ins Bett und schaue noch etwas fern. Am nächsten Morgen muss ich um 5.30 Uhr aufstehen, da wir bereits um 7 Uhr losfahren wollen. Die nächsten zwei Wochen sehen nicht anders aus.

6. Wo muss ich hin?

Christian, Senior Associate bei einer Big-Four-WP-Gesellschaft, berichtet von seinem Einsatz als Prüfungsassistent bei einem mittelständischen Unternehmen.

Ich muss mich erstmal informieren, wo Herford überhaupt zu suchen ist. Herford liegt wohl zwischen Bielefeld und Hannover, direkt an der A2. Ich muss also nicht weit über die Landstraße fahren. Erfahrungsgemäß kostet das immer viel Zeit, vor allem morgens im Berufsverkehr. Wir prüfen heute eine Tochtergesellschaft unseres Mandanten, deren Einzelabschluss in den Konzernabschluss eingeht. Also auf nach Herford!

Die Art der Anreise wird uns freigestellt. Ich nehme das Auto, da ich dadurch das Kilometergeld bekomme und ich zudem noch auf dem Rückweg einen alten Schulfreund in der Nähe von Frankfurt besuchen kann.

Meinen Koffer (der eigentlich ein Trolley ist) habe ich bereits am Abend zuvor gepackt. Auch die Hemden habe ich gebügelt, während der »Tatort« im Fernsehen lief. Nur die Toilettenartikel und das frische Obst darf ich heute Morgen nicht vergessen. Es sind zwar nur fünf Tage und vier Nächte, die ich dort verbringe, doch das Auto ist vollgepackt. Außer meinem Koffer habe ich einiges mitzunehmen. Neben dem obligatorischen Laptop und portablen Drucker ist auch mein Pilotenkoffer diesmal dabei. Zudem Büromaterialien, leere Ordner, Cross-Over-Netzwerkkabel und einen Netzwerk-Hub sowie die Vorjahresordner sind Pflicht. Ich darf nichts vergessen, da ich es immer als etwas unangenehm empfinde, beim Mandanten zu fragen, ob sie uns dies und jenes zur Verfügung stellen können. Schließlich zahlt der Mandant einen meist nicht unerheblichen Betrag für unsere Dienstleistung.

Heute, an einem schönen Montagmorgen, stehe ich also um 4 Uhr auf. Sonst schlafe ich bis 7 Uhr. Das Aufstehen ist immer das Schlimmste, ich bekomme einfach die Augen nicht auf. Also mache ich mir zunächst einen Kaffee und gehe dann duschen. Ich muss morgens schon Anzug und Krawatte anlegen, da später keine Gelegenheit mehr zum Umziehen ist. Nach der Fahrt wird wohl eine Reinigung fällig. Der Routenplaner meint, die Strecke sei in fünfeinhalb Stunden zu schaffen. Ich fahre also um 4.30 Uhr los, damit ich um 10 Uhr beim Mandanten vorstellig werde. Das müsste eigentlich reichen. Meine Kollegin ist bereits am Sonntagabend mit dem Zug gefahren. Zu meiner Verwunderung hat Herford sogar einen ICE-Halt!

Kein Mensch ist auf der Straße, es ist völlig dunkel. Nur die ersten Taxen fahren mit anzugtragenden Dienstleistern in Richtung Flughafen. Erst gegen 6.30 Uhr setzt der erste Berufsverkehr ein. Da habe ich schon den kritischen Ballungsraum Nürnberg hinter mir gelassen. Die A3 erweist sich in meiner Richtung heute als harmlos.

Wie geplant komme ich um 10 Uhr an. Jetzt beginnt der Arbeitstag. Nachdem ich mich beim Mandanten vorgestellt, meine Sachen ausgepackt und meinen Laptop gestartet habe, hole ich mir erst einmal einen Kaffee. Seitdem ich arbeite, habe ich mir unter dem Vorwand des Fit-Bleibens angewöhnt, Unmengen an Kaffee in mich hineinzuschütten. Wir beginnen heute gleich mit den Prüfungsgebieten, die erfahrungsgemäß etwas Zeit beanspruchen. Parallel gehen wir mehrere Prüfungsgebiete an und holen die ersten Informationen ein. Die Auswertung und Bearbeitung erfolgt dann am späteren Abend, wenn die meisten Mitarbeiter des Mandanten schon wieder zu Hause sind. Solche Arbeiten lege ich immer gern auf den Abend, da ich dann mehr Ruhe habe. Der Montag ist der erwartet anstrengende Tag. Als ich abends in mein Hotelzimmer komme, bin ich froh, mich hinlegen zu können. Ich telefoniere noch kurz mit meiner Freundin und gehe schlafen.

Generell sind Mandate dieser Art prädestiniert für eine arbeitsame Woche. Was soll man auch machen außer arbeiten? Ich habe dort keine Freunde, ich kenne mich nicht aus und das Hotel hat keinen Fitnessraum, sondern nur eine Sauna. Und saunen mag ich nicht. Nach der Arbeit gehe ich oft mit den Kollegen dann noch ein Bier trinken oder etwas essen, wenn es die Zeit zulässt. Ansonsten sehe ich in solchen Orten nur den Weg vom Hotel zum Mandanten und zurück. Meine besten Freunde sind dann der Fernseher und mein gerade aktuelles Buch. In Phasen der »Hoteljobs« komme ich viel häufiger zum Lesen eines guten Buches. Einen Vorteil muss es ja geben!

IV. Typischer Wochenablauf eines Prüfungsleiters

Vor einiger Zeit habe ich als Prüfungsleiter ein größeres Prüfungsmandat übernommen. Dies bedeutet Hotel über längere Zeit für das Team und mich. Das Prüfungsteam besteht aus drei bis sechs Kollegen inklusive mir. Die Anzahl der Kollegen wechselt wöchentlich, da immer wieder welche abgezogen werden, deren Wegfall ich operativ und organisatorisch kompensieren muss.

Markus, berichtet von einer typischen Woche als Prüfungsleiter bei einer Big-Four-WP-Gesellschaft.

Am Montag fahren wir normalerweise mit dem gleichen Zug zu unserem Mandanten nach Hannover, immer erster Wagen direkt hinter dem Triebkopf. Angekommen beim Mandanten baue ich erst einmal meinen Laptop auf und packe meine Prüferausrüstung aus. Danach ist es an mir, eine kurze Runde bei den wichtigsten Ansprechpartnern des Mandanten zu machen und mein übliches »Wir wären dann wieder da« verlauten zu lassen. Neben dem Smalltalk, wie das Wochenende war und dass das Wetter leider wieder viel zu schlecht war, frage ich auch nach dem Bearbeitungsstand unserer Anforderungen der Vorwoche und nehme Unterlagen und Informationen mit, die ich anschließend im Prüfungsteam verteile.

Jetzt ist es ca. 11 Uhr am Montag. Zu dieser Zeit führen wir im Team immer eine kurze Besprechung durch, in der ich mir einen Überblick über den Bearbeitungsstand verschaffe und wir anstehende Termine sowie wichtige Aufgaben der Woche besprechen. Anschließend bereite ich die Agenda für den Jour Fixe am Dienstag vor, den wir wöchentlich mit den wichtigsten Vertretern des Mandanten abhalten. Jetzt bin ich fertig und kann den Entwurf an meine Manager und Partner verschicken, diese Woche haben wir nicht viel zu besprechen. Den Nachmittag verbringe ich damit, selbst einige Gebiete zu prüfen bzw. die Arbeitspapiere des Teams zu »reviewen«.

Unter der Woche verabreden wir uns um 7 Uhr zum gemeinsamen Frühstück. Ich schaffe es aber meist nicht, sodass ich erst um 7.50 Uhr in der Hotellobby eintreffe und dort die Kollegen treffe. Wir fahren dann gemeinsam mit dem Taxi zum Mandanten, da nicht jeder einzeln dort eintreffen soll. Als Prüfungsleiter hat man nicht nur die Aufgabe, fachlich und organisatorisch das Team anzuleiten, sondern auch die aufgelaufenen Kosten und Stunden im Auge zu behalten. Das bedeutet, keine unnötigen Taxifahrten für das Team.

Heute kommen unsere Chefs, ein Partner und zwei Manager, zum Jour Fixe. Es wird also anstrengend. Ich werde heute acht Stunden auf »Eigenverwaltung« verbuchen, da ich zunächst die Themen der Agenda erläutern muss, dann am Jour Fixe teilnehme, das Protokoll verfasse und danach erläutern muss, wie der Bearbeitungsstand ist und welche wesentlichen Probleme beim Prüfungsablauf aufgetreten sind. Gegen 15.30 Uhr fahren unsere Chefs wieder, da wird es dann auch für uns wieder ruhiger. Ich gehe erstmal eine rauchen und einen Kaffee trinken.

Der Rest der Woche verläuft dann eher ruhiger, wenn auch sehr geschäftig im Team. Ich nehme immer wieder Unterlagen in Empfang und verteile sie im Team. Fragen zu auftretenden Problemen und Feststellungen werden an mich herangetragen und ich leite die Kollegen an, wie sie weiter vorzugehen haben. Zeit, um selbst operativ Prüfungsgebiete zu übernehmen, bleibt bei einem Team dieser Größenordnung nur selten.

Aufgrund der Länge der Prüfung und der Zusammensetzung des Teams hat es sich bei uns eingebürgert, dass wir mittwochs gemeinsam zunächst etwas essen gehen und dann noch auf die Ü30-Party in der Nähe unseres Hotels gehen. Das sind immer lange Abende. Die Donnerstage sind dementsprechend ruhige Arbeitstage, an denen jeder froh ist, abends um 20 Uhr in seinem Hotelzimmer zu sein. Das Ende der Arbeitswoche stellt für uns der Freitag dar, der Zug fährt um 15.30 Uhr ab. Einen Office Day oder ähnliches gibt es bei uns nicht.

V. Vorbereitung WP-/StB-Examen

1. No Pain – No Gain

Für mich war schon beim Einstellungsgespräch klar, dass ich auf jeden Fall das WP-Examen angehen werde. Von vielen Kollegen weiß ich, dass sie beim Einstieg »erstmal gucken« wollten, ob der Beruf für sie das Richtige ist. Zu dieser Kategorie gehörte ich nicht.

Bei meiner WP-Gesellschaft gibt es eine klare Regelung für die Vorbereitung zum WP-Examen. Es wird ein finanzielles Budget von rd. 12.000 Euro für die Vorbereitung zum WP- und Steuerberater-Examen einmalig zur Verfügung gestellt. Davon kann man sich im Vorfeld der Examina Urlaub kaufen. An meinem Monatsgehalt gemessen, läuft das auf rd. vier Monate Urlaub raus. Die sind viel wert vor solch einem Examen.

Christina, Senior Associate bei einer Big-Four-WP-Gesellschaft, berichtet von ihrer Vorbereitung auf das schriftliche WP-Examen.

Nach ungefähr drei Jahren in der Prüfung bin ich dann das Steuerberater-Examen angegangen. Hierfür habe ich 2.000 Euro meines Budgets verbraten. Leider bin ich durchgefallen. Daraufhin habe ich mich dazu entschlossen, das WP-Examen als sog. volles WP-Examen, d. h. mit zwei Prüfungen in Prüfungswesen, zwei in Steuerrecht, zwei in BWL/VWL und einer in Wirtschaftsrecht zu absolvieren. Das war dann nach fünf Prüferjahren.

Es existieren zwei Examenstermine, einer im Februar und einer im August. In der Regel ist aber der August-Termin der relevante, weil die WP-Gesellschaften während der Busy Season im Februar ihre Mitarbeiter nicht für das WP-Examen freistellen. Also habe ich mich für den August-Termin etwa sechs Monate vorher angemeldet. Meine Freistellung sollte im Mai, also drei Monate vor dem Examen erfolgen. Die Vorbereitung auf das WP-Examen begann aber schon ungefähr ein Jahr vor dem WP-Examen. Da ich aber nebenher noch regulär gearbeitet habe, konnte ich zunächst nur regelmäßig samstags, ab und zu auch sonntags lernen. Das erste Themengebiet, das ich mir angeguckt habe, waren die IDW-Prüfungsstandards. Meines Erachtens liegt der Knackpunkt im WP-Examen in den Klausuren zum Prüfungswesen, deshalb habe ich mit diesem Thema angefangen. Generell sah meine Gewichtung beim Lernen folgendermaßen aus: 60 Prozent Prüfungswesen, 20 Prozent Recht, 10 Prozent BWL/VWL und 10 Prozent Steuern. Dazu muss ich sagen, dass ich als Diplom-Kauffrau die Fächer

BWL und VWL eher untergewichtet habe; bei einem Jurist sieht das voraussichtlich anders aus. Zudem hatte ich ja noch die Kenntnisse aus meiner Vorbereitung auf das Steuerberater-Examen.

Parallel zum Aneignen der Prüfungsstandards habe ich ab Oktober noch einen Fernkurs eines bekannten Anbieters belegt. Schwerpunktmäßig ging es da für mich um die Bilanzierung nach HGB und IFRS, ein Gebiet, auf dem ich mich aber eigentlich schon sehr sicher fühlte. Während der Busy Season kam ich dann eher selten zum Lernen, was aber auch so einkalkuliert war. Glücklicherweise ging meine Busy Season nicht allzu lange, sodass ich Ende Februar schnell wieder das Lernen aufnehmen konnte. Bei den Mandaten in den folgenden Monaten hatte ich sehr verständnisvolle Kollegen. Es war mir oft möglich, auch mal um 16 Uhr zu gehen, um zu lernen. Das passiert durchaus häufiger, dass einem dann Kollegen, die eben nicht in der Examensvorbereitung stecken, Arbeit abnehmen. Eine Garantie gibt es dafür natürlich nicht. Wenn ich dann um 16 Uhr nach Hause gekommen bin, habe ich dann meist bis 19 oder 20 Uhr gelernt. Das Konzept meiner Kollegin, um 5 Uhr morgens aufzustehen und (statt abends) vor der Arbeit zu lernen, wäre auf Dauer für mich nichts gewesen.

Einen zusätzlichen Vorbereitungskurs habe ich dann ab März in Recht genommen. Dieser fand immer am Wochenende statt. Diese Kurse sind alle Frontalunterricht und dauern den ganzen Tag. Abends war ich da auch nicht mehr aufnahmefähig. Insgesamt beliefen sich die Kosten für meine Vorbereitungskurse auf 7.000 Euro. Dann kam ab Mai die Freistellung. In dieser Zeit habe ich quasi durchgelernt. Wenn es schlecht lief, vier Stunden, wenn es gut lief, bis zu elf Stunden. Das war mein Maximum.

Allgemein muss man sagen, dass diese Zeit sehr belastend für einen selbst und das persönliche Umfeld ist. Der Partner muss schon verstehen, warum und wofür man das macht. Ich hatte mit meinem Partner eine Übereinkunft, dass dieser alle organisatorischen Aufgaben übernahm, sodass ich mich ungestört vorbereiten konnte. Während der Lernphase entwickelt man auch ein paar Marotten. Ich habe zum Beispiel immer den Antennenstecker von meinem Fernseher herausgezogen, um der Verlockung zu widerstehen, mich einfach auf die Couch zu legen und per Fernbedienung den Fernseher anzuschalten. Wenn man mit Freunden ausgeht, ist das zwar entspannend, aber das Examen war immer im Hinterkopf. Gedanken wie »Samstag ist doch mein Lerntag, ich muss heute früh ins Bett« waren an der Tagesordnung. Ich habe auch kaum jemanden kennengelernt, der da vollständig abschalten konnte.

Mein WP-Examen lief eigentlich zufriedenstellend. Jetzt warte ich auf die Ergebnisse der schriftlichen Prüfung und bin schon gespannt auf die mündliche Prüfung, die im Dezember ansteht.

2. Der Voll-WP

Nach drei Jahren in der Prüferpraxis stellte sich auch für mich die Frage nach den Berufsexamen. Ich musste mir überlegen, ob ich zunächst zum Steuerberaterexamen und dann zum WP-Examen oder gleich zum Voll-WP antreten wollte. Ich habe mich dann dagegen entschieden, zunächst zum Steuerberaterexamen anzutreten, da mir dieser Weg zu lange und zu aufwendig erschien. Diese finanzielle und zeitliche Zusatzbelastung wollte ich mir ersparen. Also habe ich mich für die harte Tour, nämlich den Voll-WP, entschieden.

> **Rudi, Senior Associate bei einer Big-Four-WP-Gesellschaft,** berichtet von seinen Erlebnissen bei der Vorbereitung auf das schriftliche und mündliche Voll-WP-Examen.

Meine Vorbereitung auf das WP-Examen für den August-Termin 2009 begann im Wesentlichen mit der Freistellung im März 2009. Ich hatte mir schon (und zwar bereits im August des Vorjahres) die Lernunterlagen von einem der einschlägigen Anbieter zukommen lassen. Diese habe ich dann auch sporadisch mal aufgeschlagen. Bis zum Beginn meiner Freistellung hatte ich aber praktisch nichts geschafft. Also hieß es für mich ranklotzen. Ich habe mir zuerst einen Lernplan gemacht und mal geschaut, wie intensiv ich die Lernerei betreiben müsste, um bis zum Termin im August hinzukommen. Ich habe festgestellt, dass ich mit einer 40-Stunden-Woche und freien Wochenenden wohl nicht hinkommen würde. Da ich aber das Examen unbedingt schaffen wollte, habe ich in der Zeit der Vorbereitung praktisch vollständig auf meine sozialen Kontakte verzichtet und mich hinter dem Schreibtisch verkrochen. Im Durchschnitt waren es dann locker elf Stunden täglich, mit einem freien Sonntag in der Woche. Wie gesagt, es war die harte Tour.

Das volle WP-Examen besteht aus den vier bekannten Fächern und insgesamt sieben Klausuren. Diese erstrecken sich über drei Wochen. Davon fanden die beiden Klausuren in Prüfungswesen in der ersten Woche, die zwei in BWL/VWL und die eine in Wirtschaftsrecht in der zweiten Woche und die beiden Klausuren in Steuerrecht in der letzten Woche statt. Dies erwähne ich nicht ohne Grund. Ich habe mit dem Lernen für Steuerrecht und Jura angefangen, da ich für diese Fächer mit der meisten Vorbereitungszeit gerechnet habe. Danach habe ich mich auf die Fächer Prüfungswesen und BWL/VWL konzentriert. Hier konnte ich noch mein Wissen aus dem BWL-Studium nutzen. Die meiste Zeit habe ich jedoch, wie erwartet, für den Steuerteil verwandt. Und das, obwohl ich vor dem Studium bereits eine Ausbildung zum Steuerfachangestellten gemacht hatte und mir dieses Wissen ein Unmenge an Vorbereitungszeit erspart hatte. Einen der vielen Präsenzkurse zur Vorbereitung auf das WP-Examen habe ich grundsätzlich nicht besucht, da ich ein »Eigenlerner« bin. Die einzige Veranstaltung, die ich besucht habe, war eine Art Intensivtraining. Dort wurde nochmals in kompakter Form der gesamte Stoff des WP-Examens schwerpunktmäßig durchgenommen. Freie Wochenenden gab es auch hier nicht.

Die Klausuren verliefen dann sehr gut. Danach begann aber das große Warten auf die Noten. Mitte Oktober hatte ich dann von den ersten Kollegen gehört, dass sie einen Brief von der Wirtschaftsprüferkammer bekommen haben. Ich war erst später dran. Der Inhalt des Schreibens war dann eine Überraschung. Jura lief überragend, ich musste für die mündliche Prüfung nichts mehr vorbereiten. Sogar eine 5,0 hätte mir in diesem Fach nichts anhaben können. Steuerrecht war mit 4,0 besser als erwartet und BWL/VWL leicht überdurchschnittlich. Nur die Note im Fach Prüfungswesen war schlechter, als ich erwartet hatte. Mit diesen Noten hatte ich aber trotzdem eine gute Voraussetzung, um in der mündlichen Prüfung zu bestehen.

Jura war notenmäßig gelaufen, das Risiko in BWL/VWL in der mündlichen Prüfung konnte ich mit einer guten Vorbereitung minimieren. Prüfungswesen ist mein Fach gewesen, das musste ich dann wohl aber dann noch mal beweisen. Prüfungswesen kannte ich ja aus der Prüfungspraxis, sodass dieses Fach im Bereich des Basiswissens entschieden wurde. Hier war ich gut, nur der »Besinnungsaufsatz« im schriftlichen Teil lag mir wohl nicht so. Steuerrecht konnte jedoch gerade im mündlichen Teil schwierig werden, da hier auch mit guter Vorbereitung der Erfolg nicht garantiert ist.

Die Einladung zur mündlichen Prüfung kam ca. vier Wochen vor meinem Termin. Somit hatte ich genug Zeit, mich auf die Eigenheiten der Prüfungskommission einzustellen. Hierfür hatte ich mir von einem Anbieter für die Mitglieder meiner Prüfungskommission Gedächtnisprotokolle der Prüflinge der vergangenen Jahre besorgt. Da konnte ich dann schon mal Eigenheiten dieser Herrn sehen und abschätzen, wo ich den Fokus in der verbleibenden Vorbereitung legen musste. Jedoch gab es auch gänzlich unbeschriebene »Blätter«. Gelernt für die mündliche Prüfung hatte ich eh schon. Ich war ziemlich froh darüber, den Vormittagstermin erwischt zu haben. Ich hätte keine Lust gehabt, die Zeit bis zum Nachmittag mit nervösem Warten zu verbringen. Um 8.30 Uhr ging es los. An jeder mündlichen Prüfung nehmen drei bis vier Prüflinge teil, bei mir waren es drei.

Pro Fach (gleiche Fächer wie in der schriftlichen Prüfung) wird ein Thema ausgehändigt. Von diesen vier Themen muss eines ausgewählt werden, zu dem ein Vortrag gehalten wird. Das Thema im Fach Prüfungswesen war eines der Themen, die ich vorbereitet hatte. Ich sollte über Änderungsvorschriften für HGB und IFRS referieren. Eines der Kommissionsmitglieder war wohl stark erkältet und dadurch schwerhörig geworden. Er beugte sich immer vornüber und faltete seine Handfläche zu einem Trichter, den er an sein rechtes Ohr hielt. Im Vortrag hatte ich dadurch immer das Gefühl, zu leise zu sprechen, das hatte mich jetzt nicht unbedingt beruhigt. Der Vortrag soll zehn Minuten dauern, nach elf Minuten wird abgebrochen. Es beginnt mit einer kurzen Gliederung, dann geht es richtig los. Die Prüfer

---

Stichwort:
Besinnungsaufsatz
Der verächtlich als »Besinnungsaufsatz« bei WP-Examenskandidaten bekannte Aufgabentypus ist ähnlich einem Aufsatzthema aus dem Deutschunterricht am Gymnasium: »Beschreiben Sie die Prüfung des Personalbereiches« oder ähnliches. Genau eingrenzen kann das Thema meist niemand. Daher weiß auch niemand genau, was der Korrektor an Inhalt genau erwartet.

unterbrechen nicht, sodass das Ganze einem Monolog nahekommt. Bei mir lief es reibungslos. Nach mir kamen die anderen Kandidaten an die Reihe, die das gleiche Thema gewählt hatten wie ich. Ich denke die Prüfungskommission hatte beim zweiten Prüfling schon keine Lust mehr, es noch mal zu hören.

Nach den Vorträgen setzen sich die Prüfer zusammen und beraten über die Noten. Die Prüflinge gehen vor die Tür und dürfen eine rauchen oder etwas trinken. Bei uns hatten sich die Mitarbeiter der WP-Kammer etwas um uns gekümmert und versucht, uns die Nervosität zu nehmen. Die Pausen dauern ca. 15 Minuten. Es folgen die mündlichen Prüfungen in den vier Fächern. Wir drei Kandidaten sind dabei alle gleichzeitig dran. Die Prüfungen dauerten eine gefühlte Ewigkeit. Jeder Kandidat wird dabei einzeln in einer Prüfung rd. ein Drittel der Zeit befragt. Ich musste feststellen, dass manche Prüfer sehr protokolltreu blieben, während andere komplett neue Fragen stellten. Zur Atmosphäre in der mündlichen Prüfung muss ich sagen, dass es insgesamt ziemlich nervig ist. Man erhält kaum Feedback von den Prüfern. Am Ende, so gegen 14 Uhr, wurden wir dann einzeln in den Prüfungsraum gerufen, wo uns die Noten bekannt gegeben wurden. Ich hatte bestanden, obwohl ich mich nach dem Steuerteil schon auf eine Ehrenrunde eingestellt hatte. Eine Last fiel von mir ab und ich fuhr mit der U-Bahn wie in Trance nach Hause.

3. Alles Steuern, oder was?

Mit Beginn meiner Arbeit bei einer WP-Gesellschaft war für mich klar, dass ich später das Steuerberaterexamen ablegen würde. Über die genaueren Voraussetzungen und Bedingungen hatte ich mich schon während des Studiums informiert. Die konkrete Planung des Steuerberaters begann eigentlich schon in meinem ersten Berufsjahr. Der grobe Rahmen und die ungefähren Zeiträume für Freistellung und Vorbereitung sowie die Prüfung wurden geplant. Ich musste mir im Vorfeld den Freistellungszeitraum und auch die Förderung, die mir mein Arbeitgeber zufließen lässt, genehmigen lassen. Das war aber eine reine Formsache.

Frank, Senior Associate bei einer Big-Four-WP-Gesellschaft, berichtet von seiner Vorbereitung zum schriftlichen und mündlichen Steuerberaterexamen.

Schwieriger gestaltete sich schon eher die Wahl der richtigen Vorbereitung. Ich konnte wählen zwischen Fern- und Präsenzkursen, d. h. zwischen Kursen, die berufsbegleitend ca. zwölf Monate laufen, oder einem Blockkurs, der nur einige Wochen dauert und komprimiert das gesamte notwendige Wissen vermittelt. Schlussendlich habe ich mich für den Blockkurs entschieden. Die Entscheidung fiel mir sehr leicht. Ich arbeitete in Düsseldorf und der Blockkurs wurde in Berlin durchgeführt. Ich konnte also für die Zeit der Vorbereitung nach Berlin ziehen, in die Stadt, aus der ich komme und wo ich noch viele Freunde habe. Daher war diese Variante für mich optimal. In der Zeit der Freistellung habe ich praktisch keine beruflichen Verpflichtungen gehabt und musste nicht am Sitz meiner Niederlassung verfügbar sein.

Die Vorbereitung selbst hat sich dann als schwieriger und härter erwiesen als ursprünglich vorgestellt. Die Kurse waren vollgepackt mit Inhalten, die im Anschluss nachbereitet werden mussten. Dieses Lernpensum war um ein Vielfaches umfangreicher als das zu meiner Diplomprüfung. Treffen mit Freunden waren nur noch sporadisch möglich.

Der Prüfungszeitraum war nicht länger als eine Woche, und diese Woche war ausgesprochen schnell herum. Danach bin ich zurück nach Berlin gefahren und habe mich dann erstmal mit meinen Freunden getroffen, um alles nachzuholen, was in den Wochen zuvor auf der Strecke geblieben war. Diese paar Tage habe ich auch gebraucht, da ich in der folgenden Woche gleich wieder in die Arbeit eingestiegen bin.

Ich fragte mich natürlich, wie ich abgeschnitten habe und ob ich wohl durchgekommen bin. Ich habe meine Antworten mit denen der Kollegen verglichen und wir haben uns über die Fragen unterhalten. Das hat natürlich nicht unbedingt zu meiner Beruhigung beigetragen. Je näher der Zeitraum kam, in dem die Ergebnisse verschickt werden sollten, desto nervöser wurde ich. Als ich dann endlich den Brief öffnete, fiel mir ein großer Stein vom Herzen. Ich hatte es geschafft! Ich hatte sogar so gut abgeschnitten, dass ich mir um das Ergebnis der mündlichen Prüfung keine großen Sorgen mehr machen musste.

Zur Vorbereitung der mündlichen Prüfung gab es dann wieder einige Tage Freistellungszeit. Die mündliche Prüfung war nach dem Ergebnis, das ich im schriftlichen Teil erreicht hatte, keine wirkliche Hürde mehr. Ich war Steuerberater und konnte mich nun bestellen lassen. Leider wirkte sich der Titel nicht direkt auf mein Gehalt aus. Allerdings habe ich mir die Vorbereitung und Prüfung zum Wirtschaftsprüfer wesentlich erleichtert. Diese Prüfung steht nächstes Jahr an.

VI. Promotion

Christoph, Audit-Associate bei einer Big-Four-WP-Gesellschaft und Doktorand, berichtet von seinen Erfahrungen während der Promotionsphase.

Zu Studienzeiten hatte ich bereits ein Praktikum in der Wirtschaftsprüfung absolviert. Die Branche fand ich ausgesprochen interessant und konnte mir bereits damals gut vorstellen, dort später zu arbeiten. Darüber hinaus hatte ich bereits oft mit dem Gedanken gespielt, im Anschluss an mein Studium noch eine Promotion »drauf«zusetzen.

Die ersten Informationen zur Promotion hatte ich während meines Praktikums eingeholt. Ich habe mich erkundigt, wie die Förderung durch die WP-Gesellschaft konkret aussehen könnte. Auch hatte ich mich schon mal umgehört, welche Themen in der Praxis gerade aktuell sind, mit denen ich vielleicht punkten könnte. Als ich dann mit meinem Studium praktisch fertig war, habe ich mich wieder in der Wirtschaftsprüfung beworben, diesmal verbunden mit dem Ziel, meine Promotion als Angestellter zu schreiben.

Mein Einstieg sah erstmal nicht anders aus als bei meinen Kollegen. Es waren die gleichen Schulungen und Aufgaben, die ich besuchte und wahrnahm. Nach der ersten Saison ging ich dann einen anderen Weg. Während meine Kollegen weiterarbeiten, kam meine erste planmäßige Freistellungsphase. Sieben Monate hatte ich jetzt Zeit und ich fühlte mich wieder wie ein Student. Zunächst musste ich mein Thema konkretisieren und dieses dann mit meinem Chef und meinem Doktorvater besprechen. Die Suche nach einem Doktorvater war in meinem Falle einfach, da ich von dem Rechnungslegungsprofessor meiner Uni wusste, dass dieser schon öfter Promotionen von Mitarbeitern meines Arbeitgebers betreut hatte. Also hatte ich ihn gefragt und erhielt seine Zusage.

Bei der Erstellung des empirischen Teils meiner Dissertation konnte ich auf die Hilfe meiner Vorgesetzten bauen. Sofern ich Informationen, Daten oder einfach Input zu bestimmten Themen benötigte, stieß ich bei ihnen meist auf Unterstützung und Hilfe. Das Schreiben meiner Promotion in den Monaten der Freistellung ging daher sehr zügig voran. Ein »Ausfransen« der Freistellungszeit gab es bei mir im Gegensatz zu anderen Kollegen nicht. Diese hatten zu Beginn und Ende des Freistellungszeitraumes immer wieder einzelne Arbeitswochen, in denen sie dann ausgerechnet unabkömmlich waren. Dieser gleitende Übergang war mir fremd, da meine Mandantenstruktur glücklicherweise meine Pläne unterstützte.

Es war immer eine ganz besondere Herausforderung, nach der Arbeitsphase wieder in das Promotionsthema einzusteigen. Ich habe mir immer vorgenommen, auch während der Arbeitsphasen an meiner Dissertation weiterzuarbeiten, doch hat sich dies im Nachhinein als Utopie erwiesen. Die Arbeitsphasen lagen in der arbeitsreichen Busy Season, dadurch hatte ich abends und am Wochenende wenig Lust, mich noch zusätzlich an meine Promotion zu setzen. Im letzten Jahr konnte ich die Promotion abschließen und warte nunmehr auf ihre Beurteilung. Meine dritte Phase hat natürlich nicht ausgereicht, um sie abzuschließen. Letzte Restarbeiten musste ich dann erledigen, als ich schon wieder voll eingesetzt wurde.

VII. Aussteiger
1. Ab ins Controlling

Die WP-Branche unterliegt bekanntermaßen einer hohen Fluktuation. Dies bedeutet, dass überdurchschnittlich viele Mitarbeiter ihre WP-Gesellschaft nach drei bis sieben Berufsjahren verlassen, um entweder in die Industrie oder zu einer anderen WP-Gesellschaft zu wechseln. Das sind die beiden häufigsten Fälle. Der Wechsel in die Industrie erfolgt häufiger bei Leuten, die vor dem WP-Examen nach drei bis vier Jahren in der Praxis die WP-Gesellschaft verlassen, während diejenigen mit abgelegtem WP-Examen eher zu einer

Michael, ehemaliger Senior Associate bei einer Big-Four-WP-Gesellschaft, berichtet von seinem Ausstieg aus der WP-Branche.

anderen WP-Gesellschaft wechseln, bspw. um dort zum Partner aufzusteigen. In Zeiten anziehender Konjunktur, wenn die Industrieunternehmen vermehrt (höherqualifizierte) Young Professionals nachfragen und einstellen, macht sich dies besonders in einem Mitarbeiteraderlass bei den WP-Gesellschaften bemerkbar. Im Sommer ist dann die große Kündigungszeit. Die meisten kündigen zum 30.09. eines Jahres, also vor der neu beginnenden Busy Season. Dies bedeutet, dass drei Monate vorher, gegen Ende Juni, sich die Mitarbeiter beim Personalpartner und/oder -büro die Klinke in die Hand geben, um ihre Kündigung zu vollziehen. Als verbleibender Mitarbeiter erhält man zu dieser Zeit jeden Tag E-Mails von (bald ehemaligen) Kollegen, die sich verabschieden wollen.

Ich bin in die Industrie gewechselt. Wie es dazu kam? Nun, nach drei Jahren in der Prüfung stand ich vor den folgenden drei Optionen:

1. In der Prüfung bleiben, ins WP-Examen gehen und dann Karriere in der Wirtschaftsprüfung machen.
2. In die Transaction Services-Abteilung wechseln, keinen WP machen, etwas mehr arbeiten und verdienen.
3. In die Industrie wechseln.

Eigentlich waren nur die Nummern 1 und 2 echte Optionen. Für Nummer 1 sprach, dass ich mich mit dem für mich zuständigen Partner sehr gut verstanden habe und ich auf vielen seiner Mandate tätig war. Außerdem hatte mein Partner karrieremäßig sehr gute Aussichten innerhalb der WP-Gesellschaft, sodass er mich nach oben hätte »mitziehen« können. Gleichzeitig habe ich jedoch ab dem dritten Jahr in der Prüfung immer wieder nach Jobs in der Industrie Ausschau gehalten. Die höhere Position und das höhere Gehalt waren Anreize, zu gehen. Hinzu kamen der ständige Zeitdruck durch die Projektarbeit, die Reisetätigkeit und der beschwerliche Weg bei einer WP-Gesellschaft nach oben. Zu dem beschwerlichen Weg zähle ich zum einen das WP-Examen; ohne dieses läuft einfach nichts bei einer WP-Gesellschaft. Zum anderen verkennen viele, dass es nach dem WP-Examen nicht nur steil bergauf geht. Bei meiner (ehemaligen) WP-Gesellschaft gibt es vor dem Aufstieg vom Manager zum Senior Manager sowie vom Senior Manager zum Partner firmeninterne Assessment Center. Diese sind gefürchtet. Kollegen, die diese durchlaufen haben, standen nach den zwei Tagen Assessment Center völlig neben sich. Man wird schön in die Mangel genommen. Es sind auch firmenfremde Psychologen anwesend, die dann mit entscheiden über deine berufliche Zukunft, nachdem man sich sieben bis acht Jahre für die Firma aufgeopfert hat.

Ich hatte also schon einige Angebote sondiert, es war aber noch nicht das richtige dabei. Meine Kollegen wussten im Übrigen Bescheid, dass ich wechselwillig war. Wenn man mit den gleichen Leuten mehrere Wochen lang jeden Arbeitstag verbringt, dann merken die schnell, wie man tickt. Auch mit meinem Partner hatte ich ein offenes Gespräch geführt, in dem ich ihm mitteilte, dass ich bei einem guten Angebot gehen würde. Da die Zeit weiter voran schritt, habe ich mich dann firmenintern für das WP-Examen angemeldet, d. h. meine Freistellungszeit beantragt. Ich tanzte also nach wie vor auf zwei Hochzeiten, Wechsel oder WP-Examen! Zwei Wochen später trat dann ein ehemaliger Mitarbeiter meiner WP-Gesellschaft an mich heran, der inzwischen CFO bei einem mittelständischen Unternehmen war. Er machte mir ein lukratives Angebot im Controlling seines Unternehmens: Mehr Fixgehalt, mehr Bonus, Firmenwagen, weniger strenge Deadlines, die beachtet werden müssen, und weniger Reisetätigkeit! Ich nahm an. Allein das Ziel »weniger Arbeit« konnte ich hier nicht erreichen.

2. Vielleicht ist Private Equity besser für mich

Nach meinem Studium habe mich von der Wirtschaftsprüfungsbranche überzeugen lassen und ca. vier Jahre gerne bei einer Big-Four-WP-Gesellschaft gearbeitet. Nach einem einjährigen Auslandsaufenthalt in dieser Zeit bin ich wieder zurück nach Deutschland gekommen. Das Jahr hat mir viel Spaß gemacht und mich beruflich durchaus auch weiter gebracht.

Reinhard, Consultant bei einem Unternehmen der Private Equity-Branche, berichtet von seinem Wechsel.

Das WP-Examen bin ich direkt nach diesem Auslandsjahr angegangen. Die Vorbereitung lief sehr gut. Die Vornoten aus der schriftlichen Prüfung waren auch ordentlich, sodass ich mir berechtigte Hoffnungen machen konnte, auch im mündlichen Examen bestehen zu können. Leider lief die Prüfung für mich sehr schlecht, ich bin am Steuerteil gescheitert. Allerdings hatte ich schon im Voraus einen Plan B ausgearbeitet, falls es mit dem WP-Titel nicht klappen sollte. Ich habe mir die Sache gut überlegt und mich dazu entschieden die Abteilung innerhalb der WP-Gesellschaft zu wechseln. Ein mir bekannter Partner hatte mich angesprochen, da die Beratungsabteilung gerade Leute wie mich suchte. Karriere konnte ich dort auch ohne den Titel machen, sodass ich nicht allzu lange überlegen musste. Nichtsdestotrotz habe ich die Augen und Ohren offen gehalten und immer wieder die Jobbörsen und Suchanzeigen in der Zeitung beobachtet. Dadurch stieß ich irgendwann auf die Stellenanzeige einer Private Equity-Firma, die gerade jemanden mit meinem Profil (eine »Junior«-Position) suchten. Es handelte sich um eine Private Equity-Gesellschaft aus Frankreich, die in der Schweiz einen Sitz hatte. Aufgrund meines Auslandsjahres in Frankreich bot ich daher beste Voraussetzungen, um an den Job zu kommen. Ich habe mich beworben und nach zwei Gesprächen wurde mir ein Angebot gemacht, das ich nicht ablehnen konnte.

Ich brauchte kein Berufsexamen, konnte mein Wissen nutzen und mein Gehalt hat sich wesentlich verbessert. Da ich noch keine Familie hatte, legte ich keinen Wert darauf, regelmäßige Arbeitszeiten und »nur« eine 40-Stunden-Woche zu haben. Inhaltlich besteht meine Aufgabe darin, neue Targets zu checken. Das bedeutet für mich, viel Reisetätigkeit, Due Diligence-Prüfungen und durchaus auch mal Verhandlungen mit dem Targetunternehmen. Von Nutzen ist mir hier einerseits das fachliche Know-how, das ich in der Prüfungspraxis erlernt habe. Andererseits kann ich aber auch meine in der WP-Branche erlernten Kompetenzen wie z. B. die Kommunikation mit der Geschäftsführung oder das Projektmanagement einbringen. Ein weiterer Punkt, der mir zugute kam, war das Auslandsjahr. Dort habe ich gelernt, fachliche Diskussionen auf Englisch und Französisch zu führen. Da meine jetzige Tätigkeit mich oftmals ins Ausland führt, war dies sicherlich von entscheidender Bedeutung.

Die interne Perspektive sieht sehr gut für mich aus. Wenn alles glatt läuft und keine unvorhergesehenen Probleme auftauchen, besteht auch die Möglichkeit, Partner bei meinem neuen Arbeitgeber zu werden

3. Rechnungswesenleiter ist auch nicht schlecht

Martin, Leiter Rechnungswesen bei einem mittelständischen Unternehmen, berichtet von seinem Wechsel.

Nach sechs langen Jahren in der Wirtschaftsprüfung hatte ich mich entschlossen, endgültig Abschied von diesem Beruf zu nehmen. Zweimal bin ich zum WP-Examen angetreten und in beiden Fällen knapp an der mündlichen Prüfung gescheitert. Die Folge war, dass ich mir keine Hoffnung mehr auf eine weiterführende Karriere in der Wirtschaftsprüfung machen konnte. Ohne Titel kann man da einfach nicht dauerhaft arbeiten. Ich habe also mit meinem Chef gesprochen und wir haben gemeinsam überlegt, was ich machen könnte. Zum Glück hat dieser bereits in der Vergangenheit immer wieder ehemalige Kollegen in die Industrie vermittelt. Mein Schicksal ist durchaus häufiger bei den Big-Four-WP-Gesellschaften anzutreffen.

Nach dem vergeigten WP-Examen musste ich einen Plan B entwickeln. Dieser sah so aus, dass ich mit meinem Fachwissen in die Industrie gehen wollte. Fernziel war es, und ist es immer noch, in die Geschäftsführung eines Industrieunternehmens zu kommen. Der erste Schritt in diese Richtung führte für mich über das Rechnungswesen. Einer der Mandanten unserer WP-Gesellschaft, den ich jedoch nicht betreut hatte, suchte einen neuen Leiter Rechnungswesen. Das war eine Aufgabe, die sich für mich anbot und die mir einen Schritt in Richtung Industrie erlaubte.

Ich habe mich also beworben und ich verstand mich gleich super mit dem Geschäftsführer. Unproblematisch war es, dass ich die Branche nicht kannte. Man darf nicht vergessen, auch in der Prüfungspraxis musste ich mich immer wieder mit neuen Unternehmen und Branchen auseinandersetzen. Und bei dieser Festanstellung hatte ich wesentlich mehr Zeit, mich in das Unternehmen und die Branche einzuarbeiten als bei jeder bisherigen Prüfung.

Ich habe den Job bekommen und es nie bereut. Die Bezahlung ist wesentlich besser, ich habe regelmäßige Arbeitszeiten und manchmal auch einen Acht-Stunden-Tag. Reisetätigkeiten stellen die Ausnahme dar. Inhaltlich kümmere ich mich um die Erstellung der Einzelabschlüsse der Gruppe und des Konzernabschlusses nach HGB. Rund 20 Mitarbeiter sind mir disziplinarisch zugeteilt und die halten mich auf Trab! Auch bin ich der Ansprechpartner für den Wirtschaftsprüfer, sodass ich häufig meine alten Kollegen wiedersehe.

4. Manager ist schön, aber Industrie ist vielleicht schöner

Das WP-Examen habe ich erst bei meinem zweiten Anlauf bestanden, was aber nicht dramatisch war. Nach meinem WP-Examen wurde ich direkt zur Managerin befördert. Viele Kollegen haben mir bereits von dem Stress und der hohen Arbeitsbelastung erzählt, die diese Beförderung mit sich bringt. Das war bei mir grundsätzlich auch der Fall, allerdings hängt das auch immer von der Eigenorganisation ab. In dieser Zeit hatte ich selten einen Acht-Stunden-Tag. Ich habe mich aber trotzdem wohl bei meiner Arbeit gefühlt und hatte auch keine Ambitionen, zu wechseln.

Katharina, Leiterin Rechnungswesen einer Teileinheit bei einem DAX-Unternehmen, berichtet von ihrem Wechsel.

Eines Tages hat mich jedoch ein von mir betreuter Mandant angesprochen: Der Rechnungswesenleiter würde in einem Jahr in Rente gehen und sie suchen einen Nachfolger. Ich musste erst einmal darüber nachdenken. Wie gesagt, ich war sehr zufrieden mit meiner Tätigkeit als Managerin und hatte keine Wechselambitionen. Dann habe ich mal die beiden Stellen verglichen und überlegt, welche der beiden wohl besser meinen Wünschen entspricht.

Die Industrie zahlt besser, die Arbeitsbelastung ist geringer, die Reisetätigkeit ist ebenfalls geringer. In dieser Hinsicht war die Industrie die bessere Wahl. Wie sah es mit der Entwicklungsperspektive aus? Das Manager-Dasein machte aus meinem Blickwinkel nur Sinn, wenn die Partnerschaft ebenfalls möglich war. Das konnte ich schlecht einschätzen, allerdings hatte man sie mir grundsätzlich in Aussicht gestellt. Die Industrie bot mir eine Karriere im Bereich des Rechnungswesens. Wenn ich es geschickt anstellte, vielleicht auch bis in die Geschäftsführungsebene. Auf jeden Fall bietet sie mir aber eine bessere Vereinbarkeit von Familie und Beruf, schließlich wollte ich irgendwann eigene Kinder und auch sehen, wie diese aufwachsen. Ich habe mich also für die Industrie entschieden. Auch wenn mir der Abschied von der Prüfung schwer fiel, habe ich diese Entscheidung nie bereut.

Kapitel H: Unternehmensprofile

Die folgenden Unternehmensprofile und Informationen haben wir bei den führenden Wirtschaftsprüfergesellschaften angefragt, um Ihnen einen Überblick über die interessantesten Firmen der Branche zu geben. Sie zeigen Unterschiede und Gemeinsamkeiten der verschiedenen Player der WP-Branche auf und gehen auf Aspekte ein, die gerade für junge Berufseinsteiger von großer Relevanz sind.

Wir bedanken uns bei den teilnehmenden Unternehmen und ihren Mitarbeitern für ihre wertvollen Angaben und Insider-Tipps. Darüber hinaus bedanken wir uns für die finanzielle Unterstützung in Form der Anzeigenschaltungen. Damit das Insider-Dossier auch weiterhin der aktuellste und umfassendste Ratgeber zur Bewerbung in der Wirtschaftsprüfung bleibt, wird auch weiterhin eine neue Auflage erscheinen. Dieser redaktionelle Luxus einer Aktualisierung des Buches wäre ohne die Unterstützung der Unternehmen nicht möglich.

Tipp: Erwähnen Sie in Ihrer Bewerbung, dass Sie sich über squeaker.net bzw. mit dem Insider-Dossier informiert haben – so zeigen Sie, dass Sie Ihre Bewerbung ernst nehmen und sich vorbereitet haben. Darüber hinaus verweisen wir auf die weiteren und stets aktuellen Unternehmensprofile auf squeaker.net. Hier finden Sie zu vielen Unternehmen ergänzende Angaben, News, neue Erfahrungsberichte und Insider-Interviews.

Hinweis: Der einfacheren Lesbarkeit halber haben wir die Profile zu einer reinen Verwendung der männlichen Substantivform vereinheitlicht. Alle Unternehmen haben uns versichert, dass Sie sich natürlich gleichermaßen über weibliche wie männliche Bewerber und Kollegen freuen.

Ernst & Young

Ernst & Young GmbH Wirtschaftsprüfungsgesellschaft
Mittlerer Pfad 15
70499 Stuttgart
Tel.: +49 (0)6196 996 10005
www.de.ey.com

Wer bei Ernst & Young einsteigt, kommt zu einer der größten weltweit tätigen Prüfungs- und Beratungsgesellschaften mit 152.000 Mitarbeitern in über 140 Ländern. Die Vielfalt der Arbeitsbereiche und das internationale Ernst & Young-Netzwerk eröffnen für die Mitarbeiter Perspektiven und Freiräume für die berufliche Entwicklung weit über nationale Grenzen hinaus. Um unsere Kunden auch grenzüberschreitend optimal betreuen zu können, haben sich die Ernst & Young-Mitgliedsländer zu »Areas« zusammengeschlossen: Die Ernst & Young Mitgliedsunternehmen haben sich in Europa, Afrika, Indien und im Mittleren Osten zur EMEIA-Area organisiert. Sie sind über eine gemeinsame Infrastruktur miteinander vernetzt und stehen in engem gegenseitigen Wissensaustausch.

In Deutschland ist die Ernst & Young GmbH mit rund 7.000 Mitarbeitern in den Bereichen Wirtschaftsprüfung, Steuerberatung, Transaktionsberatung sowie Advisory Services eine der bedeutendsten Prüfungs- und Beratungsgesellschaften. Wir prüfen und beraten nationale und internationale Unternehmen aller Größen und Rechtsformen. Unsere Mandanten kommen dabei aus den unterschiedlichsten Branchen wie Medien, Telekommunikation, Automobilindustrie, Banken, Industrie und Handel.

Ein wesentlicher Erfolgsfaktor unseres Unternehmens ist unsere Knowledge-Sharing-Kultur. Die Bereitschaft, Wissen verfügbar zu machen und mit anderen zu teilen, steigert den Wissensstand jedes Einzelnen und damit den Mehrwert unseres Unternehmens insgesamt. Unser Center for Business Knowledge unterstützt diese Kultur mit modernster Informationstechnologie.

Karrieremöglichkeiten

Hochschulabsolventen bieten sich in allen Unternehmensbereichen hervorragende Karrieremöglichkeiten. Denn bei uns können die Mitarbeiter mit ihren Aufgaben wachsen, lernen, sich entwickeln.

Prüfung und Beratung ist eine Wachstumsbranche. Einsteiger profitieren davon mit attraktiven Einstiegsgehältern und hervorragenden Entwicklungs- und Aufstiegsmöglichkeiten.

Vom ersten Tag an übernehmen die Mitarbeiter Verantwortung durch ein gezieltes Training-on-the-job. Erfahrene Kollegen fördern die Selbstständigkeit und ermutigen jeden auf dem Weg nach oben und bei der Entwicklung zu einer Führungskraft mit eigenem Charakter. Schritt für Schritt gehen unsere Mitarbeiter dabei immer umfangreichere und verantwortungsvollere Projekte an.

Um Ernst & Young schon während des Studiums kennen zu lernen bietet sich ein Praktikum bei uns an. Diese sind ganzjährig in allen Fachbereichen deutschlandweit möglich und bieten die optimale Gelegenheit schon frühzeitig wertvolle Praxiserfahrungen zu sammeln. Unsere Praktikanten werden eingesetzt wie jeder andere Mitarbeiter auch. Sie begleiten uns auf Dienstreisen und arbeiten mit uns beim Mandanten vor Ort, lernen typische Tätigkeitsfelder kennen und werden mit entsprechenden Aufgaben betraut.

Die Mindestdauer für ein Praktikum liegt bei sechs Wochen. Ein Studium im Bereich Wirtschaftswissenschaften bzw. adäquate Leistungspunkte und gute Englisch-Kenntnisse sind hier, neben der ebenso wichtigen Sozialkompetenz, Voraussetzung. Praktikanten, die uns durch außergewöhnliches Engagement und herausragende Leistung überzeugen, bieten wir zusätzliche Entwicklungsmöglichkeiten: Die Aufnahme in unser Praktikantenförderprogramm Xperience.

Für den Einstieg als Hochschulabsolvent gibt es in sämtlichen Fachbereichen die Möglichkeit des Direkteinstiegs als Assistant. Darüber hinaus bieten wir das Trainee-Programm AuditPLUS in der Wirtschaftsprüfung an.

Trainees starten auf dem gleichen Karrierelevel wie die Assistants und durchlaufen auch dieselben Trainings. Ziel ist es, den Trainee im Rahmen des Trainee-Programms für seine weitere Karriere fit zu machen. Die Teilnehmer durchlaufen ein 19-monatiges Programm, das seinen Schwerpunkt in der praktischen Ausbildung in der Wirtschaftsprüfung hat. Darüber hinaus gibt es in Orientierungsphasen die Möglichkeit andere Fachbereiche im In- und Ausland kennen zu lernen. Der Bewerbungszeitraum für unser Trainee-Programm AuditPLUS läuft jährlich von März bis August, zum 1. September starten die Trainees bundesweit.

Hochschulabsolventen, die bereits genau wissen, was sie wollen und wo sie sich bei uns im Unternehmen sehen, sind die potenziellen Direkteinsteiger, die sich ganzjährig in allen Fachbereichen bewerben können.

Karriere-Entwicklung

In der Einarbeitungsphase macht sich der neue Mitarbeiter mit unseren Kunden, unserer Arbeitsweise, der Büroorganisation und unserem Dienstleistungsangebot vertraut. Der Assistant arbeitet in wechselnden Projektteams mit, bearbeitet bereits eigenverantwortlich unterschiedliche Aufträge und stellt sein fachliches Know-how sowie seine Team- und Kommunikationsfähigkeit unter Beweis. Natürlich wird jeder Einsteiger von erfahrenen Kollegen gecoacht. Entsprechend dem persönlichen Leistungsstand werden die Aufgaben und das Kunden- und Projektspektrum komplexer.

Als Senior übernimmt man bereits nach zwei bis drei Jahren erste Führungsverantwortung. Man steuert die Projektabwicklung vor Ort und entwickelt dabei seine fachliche und persönliche Kompetenz.

In der Position des Managers erhält man direkte Kundenverantwortung. Manager leiten parallel laufende Projekte und sind verantwortlich für die Kommunikation mit unseren Kunden.

Für Senior Manager gewinnen akquisitorische Aufgaben und die Personalentwicklung ihrer Mitarbeiter weiter an Gewicht. Im Zentrum der Tätigkeit stehen die Betreuung und der Ausbau der Kundenbeziehungen.

Wer Unternehmergeist, Persönlichkeit und die notwendige Erfahrung mitbringt, hat sogar die Chance, Partner und damit Miteigentümer des Unternehmens zu werden.

Anforderungsprofil

Wir suchen im kommenden Jahr 1.600 neue Mitarbeiter im Direkteinstieg. Darüber hinaus beschäftigen wir jährlich ca. 700 Praktikanten. Hier sind Bewerber mit überdurchschnittlichen akademischen Leistungen, analytischen Fähigkeiten und Praxiserfahrungen gefragt. Daneben setzen wir vor allem auf soziale Kompetenz, Engagement, Flexibilität und Kreativität. Aufgrund unseres internationalen Netzwerkes sind gute Englischkenntnisse ebenso eine wichtige Voraussetzung.

Bezüglich der Fachrichtungen decken wir ein breites Spektrum ab. Absolventen mit den Schwerpunkten BWL, VWL, Jura, Wirtschaftsinformatik oder Informatik sind bei uns willkommen, aber auch Wirtschaftsingenieure, Wirtschaftsmathematiker und Mathematiker.

Bewerbungsverfahren

Aktuelle Stellenausschreibungen finden Sie in unserem Jobportal. Von hier aus können Sie sich online bei uns bewerben, was uns am liebsten ist, da wir Ihnen auf diese Weise möglichst schnell Antwort geben können.

Nachdem Ihre Bewerbung bei uns eingegangen ist, erhalten Sie eine Eingangsbestätigung und Ihre Login-Daten, durch die Sie sich jederzeit über den Stand Ihrer Bewerbung informieren können. Eventuell fordern wir Sie auf, weitere bzw. fehlende Unterlagen nachzureichen. Anschließend werden die Unterlagen nach der Erstsichtung durch Human Resources an den zuständigen Fachbereich weitergeleitet und dort eingehend geprüft.

Im Anschluss erwartet Sie ein persönliches Auswahlverfahren in der jeweiligen Niederlassung. Unsere Entscheidung für oder gegen eine Einstellung treffen wir auf Basis Ihrer Unterlagen und eines persönlichen Gesprächs. Selbstverständlich erstatten wir die üblichen Kosten für die Anreise zum Vorstellungsgespräch.

Bewerbungen bitte über: www.jobportal.de.ey.com

Bewerber-Kontakt
Employer Branding & Recruitment GSA (Germany, Switzerland, Austria)
Tel.: +49 (0)6196 996 10005
karriere@de.ey.com
Regionale Ansprechpartner:
www.de.ey.com/karriere

Mehr Insider-Informationen unter squeaker.net/ernst-young

KPMG

KPMG ist ein weltweites Netzwerk rechtlich selbstständiger, nationaler Firmen mit 145.000 Mitarbeitern in 152 Ländern.

Auch in Deutschland gehört KPMG zu den führenden Wirtschaftsprüfungs- und Beratungsunternehmen und ist mit über 8.400 Mitarbeitern an mehr als 20 Standorten präsent. Unsere Leistungen sind in die Geschäftsbereiche Audit, Tax und Advisory gegliedert. Im Mittelpunkt von Audit steht die Prüfung von Konzern- und Jahresabschlüssen. Tax steht für die steuerberatende Tätigkeit von KPMG. Der Bereich Advisory bündelt unser hohes fachliches Know-how zu betriebswirtschaftlichen, regulatorischen und transaktionsorientierten Themen.

Für wesentliche Sektoren unserer Wirtschaft haben wir eine geschäftsbereichsübergreifende Branchenspezialisierung vorgenommen. Hier laufen die Erfahrungen unserer Spezialisten weltweit zusammen und tragen zusätzlich zur Beratungsqualität bei.

KPMG
Klingelhöferstr. 18
10785 Berlin
Tel.: +49 (0)800 5764-562
www.kpmg.de

Audit

Der Bereich Audit bündelt unser Know-how für die Prüfung von Industrie-, Handels- und Dienstleistungsunternehmen sowie Organisationen des öffentlichen Sektors. Innerhalb von Audit Corporate gibt es zusätzlich Branchenspezialisten, die auf die spezifischen Anforderungen unserer Mandanten ausgerichtet sind – zum Beispiel Medien und Telekommunikation sowie Automobilindustrie. KPMG hat einen großen Marktanteil bei der Prüfung von Banken, Versicherungen, Kapitalanlagegesellschaften sowie anderen Finanzinstituten. Aufsichtsrechtliche Erfordernisse müssen hier integraler Bestandteil jeder Abschlussprüfung sein. Das dafür erforderliche Fachwissen haben unsere Fachleute von Audit Financial Services.

Tax

Unter Corporate Tax Services verstehen wir die steuerrechtliche Beratung von Unternehmen. Dazu gehören unter anderem die Erstellung von Steuererklärungen, die Betreuung steuerlicher Außenprüfungen sowie die Erarbeitung und Beurteilung steuerlicher Strategien. So unterstützen wir unsere Mandanten dabei, die von ihnen festgelegte steuerliche Strategie in die Gesamtstrategie des Unternehmens einzubetten. Steuerliche Fragestellungen sind heute komplexer denn je. Deshalb haben wir für ausgewählte Themengebiete unser Know-how in standortübergreifenden Service Lines, wie zum Beispiel Financial Services Tax, gebündelt.

Advisory

Unser Geschäftsbereich Advisory wächst unvermindert weiter: Unterstützen Sie unsere Beraterteams dabei, unseren Mandanten die bestmöglichen Lösungen für die komplexen Herausforderungen in den Bereichen Consulting und Transactions & Restructuring im nationalen und internationalen Umfeld zu bieten. Durch konsequente Spezialisierung haben wir umfassende Expertise bei regulatorischen, prozess- sowie transaktionsorientierten Themen aufgebaut - immer mit dem Ziel, die Performance unserer Mandanten zu verbessern. Dabei macht insbesondere die intelligente Verknüpfung interdisziplinärer Spezialistenteams den Unterschied zum herkömmlichen Beratungsansatz aus.

Consulting befasst sich mit Strategiefragen, Kostenstrukturen, Prozessen, Change Management und IT-Systemen sowie Fragen der Risikosteuerung, Rechnungslegung und Corporate Governance.

Transactions & Restructuring bündelt unser Know-how zu Finanzierung, Bewertung, Restrukturierungs- und Spezialsituationen sowie Transaktionen.

Karrieremöglichkeiten

Bei KPMG erwarten Sie - neben dem Direkteinstieg - vielfältige Einstiegsmöglichkeiten während oder nach Ihrem Studium. Als Student können Sie ein Praktikum in einem unserer drei Geschäftsbereiche absolvieren. Was Sie hierfür mitbringen sollten? Mindestens sechs Wochen Zeit, gute Englischkenntnisse und Teamfähigkeit. Besonders engagierte Studenten haben die Chance, anschließend in unser Nachwuchsförderprogramm highQ aufgenommen zu werden.

Unsere Angebote für Absolventen sind ebenso vielfältig wie unsere Geschäftsbereiche: Das Bachelor Start up-Programm richtet sich speziell an Bachelor-Absolventen, denen ein Geschäftsbereich nicht ausreicht. Innerhalb von 18 Monaten lernen Sie zwei Bereiche von KPMG intensiv kennen und steigen danach fest in unserem Unternehmen ein. Ein auf Sie maßgeschneidertes Trainingsprogramm und ein persönlicher Mentor begleiten Sie auf Ihrem Weg bei uns.

Unser Einstiegsprogramm Fit for Tax bringt Ihnen die Steuerlehre nahe. Wenn Sie keinen steuerspezifischen Schwerpunkt im Studium gewählt haben, sich aber gerne in neue Wissensgebiete einarbeiten, ist dieses Programm das Richtige für Sie. In vier Wochen bereiten wir Sie intensiv auf die Anforderungen im Bereich Tax vor.

Bei KPMG wird Internationalität großgeschrieben. Mit Go Europe können Absolventen in unseren Bereich Transactions & Restructuring einsteigen und innerhalb der ersten Monate einen Aufenthalt in einer unserer Auslandsniederlassungen absolvieren.

Praktika

Ein Praktikum ist eine hervorragende Gelegenheit, um Theorie in die Praxis umzusetzen und die eigenen Interessen und Stärken zu entdecken. Vielleicht lernen Sie dabei auch gleich Ihren zukünftigen Arbeitgeber kennen. Als Praktikantin oder Praktikant bei KPMG können Sie Erfahrungen in unseren Geschäftsbereichen Audit, Tax und Advisory sammeln. Was Sie dafür benötigen? Ein Vordiplom oder drei bis vier Semester in einem Bachelor-Studiengang, Interesse an einem mindestens sechswöchigen Praktikum sowie zwei Monate Vorlaufzeit für Ihre Bewerbung.

Bewerbungsverfahren

Wir suchen immer engagierte Mitarbeiter. Das Bewerbungsverfahren ist dabei für unsere drei Geschäftsbereiche Audit, Tax und Advisory identisch. Ihre Bewerbung senden Sie bitte unabhängig von Ihrem Standortwunsch immer zentral nach Berlin. Unser Online-Bewerbungsformular, das Sie direkt auf unseren Karriereseiten ausfüllen können, ermöglicht es uns, Ihnen eine schnelle Rückmeldung zu geben.

Bewerber-Kontakt
recruiting@kpmg.de
www.kpmg.de/careers

Für eine professionelle Auswahlentscheidung möchten wir einen umfassenden Eindruck Ihrer Fähigkeiten, Qualifikationen und Ihrer Persönlichkeit gewinnen. Daher bitten wir Sie, Ihre vollständigen Bewerbungsunterlagen inklusive eines aussagefähigen Anschreibens, Ihres Lebenslaufes sowie Ihrer vollständigen Schul-, Ausbildungs-, Studien-, Praktika- und Arbeitszeugnisse in der Onlinebewerbung anzuhängen.

Wenn Sie uns mit Ihren Unterlagen überzeugen konnten, laden wir Sie zu einem persönlichen Vorstellungsgespräch in der jeweiligen Niederlassung mit einem Partner beziehungsweise Manager aus dem jeweiligen Fachbereich ein. In diesem Gespräch sollten Sie auf allgemeine Fragen zu Ihrer Person und einzelnen Abschnitten Ihres Lebenslaufs vorbereitet sein.

Weitere Informationen über KPMG und den Bewerbungsprozess erhalten Sie unter kpmg.de/careers. Fragen und Feedback rund um Ihre Bewerbung können Sie gern per E-Mail an recruiting@kpmg.com richten. Persönlich erreichen Sie unsere Mitarbeiter vom HR Service Phone montags bis freitags von 8.30 Uhr bis 18.00 Uhr unter der gebührenfreien Telefonnummer: 0800 5764 562 (0800 KPMG JOB).

Mehr Insider-Informationen unter squeaker.net/kpmg

PwC

PwC
Friedrich-Ebert-Anlage 35-37
60327 Frankfurt
www.pwc.de

PwC gehört zu den weltweit führenden Wirtschaftsprüfungs- und Beratungsgesellschaft und beschäftigt allein in Deutschland rund 8.900 Mitarbeiter und Mitarbeiterinnen an 28 Standorten. Damit sind wir ein wichtiger Teil des internationalen PwC-Netzwerks, in dem insgesamt 169.000 Menschen in 158 Ländern tätig sind.

PwC bietet Dienstleistungen in drei Bereichen an:

Assurance: Wirtschaftsprüfung und prüfungsnahe Dienstleistungen
Wirtschaftsprüfung sorgt für Sicherheit und – was noch wichtiger ist – für Vertrauen in der gesamten Wirtschaft. Denn die Grundlage weitreichender Entscheidungen in der Wirtschaft, zum Beispiel von Aktionären, Banken, Investoren oder Lieferanten, ist oftmals das Testat des Wirtschaftsprüfers.

Bei Assurance prüfen wir die Vermögens-, Finanz- und Ertragslage von Unternehmen im Rahmen von Jahres- und Konzernabschlussprüfungen, Unternehmenstransaktionen und internationaler Rechnungslegung. Unser Bereich gliedert sich in zwei Tätigkeitsfelder: Financial Services und Industrial Services. So tragen wir den Erfordernissen unterschiedlich regulierter Märkte Rechnung.

Tax & Legal: Steuer- und Rechtsberatung
Steuer- und Rechtsberatung ist unabdingbar, wenn man für verlässliche Planungen und größtmögliche Handlungssicherheit sorgen will. Denn nur wer die Wechselwirkungen zwischen den rechtlichen, steuerlichen und betriebswirtschaftlichen Rahmenbedingungen kennt und schon im Voraus berücksichtigt, kann sicher planen und handeln.

Durch die Globalisierung stehen bei uns zunehmend internationale Steuer- und Rechtsfragen im Zentrum der Beratung. Mit unserem einzigartigen weltweiten Unternehmensverbund in 158 Ländern sind wir hier bestens aufgestellt. Dank der engen Zusammenarbeit mit den PwC-Experten anderer Länder verfügen wir über ein beträchtliches Know-how, das unsere international agierenden Mandanten sehr zu schätzen wissen.

Advisory: Deals und Consulting
Exzellente Beratungsleistungen helfen Unternehmen, möglichst dauerhaft Werte zu realisieren, zu sichern und zu steigern. Denn nur wer regelmäßig hinterfragt und optimiert, wer Risiken erkennen

und Krisensituationen in Chancen verwandeln kann, sorgt für nachhaltiges Wachstum und eine erfolgreiche Geschäftsentwicklung.

Bei Advisory beraten wir Mandanten zu Unternehmenstransaktionen und Finanzierungen, optimieren Geschäftsprozesse, gestalten Management- und Kontrollsysteme oder unterstützen bei Restrukturierungen oder bei der Aufklärung wirtschaftskrimineller Sachverhalte. Und das ist nur ein kleiner Ausschnitt aus unserem Leistungsspektrum. Immer geht es aber um die Effizienz und Sicherheit interner Geschäftsabläufe sowie um die Sicherung und Steigerung von Unternehmenswerten.

Karrieremöglichkeiten
Praktikum, Werkstudententätigkeit, Direkteinstieg
Praktika sind in allen Geschäftsbereichen ganzjährig möglich. Für den Zeitraum von Oktober bis April werden bei Assurance zusätzliche Praktikumsplätze angeboten. Juristinnen und Juristen haben außerdem die Möglichkeit, bei Tax & Legal und bei Advisory eine Referendarstation zu absolvieren. Die Praktika dauern mindestens sechs Wochen. Gern setzen wir Sie auch für einen längeren Zeitraum ein, denn je mehr Zeit Sie mitbringen, umso besser können wir Sie in unsere Projekte einbinden. Ihre Bewerbung ist uns immer willkommen, sollte aber mindestens drei Monate vor dem gewünschten Praktikumsbeginn bei uns eingehen.

Als Praktikant oder Praktikantin bei PwC erhalten Sie die Chance, in interdisziplinären, oft auch internationalen Teams zu arbeiten und an der Realisierung komplexer Projekte mitzuwirken – intern oder auch direkt vor Ort bei den Mandanten. So sammeln Sie erste praktische Erfahrungen in Ihrem Interessengebiet, erleben unsere Arbeitsweise und machen sich mit unserer Unternehmenskultur vertraut. Sie lernen aber auch viel über sich selbst, über Ihre Stärken und Schwächen oder Ihre Vorlieben. Sie werden von unseren Fachkräften betreut und erhalten regelmäßig Feedback, das Ihnen auf Ihrem weiteren beruflichen Weg hilfreich sein wird.

Mit Beginn Ihres Praktikums nehmen Sie automatisch an unserem Praktikantenprogramm »Keep in Touch« (KIT) teil, das neben dem fachlichen auch den persönlichen Austausch zwischen Praktikanten und Mitarbeitern fördert – bei internen Veranstaltungen oder auch beim Praktikantenstammtisch. Über KIT können wir auch nach Ihrem Praktikum engen Kontakt zu Ihnen halten. Und dann ist es möglicherweise nur noch ein kleiner Schritt bis zu Ihrem Einstieg bei PwC.

Studien-, Diplom- und Doktorarbeiten sind auf Anfrage möglich.

Einstiegsmöglichkeiten für Young Professionals

Durch unsere Mitgliedschaft im internationalen PwC-Netzwerk bieten sich unseren Mitarbeitern und Mitarbeiterinnen immer wieder Möglichkeiten, eine Zeit lang in einer anderen PwC-Landesgesellschaft im Rahmen eines Secondments zu arbeiten und dort wertvolle fachliche und interkulturelle Erfahrungen zu sammeln.

Unseren Senior Consultants geben wir mit der »Early PwC International Challenge«, kurz EPIC, schon nach wenigen Jahren die Möglichkeit, an unseren internationalen Standorten zu arbeiten.

Diese Auslandseinsätze dauern 18 bis 24 Monate. Art und Dauer der Entsendung hängen sowohl von den jeweiligen Bedürfnissen der Heimat- und der Gastfirma als auch von den jeweiligen Entwicklungszielen ab.

Internationale Erfahrungen sammeln können Sie bei uns vom ersten Tag an: Studierenden bieten wir die Möglichkeit, im Rahmen unseres internationalen Praktikumsprogramm »Stairway« ein Praktikum im Ausland zu absolvieren.

Anforderungen an Bewerber

Guter Abschluss, relevante Studienschwerpunkte mit betriebswirtschaftlichem Bezug, zielgerichtete Praktika bzw. Praxiserfahrung, Auslandserfahrungen, außeruniversitäres Engagement, gute IT- und Englischkenntnisse, Beratungskompetenz, Teamfähigkeit und überzeugendes Auftreten, Flexibilität und hohe Einsatz- und Leistungsbereitschaft, analytische, konzeptionelle und selbstständige Arbeitsweise, hohe Motivation, Mobilität.

Bewerbungsverlauf

Im Bereich Jobsuche können Sie sich alle aktuellen Vakanzen anzeigen lassen. Wenn Sie den Berufseinstieg als Hochschulabsolvent in den Geschäftsbereichen Assurance, Tax&Legal oder Advisory suchen und noch nicht sicher sind, welches Stellenangebot geeignet ist, hilft Ihnen unser Jobfinder in der Online-Bewerberakte. Nach Ausfüllen Ihrer Profildaten werden Ihnen bis zu drei Stellenangebote vorgeschlagen. Die Präferenzen können Sie selber bestimmen.

Wenn Sie sich bei unserer Bewerberakte anmelden, können Sie Ihre Qualifikationen eintragen und Dokumente hochladen. Auf Ihre Einträge können Sie jederzeit mit Ihrem eigenen Log-in zugreifen, um sie zu aktualisieren. Wir prüfen jede Bewerbung individuell. Je nach Unternehmensbereich und Standort können daher die Zeiten bis zum Einstieg bei PwC etwas variieren.

Je nach Geschäftsbereich gibt es ein unterschiedliches Vorgehen nach der Online-Bewerbung. Sie werden in zwei Bereichen zu einem Bewerbertag eingeladen, in dem wir Ihnen das Unternehmen vorstellen und Ihnen die Möglichkeit geben, unsere Consultants zu befragen sowie Fallstudien zu lösen. Sie erhalten von uns meist schon einen Tag nach dem Bewerbertag ein Feedback – und im allerbesten Fall wird Ihr Vertrag direkt verschickt.

Oder wir laden Sie für ein Interview zu uns ein. Beim persönlichen Gespräch lernen wir Sie und Sie uns kennen. Darauf folgt meist ein zweites Interview mit dem Partner. Und auch hier gilt: Bei positivem Feedback wird Ihnen der Vertrag umgehend zugeschickt.

Bewerbungsprozess

Das Anschreiben sollte maximal eine Seite lang sein und zeigt Ihre Motivation: Warum wollen Sie diese Stelle? Warum sind Sie geeignet? Warum möchten Sie bei PwC arbeiten?

Der Lebenslauf umfasst idealerweise zwei Seiten in tabellarischer Form. Beschreiben Sie kurz alle Berufs- und Ausbildungsstationen. Dazu gehören praktische Erfahrungen, das Studium sowie Kenntnisse von Sprachen und PC-Programmen.

Den Abschluss Ihrer Bewerbung bilden die Kopien Ihrer Zeugnisse. Bitte achten Sie auf Vollständigkeit – auch das letzte Schulzeugnis gehört dazu.

Um Ihre Bewerbung zügig bearbeiten zu können, akzeptieren wir nur Bewerbungen über unsere Online-Bewerberakte. Bitte sorgen Sie deshalb dafür, dass alle Unterlagen sorgfältig gescannt und lesbar sind. Darüber hinaus erleichtern Sie uns mit logischen Dateinamen und einer geringen Dateigröße die Sichtung Ihrer Unterlagen.

Bewerber-Kontakt
Personalmarketing & Recruiting
personalmarketing@de.pwc.com
Tel.: +49 (0)69 9585-5226
www.pwc-career.de

Mehr Insider-Informationen unter squeaker.net/pwc

www.pwc.de/grossesbewegen

Eine Bank finan

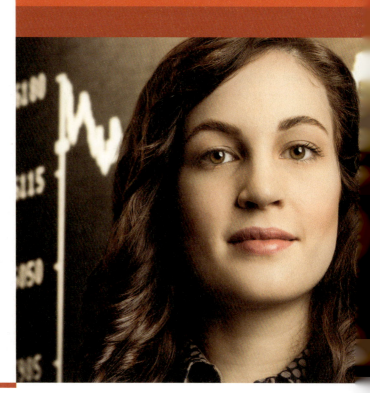

Für alle, die im Team Großes bewegen wollen: Willkommen bei PwC.

pwc

Jasmin Gehrlein trägt als Senior Consultant im Team „ Kapitalpuffer erschüttern. Sie errechnet entscheidende Ker bestmöglich gegenüber Wirtschaftskrisen aufzustellen. Wenn bei PwC.

© 2012 PricewaterhouseCoopers Aktiengesellschaft Wirtschaftsprüfungsgesellschaft eine Mitgliedsgesellschaft der Pricewaterhouse Coopers International Limited (PwCIL

ebenfest machen

Jasmin Gehrlein, Assurance

dazu bei, dass Banken nicht ins Wanken geraten, wenn Kreditausfälle den
t Auswirkungsanalysen und berät Banken dabei, sich im Rahmen von Basel III
exzellenten Team langfristige Werte schaffen möchten, dann starten Sie Ihre Karriere

PwC" bezeichnet in diesem Dokument die PricewaterhouseCoopers Aktiengesellschaft Wirtschaftsprüfungsgesellschaft, die
lschaften der PwCIL ist eine rechtlich selbstständige Gesellschaft.

Weitere Online-Partner

Deloitte

Deloitte erbringt Dienstleistungen aus den Bereichen Wirtschaftsprüfung, Steuerberatung, Consulting und Corporate Finance für Unternehmen und Institutionen aus allen Wirtschaftszweigen. Mit einem Netzwerk von Mitgliedsgesellschaften in über 150 Ländern verbindet Deloitte erstklassige Leistungen mit umfassender regionaler Marktkompetenz und verhilft so Kunden in aller Welt zum Erfolg. To be the Standard of Excellence – für die 182.000 Mitarbeiter von Deloitte ist dies gemeinsame Vision und individueller Anspruch zugleich.

Karrieremöglichkeiten

Deloitte bietet eine Vielzahl an Einstiegsmöglichkeiten. Lernen Sie den Berufsalltag während eines Praktikums hautnah kennen. Sie werden gleich am ersten Tag in eines der Teams integriert und übernehmen dort eigenverantwortlich kleinere Projektaufgaben. Wenn Sie Ihr Praktikum erfolgreich beendet haben, unterstützt Deloitte Sie auch gern mit Rat und Tat bei Ihrer Abschlussarbeit. Sie haben Ihren Abschluss bereits in der Tasche? Dann starten Sie in einem der vier Unternehmensbereiche durch. Deloitte bietet in diesem Jahr rund 800 Bachelor- und Masterabsolventen und ca. 200 erfahrenen (Young) Professionals einen Einstieg in Prüfung und Beratung.

Bewerbungsverfahren

Deloitte bevorzugt grundsätzlich Online-Bewerbungen. In jeder der Jobausschreibungen finden Sie einen Button »Online Bewerben«. Darüber gelangen Sie direkt auf ein Bewerbungsformular. Um zu prüfen, ob Sie zu Deloitte passen, benötigt Deloitte ein Anschreiben, Ihren Lebenslauf sowie relevante Zeugnisse (Abitur, Abschlusszeugnis bzw. Notenübersichten, letzte Arbeits- bzw. Praktikumszeugnisse). Diese Unterlagen können Sie bei Ihrer Online Bewerbung als Dateianhänge zur Verfügung stellen.

Mehr Insider-Informationen unter squeaker.net/deloitte

Ebner Stolz Mönning Bachem Wirtschaftsprüfung

Ebner Stolz Mönning Bachem ist eine große mittelständische Beratungsgesellschaft und zählt heute zu den Top Ten in Deutschland. International ist Ebner Stolz Mönning Bachem bei Nexia International eingebunden, einem weltweiten Netzwerk von Beratungs- und Prüfungsunternehmen mit rund 600 Mitgliedsfirmen in über 100 Ländern.

Karrieremöglichkeiten

Voraussetzung für den Einstieg als Wirtschaftsprüfer/Steuerberater ist ein sehr guter wirtschaftswissenschaftlicher Studienabschluss mit den Schwerpunkt-/oder Profilfächern Wirtschaftsprüfung, Rechnungswesen, Finanzen, Controlling, Steuern, Recht. Auch Juristen, die auf Steuerrecht spezialisiert sind, haben gute Chancen. Von allen Bewerbern werden über die fachlichen Qualifikationen hinaus auch fundierte EDV- und Englisch-Kenntnisse erwartet. Für die Arbeit in interdisziplinären Teams sind zudem ausgeprägte Teamfähigkeit und Kommunikationstalent unerlässlich. Im Jahr 2012 werden rund 60 bis 70 Hochschulabsolventen gesucht. Studenten bietet Ebner Stolz Mönning Bachem Schnupperpraktika von vier bis sechs Wochen, als auch längere Einsätze von bis zu sechs Monaten. An allen 15 Standorten der Gesellschaft stehen pro Jahr insgesamt etwa 80 Plätze für studentische Praktikanten zur Verfügung.

Bewerbungsverfahren

Ebner Stolz Mönning Bachem setzt bei der Auswahl seiner Mitarbeiter keine Assessment Center ein. Es werden Einzelgespräche mit den Bewerbern geführt. In der Regel ist dies bereits der Partner oder Prokurist in dessen Team Sie tätig sein werden. Es werden Fragen zu Studieninhalten, Weiterbildungsprogrammen, Tätigkeitsbereichen und Karriereschritten geklärt. Ebner Stolz Mönning Bachem bevorzugt die Online-Bewerbung.

Mehr Insider-Informationen unter squeaker.net/esmb-wp

RölfsPartner Wirtschaftsprüfung

RölfsPartner Wirtschaftsprüfung ist mit 100 Millionen Euro Umsatz und 700 Mitarbeitern an elf deutschen Standorten eine der führenden unabhängigen Wirtschaftsprüfungs- und Beratungsgesellschaften Deutschlands: Wirtschaftsprüfer, Rechtsanwälte, Steuerberater und Management Consultants arbeiten interdisziplinär eng zusammen. International ist RölfsPartner durch die Mitgliedschaft bei Baker Tilly International in allen wichtigen Industrienationen vertreten. Baker Tilly International ist mit 26.000 Mitarbeitern in über 120 Ländern das achtgrößte internationale Netzwerk unabhängiger Wirtschaftsprüfungs- und Beratungsgesellschaften.

Karrieremöglichkeiten
Als Praktikant oder Assistent sind Sie bei RölfsPartner von Beginn an vollwertiges Teammitglied und werden direkt in die Projektarbeit eingebunden. Neben der traditionellen Facharbeit bietet RölfsPartner die Möglichkeit, bei interdisziplinären Projekten wie Due Diligence-Prüfungen, Transaktionen und Bewertungen oder Restrukturierungsprojekten eingesetzt zu werden. RölfsPartner bietet seinen Mitarbeitern ein internes, modular aufgebautes Aus- und Fortbildungsprogramm entsprechend den berufsständischen Anforderungen an.

Bewerbungsverfahren
Nachdem Ihre Bewerbung eingegangen ist, werden die Unterlagen sorgfältig geprüft. Sie erhalten innerhalb von drei Werktagen entweder eine Einladung zum Vorstellungsgespräch oder eine Absage in schriftlicher Form. Das erste Gespräch findet mit einem Partner statt, im zweiten Gespräch lernen Sie weitere Kolleginnen und Kollegen kennen. RölfsPartner Wirtschaftsprüfung.

Mehr Insider-Informationen unter squeaker.net/roelfspartner-wp

Service

I. Glossar

ADS	Adler/Düring/Schmaltz, Bilanzkommentar
Advisory	Beratungsabteilung der WP-Gesellschaften
AICPA	American Institute of Certified Public Accountants, US-amerikanische Wirtschaftsprüfervereinigung
APAK	Abschlussprüferaufsichtskommission
Assurance (Services)	Bereich der Wirtschaftsprüfung in WP-Gesellschaften
Assertion	Aussage im Prüfungsgegenstand
Assets	Vermögenswerte
Audit	Abschlussprüfung
Audit Approach	Prüfungsansatz
Audit Committee	Prüfungsausschuss
Audit Opinion	Prüfungsurteil
BaFin	Bundesanstalt für Finanzdienstleistungsaufsicht, u. a. zweite Stufe des deutschen Enforcementverfahrens
Big Four	Die vier (weltweit) größten WP-Gesellschaften Deloitte, Ernst & Young, KPMG und PwC
Busy Season	Prüfungszeit von Oktober bis April
CFA	Chartered Financial Analyst
CGU	Cash Generating Unit
CPA	Certified Public Accountant
DCGK	Deutscher Corporate Governance Kodex, abrufbar unter corporate-governance-code.de
Debitoren	Forderungen der laufenden Geschäftstätigkeit
Detection Risk	Entdeckungsrisiko
DPR	Deutsche Prüfstelle für Rechnungslegung, erste Stufe des deutschen Enforcementverfahrens
DRS	Deutsche Rechnungslegungs Standards, nationaler Rechnungslegungsstandard
DRSC	Deutsche Rechnungslegungs Standards Comittee, Standardsetter

EBIT	Earning Before Interest and Taxes
EBITDA	Earning Before Interest and Taxes, Depreciation and Amortization
EFRAG	European Financial Reporting Advisory Group, berät die EU-Kommission bei der Übernahme der IFRS (sog. Komitologieverfahren)
Enforcement	Durchsetzung von Rechnungslegungsstandards, in Deutschland durch die BaFin und die DPR
Entity	Einheit, Unternehmen
EPS	Earnings per Share, Ergebnis pro Aktie
Equity	Eigenkapital
FASB	Financial Accounting Standards Board, erlässt die US-GAAP
Fair Value	Betrag, nach dem zwei voneinander unabhängige Parteien bereit sind, einen Vermögensgegenstand zu tauschen bzw. eine Verbindlichkeit zu begleichen; marktnahe Bewertung
FIFO	First in – First out
Forensic	Forensische Abteilung in WP-Gesellschaften
Fraud	Betrügerische Handlungen
GoB	Grundsätze ordnungsmäßiger Buchführung
Going Concern	Prinzip der Unternehmensfortführung
Goodwill	Geschäfts- oder Firmenwert
GKV	Gesamtkostenverfahren
GuV	Gewinn- und Verlustrechnung
HGB	Handelsgesetzbuch
HV	Hauptversammlung
IAS	International Accounting Standards
IASB	International Accounting Standards Board, erlässt die IFRS
IDW	Institut der Wirtschaftsprüfer, Fachorganisation auf Basis freiwilliger Mitgliedschaft
IDW PS	Prüfungsstandards des IDW, Grundsätze ordnungsmäßiger Abschlussprüfung
IFRIC	International Financial Reporting Interpretations-Comittee, erlässt Interpretationen zu den IFRS
IFRS	International Financial Reporting Standards, Rechnungslegungsstandards
Inherent Risk	Inhärentes Risiko
IKS	Internes Kontrollsystem
ISA	International Standards on Auditing, nach Registrierung unter ifac.org abrufbar

Joint Audit	Gemeinsames Mandat von zwei WP-Gesellschaften
KapKo	Kapitalkonsolidierung
Kreditoren	Verbindlichkeiten der laufenden Geschäftstätigkeit
Liability	Verpflichtung
LIFO	Last in – First Out
Materiality	Wesentlichkeit
Notes	Anhang
PCOAB	Public Company Accounting Oversight Board, US-amerikanische Aufsichtsbehörde der Wirtschaftsprüfer
Peer Review	Verpflichtende externe Qualitätskontrolle einer WP-Gesellschaft / WP-Praxis durch andere Berufsangehörige
PoC	Percentage of Completion Methode
Provisions	Rückstellungen
ROCE	Return on Capital Employed, Eigenkapitalrendite
ROI	Return on Investment
SchuKo	Schuldenkonsolidierung
SEC	Securities and Exchange Commission, Wertpapieraufsichtsbehörde in den USA
Service Lines	Abteilungen in den WP-Gesellschaften
SIC	Standards Interpretation Comittee, erliess Interpretationen zu den IAS
SMEs	Small- and Medium-Sized Entities
SOX (auch SOA)	Sarbanes Oxley Act
Tax	Steuerabteilung in den WP-Gesellschaften
UKV	Umsatzkostenverfahren
US-GAAP	United States - Generally Accepted Accounting Principles, US-amerikanischer Rechnungslegungsstandard
US-GAAS	United States - Generally Accepted Auditing Standards
WPK	Wirtschaftsprüferkammer, berufsständische Organisation
WPO	Wirtschaftsprüferordnung
VFE-Lage	Vermögens-, Finanz- und Ertragslage
vBP	Vereidigter Buchprüfer

II. Links

1. Standardsetter

Bundesministerium der Justiz	bmj.de
DRSC	standardsetter.de/drsc
FASB	fasb.org
IASB	iasb.org
HGB	www.gesetze-im-internet.de/hgb

2. Interessenverbände und Organisationen

Bafin	bafin.de
Deutsche Börse	deutsche-boerse.com
Deutsche Gesellschaft für Ad-Hoc Publizität	dgap.de
DPR	www.frep.info
EFRAG	www.efrag.org
Elektronischer Bundesanzeiger	ebundesanzeiger.de
EU-Kommission	ec.europa.eu/internal_market/accounting/index_de.htm
Institut der Wirtschaftsprüfer	idw.de
SEC	sec.gov
Unternehmensregister	unternehmensregister.de
Wirtschaftsprüferkammer (WPK)	wpk.de

III. Weiterführende Literaturhinweise

Baetge, Jörg/Kirsch, Hans-Jürgen/Thiele, Stefan (2009):
Bilanzen, 10. Auflage, Düsseldorf 2009.

Busse von Colbe, Walther/Ordelheide, Dieter/Gebhardt, Günther/ Pellens, Bernhard (2009):
Konzernabschlüsse, 9. Auflage, Wiesbaden 2009.

Coenenberg, Adolf G./Haller, Axel/Schultze, Wolfgang (2009):
Jahresabschluss und Jahresabschlussanalyse, 21. Auflage, Stuttgart 2009.

Küting, Karlheinz/Weber, Claus-Peter (2010):
Der Konzernabschluss, 12. Auflage, Stuttgart 2010.

Marten, Kai-Uwe/Quick, Reiner/Ruhnke, Klaus (2007):
Wirtschaftsprüfung, 3. Auflage, Stuttgart 2007.

Marten, Kai-Uwe/Quick, Reiner/Ruhnke, Klaus (2006):
Lexikon der Wirtschaftsprüfung, Stuttgart 2006.

Pellens, Bernhard/Fülbier, Rolf Uwe/Gassen, Joachim (2011):
Internationale Rechnungslegung – IFRS/IAS mit Beispielen und Fallstudie, 8. Auflage, Stuttgart 2011.

Wagenhofer, Alfred (2009): Internationale Rechnungslegungsstandards – IAS/IFRS, 6. Auflage, Frankfurt am Main 2009.

Wüstemann, Jens (2011): Wirtschaftsprüfung – case by case, 2. Auflage, Frankfurt am Main 2011.

Wüstemann, Jens (2011): Buchführung – case by case, 4. Auflage, Frankfurt am Main 2011.

Über squeaker.net

squeaker.net auf Facebook!
Werden Sie Fan von squeaker.net auf Facebook. Als Fan sind Sie immer informiert über aktuelle Gewinnspiele, Karriere-Events und Jobs von Top-Unternehmen sowie über neue Erfahrungsberichte aus der Community.
facebook.com/squeaker

squeaker.net ist ein im Jahr 2000 gegründetes Online-Karriere-Netzwerk, in dem sich Studenten und junge Berufstätige über Karrierethemen austauschen. Dabei stehen Insider-Informationen wie Erfahrungsberichte über Praktika und Bewerbungsgespräche im Vordergrund. Die Community verfügt über eine umfassende Erfahrungsberichte-Datenbank zu namhaften Hochschulen, Top-Unternehmen und zahlreiche Möglichkeiten, Kontakte zu anderen Mitgliedern und attraktiven Arbeitgebern zu knüpfen. Ebenfalls zur squeaker.net-Gruppe gehören die folgenden themenspezifischen Karriere-Seiten:

consulting-insider.com
finance-insider.com
law-insider.com

Mit der Ratgeber-Reihe »Das Insider-Dossier« veröffentlicht squeaker.net darüber hinaus seit 2003 hochqualitative Bewerbungsliteratur für ambitionierte Nachwuchskräfte.

Presse-Stimmen zu den Insider-Dossiers

»Erfahrungsberichte nehmen das Lampenfieber vor dem Vorstellungstermin.« (Süddeutsche Zeitung)

»Niemand sollte sich bei McKinsey & Co. bewerben, bevor er dieses Buch gelesen hat.« (Handelsblatt)

Zur vertiefenden Vorbereitung auf Ihr Bewerbungsgespräch empfehlen wir Ihnen folgende Titel aus der Insider-Dossier-Reihe

Brainteaser im Bewerbungsgespräch

Wie schwer ist eigentlich Manhattan? Um Jobanwärter im Einstellungsgespräch und Assessment Center auf logisches Denken und Kreativität zu prüfen, setzen Personaler immer häufiger sogenannte Brainteaser-Aufgaben ein. »Wer sich auf die Fragen vorbereitet und in die Struktur der Brainteaser eingearbeitet hat, kann wesentlich entspannter in das Einstellungsgespräch gehen«, sagt Stefan Menden, Gründer des Karriere-Netzwerks squeaker.net und Herausgeber des Buches. »Das Insider-Dossier: Brainteaser im Bewerbungsgespräch - 140 Übungsaufgaben für den Einstellungstest« bereitet ideal auf Jobinterviews vor.
ISBN: 978-3-940345-10-3

Bewerbung bei Unternehmensberatungen

Die »Bewerber-Bibel« für angehende Unternehmensberater erläutert die wichtigsten Grundlagen und Konzepte der BWL für das Lösen von Fallstudien und übt deren Einsatz im Consulting Interview. Darüber hinaus trainiert es typische Analytik-, Mathe- und Wissenstests, Brainteaser-Aufgaben sowie Personal Fit-Fragen. Abgerundet wird das Buch durch ein umfassendes Branchen-Portrait, zahlreiche Experten-Tipps, Erfahrungsberichte und Profile der wichtigsten Player der Branche.
ISBN: 978-3-940345-24-0

Consulting Case-Training

30 Übungscases für die Bewerbung in der Unternehmensberatung
Dieses Insider-Dossier ist das erste reine Trainingsbuch für Consulting Cases im deutschsprachigen Raum. Es ist als ergänzendes Übungsbuch zur Vorbereitung auf das anspruchsvolle Case Interview besonders geeignet. Das Buch bietet 30 interaktive Interview Cases mit zahlreichen Zwischenfragen zum Trainieren von analytischen, strukturierenden und quantitativen Fähigkeiten, spezielle Cases zum Üben zu Zweit oder in der Gruppe, Einblicke in branchenspezifische Case-Knackpunkte uvm.
ISBN: 978-3-940345-19-6

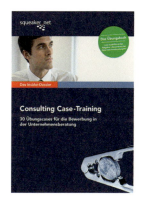

Einstellungstests bei Top-Unternehmen

Immer mehr Arbeitgeber greifen auf standardisierte Einstellungstests in ihren Bewerbungsverfahren zurück, da es kein anderes Auswahlinstrument gibt, das den späteren Berufserfolg so präzise misst. Mit guter Vorbereitung kann man die Unwägbarkeiten dieser Tests minimieren und seine Chancen auf eine Einstellung deutlich erhöhen. Die Lektüre des Insider-Dossiers »Einstellungstests bei Top-Unternehmen« bereitet gezielt auf die Online Assessments, Logiktests, Intelligenz- und Persönlichkeitstests vor.
ISBN: 978-3-940345-11-0

Bewerbung in der Konsumgüterindustrie

Starke Marken faszinieren Sie? Dann bietet Ihnen die Konsumgüterindustrie spannende Entwicklungsmöglichkeiten. Doch woher wissen Sie, dass Sie den täglichen Herausforderungen im Marketing oder Sales gewachsen sind? Viele Bewerber tun sich trotz guter Noten mit den hohen Anforderungen und anspruchsvollen Auswahlmethoden in der Konsumgüterindustrie schwer. Das Insider-Dossier »Bewerbung in der Konsumgüterindustrie« knackt den Bewerbungscode und bereitet Bewerber gezielt auf den Berufseinstieg bei Firmen wie Coca-Cola, L'Oréal oder Procter & Gamble vor.
ISBN 978-3-940345-14-1

Die Finance-Bewerbung

Das Insider-Dossier für den Finance-Nachwuchs stellt die Branche und ihre wichtigsten Player – von der M&A Abteilung der Investmentbanken über Private Equity zu Rating-Agenturen – eingehend vor und hilft angehenden Bankern bei der gezielten Vorbereitung auf das so genannte »Finance-Interview«. Der Leser erhält Insider-Wissen über das Bewerbungsverfahren, Anforderungen an die Bewerber und typische Interviewfragen mit Musterlösungen. Zudem wird die relevante Finanztheorie, Rechnungswesen und Unternehmensbewertung wiederholt.
ISBN: 978-3-940345-25-7

Weitere Titel aus der Insider-Dossier-Reihe:

Die Bewerbungs- und Karriere-Bücher aus der Insider-Dossier-Reihe von squeaker.net sind alle von Branchen-Insidern geschrieben, nicht von Berufsredakteuren. Dies ist Garant für inhaltliche Tiefe, Authentizität und wahre Relevanz. Sie beinhalten das geballte Insider-Wissen der squeaker.net-Community, unserer namhaften Partner-Unternehmen und der Branchen-Experten. Für Sie bedeutet dies einen echten Vorsprung bei der Bewerbung bei Top-Unternehmen.

Folgende Titel sind in der Insider-Dossier-Reihe im gut sortierten sowie universitätsnahen Buchhandel und unter squeaker.net/insider erhältlich:

Unterstützen Sie unser Buchprojekt
Ihnen hat das Buch gefallen? Sie haben Ihr Ziel erreicht? Helfen Sie uns und anderen Bewerben, indem Sie eine Rezension zum Buch auf Amazon schreiben.

- Brainteaser im Bewerbungsgespräch
- Consulting Case-Training
- Einstellungstests bei Top-Unternehmen
- Bewerbung bei Unternehmensberatungen
- Die Finance-Bewerbung
- Bewerbung in der Großkanzlei
- Bewerbung in der Automobilindustrie
- Marketing & Vertrieb
- Der Weg zum Stipendium
- Praktikum bei Top-Unternehmen
- Das Master-Studium

Jetzt versandkostenfrei bestellen unter
www.squeaker.net/insider

squeaker_net